CB059307

GREVE & LOCAUTE

Ronald Amorim e Souza — *Da Academia Nacional de Direito do Trabalho. Professor fundador da Universidade Estadual de Feira de Santana (Bahia); lecionou na Universidade Católica de Salvador e na Universidade Salvador (coordenando pós-graduação), é professor da UNIME. Juiz e Presidente do Tribunal Regional do Trabalho da Bahia (aposentado). Por duas vezes coordenador do Colégio de Presidentes e Corregedores dos Tribunais Regionais do Trabalho. Autor de livros jurídicos publicados no Brasil, em Portugal e na Holanda e de artigos editados no Brasil, Portugal, Espanha, Coréia do Sul, Peru, Bolívia e Venezuela. Expositor em Congressos jurídicos celebrados no Brasil, Portugal, Espanha, Israel, Peru, Panamá, Bolívia, El Salvador e Honduras. Antigo presidente do Instituto Baiano de Direito do Trabalho. Cursou especialização nas Universidades Washington (St. Louis-USA), Attila Josef (Szeged-Hungria), Sinnea (Bologna-Itália) e foi bolsista do Instituto da Alta Cultura de Portugal, no atual Instituto Superior de Ciências do Trabalho e da Empresa. Do Instituto Latinoamericano de Derecho del Trabajo. Do Instituto Lusíada de Direito do Trabalho. Sócio correspondente da Sociedad Cubana de Derecho del Trabajo. Antigo Vice-Presidente da Asociación Iberoamericana de Derecho del Trabajo y de la Seguridad Social.*

RONALD AMORIM E SOUZA

GREVE & LOCAUTE

Dados Internacionais de Catalogação na Publicação (CIP)
(Câmara Brasileira do Livro, SP, Brasil)

Souza, Ronald Amorim e
    Greve & Locaute / Ronald Amorim e Souza —
São Paulo: LTr, 2007.

Bibliografia.
ISBN 978-85-361-1040-0

1. Greves e "lockouts" — Brasil I. Título.

07.5413   CDU-34:331.89(81)

Índice para catálogo sistemático:

1. Brasil: Greves e "lockouts": Direito do
   trabalho   34:331.89(81)

(Cód. 3491.0)

© Todos os direitos reservados

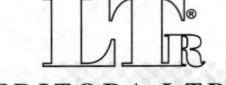

EDITORA LTDA.

Rua Apa, 165 — CEP 01201-904 — Fone (11) 3826-2788 — Fax (11) 3826-9180
São Paulo, SP — Brasil — www.ltr.com.br

Outubro, 2007

Ao Professor Dr. Luiz de Pinho Pedreira da Silva, *a mais elevada síntese da minha gratidão perene a esses meus ternos e eternos Mestres.*

À Geruzia, *que me estimulou ao quanto fui capaz de criar e por me haver inspirado, com amor, a começar, de novo e em definitivo!*

Ao Antonio Brandão, *em memória de um amigo irmão e à saudade de* Walfredo Thales, *um irmão amigo, inteligente e alegre, a quem o destino não permitiu esperar ...*

Sumário

PRÓLOGO 15

PREFÁCIO — Luiz de Pinho Pedreira da Silva 19

BREVE PREFÁCIO — EDIÇÃO PORTUGUESA 21

INTRODUÇÃO AO TEMA 25

1. Coalizão 29
    1.1. Análise preliminar 29
    1.2. Visão histórica 29
    1.3. A coalizão como fato 31
        1.3.1. A proibição 32
        1.3.2. A coalizão tolerada 33
    1.4. A coalizão como liberdade e direito 36
    1.5. Garantias da coalizão 37

2. Surgimento do direito de greve 43
    2.1. O direito à autotutela 43
    2.2. A greve como liberdade 46
    2.3. A greve como direito 48
        2.3.1. A greve como tutela constitucional 49

3. Caracterização da greve 53
    3.1. Visão conceitual de greve 53
    3.2. Elementos subjetivos de greve 55
    3.3. O conteúdo da greve 57
    3.4. A eficácia da greve 59
    3.5. Sistematização das correntes sobre a natureza jurídica da greve 60
        3.5.1. Descumprimento do contrato 62

3.5.2. A greve como ato jurídico 63
3.5.3. O ato jurídico coletivo 66
3.5.4. Direito potestativo 66
3.5.5. Direito absoluto 67

4. A tipologia da greve 69
4.1. A greve e suas espécies 69
4.2. O abuso do exercício do direito de greve 69
4.3. A licitude da greve 70
4.4. A tipologia da greve 71
    4.4.1. A greve clássica ou típica 72
    4.4.2. As greves atípicas 73
    4.4.3. Greve com trabalho intermitente 73
    4.4.4. A ocupação do estabelecimento 74
        4.4.4.1. Variedade da ocupação 75
    4.4.5. A greve selvagem 75
    4.4.6. A solidariedade 76
    4.4.7. O uso político da greve ou a greve política 77
    4.4.8. A greve geral 79
4.5. O apoio à greve 80
    4.5.1. Recursos para a greve 81
    4.5.2. A difusão do movimento 81
    4.5.3. O recurso ao piquete 81
    4.5.4. O boicote 82
    4.5.5. A sabotagem 83

5. Cláusula da paz 84
5.1. Limitações ao exercício do direito de greve 84
5.2. A limitação do direito de ir à greve 85
5.3. Sentido da trégua ou paz, como cláusula de contrato 86
5.4. Renúncia ao direito de greve 87
5.5. A efetividade da cláusula de paz 90
5.6. Efeitos jurídicos para o trabalhador 92

6. Efeitos imediatos da greve 94
6.1. Suspensão temporária da prestação do trabalho 94
6.2. Suspensão do contrato de trabalho 95
6.2.1. Direitos preserváveis durante a suspensão 95
6.2.2. Ausência do dever de remunerar 97
6.3. Substituição dos grevistas 99
6.4. Rompimento do contrato de trabalho 100

7. A titularidade do direito de greve 101
7.1. O direito subjetivo de greve 101
7.2. O direito de greve do empregado 104
7.3. O sindicato na prática da greve 106
7.4. A titularidade compartilhada 107
7.5. A greve do trabalhador não sindicalizado 109

8. A atribuição da responsabilidade pelo dano 111
8.1. A responsabilidade segundo a natureza do ato 111
8.2. A titularidade do agente 111
8.2.1. A situação do empregado 112
8.3. A responsabilidade do sindicato 114

9. Efeitos jurídicos e econômicos da greve 120
9.1. As perdas jurídicas e econômicas dos parceiros sociais 120
9.2. Aspectos genéricos do problema 121
9.3. No Direito do Trabalho 122
9.4. Nas obrigações civis e mercantis 125
9.5. No Direito Administrativo 126
9.6. No Direito Tributário 128
9.7. No Direito Penal 129

10. Serviços públicos e serviços essenciais 131
10.1. Continuidade do serviço público 131
10.2. A greve do servidor público 131
10.3. Distinção dos serviços essenciais 133
10.4. Identificação ou caracterização da existência do serviço 133

10.5. A noção de essencialidade 135
    10.5.1. O interesse geral a proteger 135
    10.5.2. Os prejuízos dos usuários 136

11. Os serviços mínimos 142
    11.1. Serviços mínimos 142
    11.2. Caracterização das necessidades 144
        11.2.1. Segurança do estabelecimento 148
        11.2.2. Equipes de emergência 148

12. A requisição civil 150
    12.1. Funcionalidade 150
        12.1.1. Definição ou limites 150
    12.2. A garantia constitucional de greve e a requisição civil 151
    12.3. Caracterização da requisição civil 153
    12.4. O paradoxo aparente ou falsa inconstitucionalidade 154

13. O trabalhador não-grevista 157
    13.1. A liberdade de trabalhar 157
    13.2. O impossível dever de greve 157
        13.2.1. Implicações na convocação da greve e o não-grevista 158
        13.2.2. A naturalidade da greve parcial 158
        13.2.3. A greve não é um direito superior 159
    13.3. O fura-greve e o não-grevista 160
    13.4. O cometimento das tarefas a terceiros 161
    13.5. O salário do não-grevista 161
    13.6. A substituição pelo não-grevista e o direito de greve 163
        13.6.1. As substituições lícitas 165
    13.7. Perdas econômicas na utilização empresarial dos não-grevistas 165
    13.8. Os excessos no confronto grevistas *versus* não-grevistas 166
    13.9. O direito de defesa do empregador 167

14. Ações que decorrem do exercício do direito de greve 168
    14.1. Memento histórico 168
    14.2. Greve como ação, Estado como reação 169

14.3. Ações que emergem do exercício do direito de greve 175
    14.3.1. Mandado de segurança 175
    14.3.2. *Habeas corpus* 177
    14.3.3. Reclamação para cobrança de subsídios 178
    14.3.4. Interdição do estabelecimento 179
    14.3.5. A proteção judicial trabalhista ao grevista e ao não-grevista 179
    14.3.6. Responsabilidade e reparação civil 180
    14.3.7. Responsabilidade e sanção penal 180
    14.3.8. Interdito proibitório 181
    14.3.9. Dissídio coletivo 183

15. O locaute 187
15.1. Caracterização 187
15.2. Identificação do *lay off* 188
15.3. A força eqüitativa do locaute 188
15.4. Efeitos do locaute 189
15.5. Legalidade 192
15.6. Titularidade e legitimidade 193
15.7. O momento do locaute 194
15.8. A iniciativa 195
15.9. Classificação do locaute 196
15.10. A solidariedade, o protesto e a represália no locaute 200
15.11. O locaute e o desprestígio sindical 201
15.12. Efeitos do locaute frente ao contrato individual de trabalho 202
15.13. O desequilíbrio das relações coletivas de trabalho 204
15.14. A invocação do locaute como razão de força maior 204

À GUISA DE CONCLUSÃO 206

APÊNDICE 211

REFERÊNCIAS 229

PRÓLOGO

Sem fugir à regra, este prólogo se lança após a conclusão da obra. Não há uma pretensão de descrever esforços e empenhos em levar adiante um projeto.

Ao longo de nossos estudos sobre a greve e, posteriormente, sobre o locaute, sempre estiveram cerceados pela elevadíssima preocupação com o conteúdo e a natureza dos institutos. Dentro da noção fundamental do Direito e, especificamente, do Direito Coletivo do Trabalho, nada mais natural que assim fosse.

A economia de livre comércio impõe uma solitária solução para os conflitos coletivos negociais obrigando, pelo lado empresarial, desde o proprietário de uma tulha até o titular de uma grande empresa no ramo de fornecimento de alimentação, pelo lado patronal; por seu turno, aos empregados resta um único e idêntico tratamento, tudo em nome de uma equidade inviável, para não na afirmar impossível.

A conseqüência natural disto foi, sempre, o nivelamento, por baixo, do tratamento dispensado ao empregado sob um pretexto economicamente sustentável, mas, juridicamente inviável: se a todos fossem atribuídos os benefícios que as empresas mais ricas e poderosas seriam perfeitamente capazes de suportar, aquelas diminutas estariam condenadas ao desaparecimento e essas é que absorvem o maior contingente de mão-de-obra.

Tudo isto está sendo, sempre, praticado dentro de uma estrutura sindical — aqui representando tanto os sindicatos de empregados ou trabalhadores, como se refere a lei brasileira, como os sindicatos de empregadores ou empresários, como o induz e legitima a mesma norma — em nome do paralelismo sindical, herança de um corporativismo que o mundo abominou há mais de sessenta anos e, lamentavelmente, as caravelas que transportam tais notícias ainda não aportaram por estas bandas.

Sendo uma das maiores economias do globo, o Brasil se deve adequar, com presteza, às modernas condições que no Direito do Trabalho tem surgido na assim denominada economia globalizada. O que se vê, entretanto, e a leitura deste ensaio pretende conduzir a isto, é que a ignorância da realidade, sobretudo o aviltamento salarial que faz supostamente competitiva a produção industrial brasileira, viceja à custa de baixíssimo padrão remuneratório, onde o trabalhador nacional quase não tem direito a consumir o que produz; o monopólio territorial da base sindical exclui a competitividade, inibe o aparecimento do sindicato mais representativo, dentro da empresa e, em não poucas vezes, a condição é aceitar aquilo que o patrão concede e o faz com o ar superior de quem é generoso, dadivoso, ou se busca a canhestra solução jurisdicional em que o Juiz do Trabalho resulta comutado em legislador — em toda e qualquer área do domínio da economia, vale frisar — editando normas, quando lhe incumbia decidir sobre a melhor e mais correta aplicação delas.

Ao fim e ao cabo, é legislador e julgador das normas que criou!

O fortalecimento das organizações patronais, sob o mesmo rótulo de sindicatos — aqueles da categoria econômica — retira do agrupamento do trabalhador a força que se espera do sindicato e disto resulta a debilidade de um sistema onde, apesar do monismo e do monopólio do seu espaço territorial de atuação, o Brasil tem um avultado número de sindicatos, concebidos à volta de vinte milhares, que se esvaem no enfraquecimento de quem se afasta do primado de que só a união faz a força. Por outro lado, se tal união existe, a exemplo da hipótese de trabalhadores em metalurgia, as entidades patronais também se aglutinam como ponto de resistência e daí resulta, por óbvio, o desequilíbrio que o sindicato de empresa pretende estabelecer.

Entendendo que escrevemos no clima das relações trabalhistas de uma economia rica, não poderíamos, a cada momento, ir buscar socorro na legislação, na doutrina ou na jurisprudência de países que não guardassem maior afinidade com o Brasil, ao menor pela vizinhança. As invocações de Direito Comparado surgem no bojo de uma estrutura de inovações, criatividades, idéias que não pejam importar e lhes dar um feitio auriverde, das cores nacionais, dentro da percepção de que nem o ouro e menos ainda o verde são exclusividades brasileiras.

Mercê desse perfil sindical, as greves são incontáveis e sempre com a busca da Justiça do Trabalho para lhe ditar uma solução. Conservadora, sempre; lenta, como de hábito, pela recorribilidade de uma solução que é, sem sombra de qualquer dúvida, arbitral.

Ter corpo de sentença e alma de lei, no dizer atribuído a *Francesco Carnelutti,* não lhe empresta legitimidade para compor conflito que resulta do convívio profissional, mas de profissão que não envolve a magistratura, não faz parte do seu ensinamento, do seu apredizado.

A convivência com a greve, no Brasil, foi usualmente tratada como problema policial e, ainda hoje, é possível encontrarmos vociferantes manifestações saudosas das baionetas e dos cárceres para impor vontades e preservar privilégios. A greve é referida como coisa de anarquistas, de comunistas e agitadores, a evidenciar que tal direito não chegou ao consciente inclusive daqueles que se possam dela, em momento posterior, beneficiar.

O locaute, assim tratado por se haver consignada a forma nos dicionários e na senda da sua utilização pelo professor Dr. *Jorge Leite,* catedrático da Faculdade de Direito da Universidade de Coimbra, versa matéria de resto proibida no Brasil, como em Portugal e em vários outros países.

Ocorre que, escudados em tal proibição, estudantes e estudiosos do Direito Coletivo do Trabalho resultam por ignorá-lo em forma e essência. Num mundo onde o mais mundializado dos direitos, como sói ser o trabalhista, larga ou dispara atrasado, aquele que não o conhece, pelo menos em suas linhas basilares, terá enormes dificuldades para conviver com sua simples noção e pode ser induzido em erro pelas manobras sinistras de quem se quer furtar aos efeitos da greve inibindo sua correta prática.

A suma do ensaio resulta de monografia direcionada à vida acadêmica onde sempre encontrei dois excelentes mestres, com um oceano a uni-los: *Luiz de Pinho Pedreira da Silva,* Magistrado e Mestre onde se apresente, vivendo em Salvador, que nos honra prefaciando esta edição, e *Antonio de Lemos Monteiro Fernandes,* catedrático do Instituto Superior das Ciências do Trabalho e da Empresa (ISCTE), em Lisboa, Portugal, e professor da Universidade de Bordeaux, na França. Foram eles que me facilitaram a caminhada invocando aspectos, abrindo sendas, instigando pensamentos; enfim, foram meus Cirineus nesta proposta aqui concretizada.

A primeira edição, envolvendo a maior parte do texto aqui editado, foi tirada pela Livraria Almedina, de Coimbra, por inculca do professor Dr. *Monteiro Fernandes.* Dele preservamos o prefácio e as notas com que produziu comentários e comparações.

Esta edição, tratando primordialmente a raiz brasileira, portando as notas referenciais do direito português que tanto ilustrou a anterior, em apêndice, vem a lume pelo descortino da LTr Editora Ltda., maior empresa editorial a dedicar-se ao Direito do Trabalho, no Brasil. Esperamos que, ao aportarmos em nossa terra, estejamos prestando alguma ajuda aos que se interessam pelo tema e pelo viés aqui explorado.

Os leitores serão, como de hábito, os nossos melhores críticos.

PREFÁCIO

É finalidade do Direito do Trabalho, exclusiva, para uns, concomitante com a estabilização social, para outros, a proteção ao trabalhador, que se realiza por meio de algumas técnicas, dentre elas a autotutela, ou seja a defesa dos interesses do indivíduo ou do grupo mediante a ação direta. Instrumento por excelência desta é a greve, na lição de *Hélène Sinay* e *Jean-Claude Javillier* fenômeno de força, de difícil apreensão jurídica, a que o século XX houve de converter em direito, por se tratar do único remédio eficaz para corrigir o desequilíbrio entre a fraqueza dos empregados e o poderio dos empregadores.

Essa fisionomia contraditória da greve — ao mesmo tempo fenômeno de força e instituto jurídico — explica, pelas dificuldades que se antepõem a quem pretenda estudá-la, a pobreza da bibliografia sobre o tema. Ao contrário do afirmado na introdução desta obra — e nisto vai uma das minhas raríssimas discordâncias com o seu autor — é pobre e não vastíssima a literatura brasileira sobre greve. Deixando-se de lado capítulos de livros e artigos, no período de quase cinqüenta anos, a partir de 1961, quando foi publicado o *Direito de Greve* de *Paulo Garcia*, não consegui contabilizar mais de sete monografias sobre essa complexa figura jurídica, devendo-se notar que a mais nova — *A Greve no Direito Brasileiro,* de *Carlos Henrique da Silva Zangrano,* data de 1994; sendo, portanto, de treze anos a sua idade. Com esta minha opinião coincide a do prefaciador da edição portuguesa. Naquele livro, o professor e juslaborista de renome internacional *Antonio Monteiro Fernandes*, que o enriqueceu ainda mais com as notas de direito luso, no prólogo afirma não ser casual o fato de a greve e o locaute se apresentarem como temas pouco apetecidos na literatura jurídica, não apenas no Brasil e em Portugal, mas em qualquer país em que se verifique algum desenvolvimento da doutrina juslaboral porque a construção de um direito de paragem do trabalho, atentos aos caracteres do fenômeno, implica uma operação de engenharia complexa e arriscada, que talvez se tenha ainda que considerar incompleta.

Em alguns países, entretanto, a bibliografia sobre greve, embora seja escassa, encerra obras de bastante completude, como as de *Santiago Perez del Castillo*, no Uruguai, *Hélène Sinay* e *JAVILLIER* na França, *Bernardo Gama Lobo Xavier* em Portugal, *Domenico Garofalo* e *Pietro Genoviva* na Itália, *Matia Prim, Sala Franco, Valdés Dal Ré* e *Vida Soria* na Espanha, que analisaram com detenção e profundidade cada qual das múltiplas faces do fenômeno paredista. Era da falta de um estudo assim que se ressentia a bibliografia jurídica brasileira, lacuna que este *Greve & Locaute* veio suprir. Seu autor, *Ronald Amorim e Souza,* pôde enfrentar o desafio porque ao vasto conhecimento teórico do Direito do Trabalho alia a experiência que granjeou na judicatura laboral, estando, portanto, capacitado para escrever uma obra desta envergadura, o que fez de maneira elegante e clara. E não se limitou ao enfoque jurídico da matéria, o que já seria suficiente. Valendo-se da sua cultura geral, empreendeu, como disse, uma abordagem nova, que o levou a estudar as implicações e os desdobramentos econômicos envolvidos no tema da greve.

Completa a dissertação um capítulo sobre o locaute, justificadamente muito breve, porquanto o nosso direito não agasalha esse instituto, ao contrário de outros ordenamentos jurídicos, como o alemão, em que, sob a invocação do princípio da paridade de armas, é concedido o direito de greve aos trabalhadores e o de locaute aos empregadores. A doutrina vem reagindo ali contra esse falso entendimento da isonomia, pois não é tratamento igualitário munir de armas de igual poder o fraco e o forte.

Salvador, junho de 2007

Luiz de Pinho Pedreira da Silva

Breve Prefácio[*]

Não é casual o facto de a greve e o locaute se apresentarem como temas pouco apetecidos na literatura jurídica — não apenas no Brasil e em Portugal, mas que se verifique algum desenvolvimento da doutrina juslaboral. A construção de um direito de paragem do trabalho, como instrumento de conflito ou "meio de luta", desligado de qualquer propósito de ruptura do contrato de trabalho, implica uma operação de engenharia complexa e arriscada que talvez tenha ainda que considerar-se incompleta.

A greve é, com efeito, um fenômeno primitivamente antijurídico. Não se limita a ofender, um fenômeno primitivamente antijurídico. Não se limita a ofender a relutância da ordem jurídica face à acção directa e à auto-realização de direitos, admitidas apenas em situações de natureza absolutamente excepcional. Mais impressivamente, a greve consiste no incumprimento intencional de prestações contratualmente devidas. Esse incumprimento pode ser motivado por uma pretensão colectiva de modificação das condições de trabalho, ou pelo desejo de resistir a decisões de contraparte que, ao menos formalmente, estariam em harmonia com a lei.

Com a recusa colectiva da prestação de trabalho, os trabalhadores procuram exercer coacção psicológica sobre o empregador, no sentido de o forçar à aceitação (e, portanto, à contratualização) de disposições correspondentes ao interesse colectivo dos primeiros.

É sobre esse material que a lei — por vezes sob o impulso e a inspiração da Constituição, como ocorre no Brasil e em Portugal — constrói e organiza o direito de greve. Um direito que significa, essencialmente, nos sistemas jurídicos democráticos, a imunização do facto-greve à actuação dos mecanismos que o direito privado (e, em termos específicos, o direito do trabalho) configura para o incumprimento contratual e os negócios atacados por vícios de vontade.

Mas, para além da mera neutralização desses dispositivos, a construção do direito de greve envolve, nalguns sistemas, mas não tanto noutros, uma específica potenciação, por parte da lei, das condições de eficiência desta modalidade de acção colectiva directa. Não se trata apenas de impedir que o empregador, por exemplo, reaja à greve com o despedimento dos insubmissos. Num plano diferente e mais elevado de "garantia" — termo que o próprio legislador utiliza a este propósito —, é protegida a "liberdade de greve" enquanto liberdade individual de aderir ou não aderir a uma greve declarada, não apenas contra a actuação repressiva dos

---

[*] Prefácio escrito para a edição portuguesa.

poderes públicos e dos empregadores, mas inclusivamente contra a disciplina sindical e a pressão colectiva dos aderentes.

E ainda, para além disso, pode derivar da "garantia" do direito de greve o constrangimento legal da liberdade de actuação do empregador, na medida em que esta seja exercida de modo a esvaziar a greve do efeito útil — por exemplo, atráves da substituição dos grevistas por trabalhadores recrutados para o efeito ou mediante o próprio locaute.

Por outro lado, a consagração constitucional do direito de greve coloca sob ameaça outros direitos, liberdades e garantias das pessoas, igualmente instaladas na lei fundamental, e cuja efectivação depende da disponibilidade de bens e serviços produzidos pelas empresas. A delicada articulação entre vários elementos — que implica uma teoria de "limites externos" do direito de greve — envolve, muito para além das questões de goemetria constitucional, dificuldades práticas muito complexas e melindrosas.

Não é difícil compreender que, cada passo, se depare, neste percurso construtivo, com sinais que indicam problemas novos a desbravar, de acordo com técnicas e com lógicas diferentes das que se compreendem na ortodoxia privatística. Não é, em especial, viável um tratamento jurídico da greve desligado da consideração dos dados da experiência social e, inclusivamente, da expressão económica e organizacional que podem ter incidentes laborais. Tudo isso se liga de modo incindível. Mas tudo isso impõe a abordagem segundo uma multiplicidade de perspectivas, que eleva muito o nível do desafio científico correspondente. Também por aí se entende que a teoria jurídica da greve tenha representação tão modesta na bibliografia de qualquer dos dois Países.

Este livro, é antes de mais, um contributo para reduzir essa escassez, verificável tanto em Portugal como no Brasil. Mas dizer apenas isto seria francamente redutor. Na verdade, o professor *Amorim e Souza*, jurista de formação e de prática profissional, aventurou-se pela exploração do tema em obediência à referida pluralidade de perspectivas, produzindo um texto sedutor e provocante, elegante na forma e severo na profundidade de análise. Para além das coordenadas sociológicas e económicas que teve que observar na abordagem de vários dos problemas que equaciona — alguns de modo pioneiro —, o Autor abriu a exposição aos dados relevantes de direito comparado, não numa postura de ostentação erudita — tantas vezes esterilizante da doutrina jurídica — mas, bem pelo contrário, atribuindo-lhe o efeito demonstrativo ou explicativo que lhes confere verdadeira utilidade.

Ronald Amorim e Souza cumula experiências profissionais — na Justiça do Trabalho, no ensino universitário, na investigação, na consultoria — que lhe garantem uma visão pluridimensional dos problemas do trabalho. A sua sólida formação humanística e a atenção que, por outro lado, sempre dedicou aos fenómenos económicos — filtrados, ou não, pela rede das normas trabalhistas — previnem-no contra os perigos simétricos do ideologismo e do utilitarismo que, por igual, perdem sempre sobre quem investiga os conflitos de trabalho.

Uma velha, constante e fraterna Amizade, que seria estúpido omitir ou negar, une o signatário destas linhas ao Autor do ensaio que depois delas se oferece. Não tem, nem nunca teve, essa Amizade a mínima influência na recíproca avaliação de méritos e deméritos a que ambos nos temos entregado, ao longo de três décadas e meia.

Mas, é irrecusável que à mesma Amizade, e à especialíssima substância de que é feita, se deve o facto de este livro acolher, sem dificuldade de maior, as palavras de abertura e as notas de fim de capítulo, com que o velho Amigo distante teimou em se instalar entre as suas capas.

Lisboa, 5 de Julho de 2004.

António Monteiro Fernandes

Introdução ao Tema

A idéia de discorrer sobre greve e locaute resultou do desafio de avaliar, dentro do campo jurídico, as implicações ou desdobramentos econômicos que envolvem o tema. Na medida em que avançavam estudo e pesquisa, o encorajamento mostrava as trilhas para uma abordagem nova.

Com efeito, a vastíssima literatura existente sobre greve, no Brasil e no exterior, e o locaute, este, sobretudo no Direito Comparado, já que se trata de direito cujo exercício é vedado em nosso país, serviram à evidência de ser escassa a análise sob a perspectiva econômica e, a partir daí, ousamos avançar no estudo para produzir este ensaio.

A idéia de greve é de domínio público. Todos a conhecem nas suas mais canhestras concepções mesmo como greve de fome e de sexo. A idéia a que ela conduz é de paralisação, pois assim se dera no início de sua história. Hoje, entretanto, a greve não significa apenas e exclusivamente a cessação da atividade pelo trabalhador. Alguns chegaram a escrever sobre greve buscando exemplo na Roma Antiga quando, é evidente, não havia contrato de trabalho nem relação de emprego com a estrutura hoje dominante e que só viria a aparecer no início do século XX, a partir da qualificação do trabalho subordinado e continuado.

Segundo a etimologia, a palavra greve tem origem latina. Pela informação de Marc Moreau chegou à língua francesa pelo vocábulo *gravier* que, em português, vem a ser saibro, areia, passando à palavra *grève* com este e o sentido, extensivo, de praia[1].

Em latim, a sua origem seria *grava* cujo significado pode reportar-se a peso, carga, relutância, resistência, tudo a partir do verbo *gravare (gravo, as, gravitus sum, gravare)* e que em português também guarda sentido parecido, a exemplo de onerar, oprimir, vexar, sobrecarregar com tributos, impor gravame.

Em nosso idioma não há uma palavra que traduza a *greve*, embora haja registro de que, em galego, idioma da mesma origem e de maior proximidade, seja utilizado a vocábulo *folga* para expressar o movimento. No particular adotamos, tanto no Brasil como em Portugal, a originária do francês, retirando-lhe o acento. Em espanhol o movimento se identifica como *huelga* (de folga, sem trabalho, talvez aí a influência galega), em italiano é *sciopero (ex opera*, sem trabalho, desocupado), em inglês, *strike* e em alemão *Streik;* já nesses últimos idiomas com a denotação do sentido de ação, movimento, ataque.

---

(1) MOREAU, Marc. *La grève.* Paris: Economica, 1998, p. 10.

Um pouco da história da greve permite encontrar a sua primeira utilização para identificação do sítio à margem do rio Sena em 1260, segundo *J. M. Olivier*[(2)]. Antes do nascimento do ramo da ciência jurídica que hoje se identifica como Direito do Trabalho, as relações trabalhistas eram ajustadas, a cada dia, com a presença dos trabalhadores à porta dos estabelecimentos fabris, dos locais onde o trabalho ou sua oportunidade de prática se oferecia. O comparecimento lhes propiciava a oportunidade da escolha para atuar naquela jornada e, diariamente, impunha-se ser visto e chamado para ganhar o próprio e o sustento do seu grupo familiar.

Esta disputa por uma oportunidade de trabalhar se impunha tanto para o homem, quanto para a mulher e, sem que sobre isto paire qualquer dúvida, para crianças, estivessem ou não acompanhadas do pai ou da mãe. Ainda que possa parecer paradoxal, tal conduta permitia que os operários permanecessem com a disposição de servir ao mesmo empresário ou, conforme sua conveniência, buscar um outro onde se sentissem mais bem aclimatados com as condições de trabalho, a remuneração, a fidelidade ao convite diário para o labor, o tipo de atividade a desenvolver, enfim, quaisquer fatores que permitissem, aos obreiros, ocupação bastante para prover sua subsistência.

Este era um perfil que servia para delinear os contornos das relações trabalhistas na segunda metade do século XIX, quando já não subsistia a proibição às coalizões, como se verá; mas não havia a consciência gregária da vida sindical militante, ativa e disseminada. Podia dar-se na Silésia, Milão, Manchester, Lion, Bruxelas, Paris ou qualquer outra cidade onde a atividade industrial estivesse vicejando.

Narram os historiadores, inclusive aqueles do Direito, que na Paris daquela época, era comum os trabalhadores concentrarem-se nas proximidades da Praça da Municipalidade ou da Prefeitura (*Place de l'Hôtel de Ville*). Aquele era o local onde podiam ser procurados por quem lhes necessitasse dos serviços e, conscientes da importância de estarem reunidos num ponto de referência ou identificação comum, ali permaneciam. Mesmo aqueles que se apresentavam nos portões das fábricas e não eram recrutados, vinham para a praça, sempre na esperança de encontrar trabalho.

Este local, à beira do rio Sena (no atual *4ème Arrondissement*), era freqüentemente alcançado pelos saibros abundantes trazidos pelas águas e se acomodavam naquele espaço. A palavra *grève,* identificadora desse tipo de rocha, passou a representar, também, um indicador do local onde poderiam os trabalhadores ser alcançados. Na origem tratava-se de um pequeno ancoradouro, para onde acudiam as pessoas sem trabalho, na esperança de aí o obterem, carregando ou descarregando barcos.

A menção da localidade, para ser mais explícita, passou a ser a *Place de Grève* e daí seguiu sendo, sempre, um ponto onde se encontravam trabalhadores. Quando, por outro lado, demonstravam insatisfação no trato das relações com os tomadores de trabalho, era para ali que retornavam, ora à espera de mensageiros para qualquer ne-

---

(2) *Apud* MOREAU, *ibid.,* p. 11.

gociação, ora à espreita de que novo trabalho pudesse aparecer. Estas circunstâncias são referidas por A. Crouzel[3] e por Paul Pic[4], em obras divulgadas, respectivamente, no final do século XIX e começo do século XX.

A narrativa que se acata é da identificação da grève como sendo a palavra que indica a atitude coletiva dos trabalhadores, com o fito de alcançar, pela pressão ante o empregador, as vantagens ou benefícios resistidos na negociação das normas e condições de trabalho cuja vigência pretendiam estabelecer nas relações de labor subordinado, ainda que ocasionalmente utilizadas.

Já o locaute tem uma história com narrativa mais direta e moderna. Com efeito, surgiu ele da necessidade de se criar, para a entidade patronal, um mecanismo de compensação ou uma correlação de forças quando, na negociação coletiva, o sindicato impunha aos empregadores condições que estes entendiam de acatamento impossível. Como forma de pressão, os empregados dispunham da greve; mas, aos patrões faltava um instrumento que os auxiliasse na resistência e inibisse a ação, quase sempre vitoriosa, dos trabalhadores.

A palavra, de inegável origem inglesa, significa fechar, por fora, o estabelecimento e assim inibindo a presença dos empregados. Em espanhol, a palavra paro tem um sentido ambíguo pois significa, além da paralisação patronal, o afastamento do empregado. Em português e francês o locaute é expressão corrente e já foi grafada em inglês e com o recurso do hífen, assim lock-out.

O início do locaute encontrou justificativa num recurso à noção de equidade pelo qual se buscava equipar o empregador de meios capazes de afrontar a ação operária. Este sentido veio da jurisprudência e, aos poucos, foi encontrando espaço para a tolerância com que conviviam, num mesmo regime jurídico, locaute e greve. Nalguns países chega-se a dispensar a tutela legal, o reconhecimento da ordem jurídica, como o faz o Japão; entretanto, dentro da mesma noção de equilíbrio, de paridade, de correlação de forças, ao menos sob o prisma instrumental.

Países há, a exemplo de Brasil e Portugal, onde o locaute é proibido. Noutros, como a França, se nega sua possibilidade sob pretexto de inexistir expressa previsão legal, embora o direito de greve emane do conteúdo do Preâmbulo da Constituição de 1946, repetido naquela de 1958, vale dizer, tampouco encontra origem ou reconhecimento em expresso texto legal.

Em ambos os instrumentos o que se constata como propósito é aquele de conduzir o contendor, no conflito que se estabelece, à perda. O conceito de proporcionalidade não reside, naturalmente, no equilíbrio das perdas, pois estas serão totais para o trabalhador, quando o sindicato não lhe propicie alguma sorte de auxílio, ao passo que se apresentam para o empresário como redução do ritmo dos serviços ou paralisação de alguns segmentos do estabelecimento ou da organização, por um dado período.

---

(3) Étude historique, economique et juridique sur les coalitions et les grèves dans l'industrie. Paris. 1887, p. 6
(4) Traité élémentaire de législation industrielle. 6. éd. Paris, 1931, p. 109.

Postos os problemas sob este campo de observação, chega-se à conclusão que o exercício regular de um direito pode ser fonte de prejuízos patrimoniais e jurídicos para os contraentes. Quando se encontre quem relute na aceitação do suposto instrumento capaz de restabelecer a correlação de forças, qual seja o locaute, tem certa procedência a posição. É que a greve é o único instrumento de pressão de que se pode valer o trabalhador e para isto necessita estar organizado, coeso e determinado, enquanto que o movimento patronal somente exige dele o propósito de provocar as perdas aos seus empregados, mesmo que alguns daqueles prejudicados não hajam aderido, no instante inicial, à greve.

A análise não se prende ao teor exclusivamente jurídico, mas pretende ressaltar o conteúdo de Direito Econômico que desejamos impor ao ensaio, fiel à proposta inicial e buscando realçar a compatibilidade da avaliação dos distintos parâmetros adotados.

O estudo e análise deste embate e suas conseqüências é o quanto pretendemos.

CAPÍTULO 1

COALIZÃO

1.1. Análise preliminar

A coalizão constitui-se num agrupamento ou reunião de pessoas, sem a preocupação de perenidade, vale dizer, é uma união circunstancial; ganhando certa constância, passou também a dar origem a associações, grupos políticos ou outros organismos, sempre com o fim de fortalecimento e logro de objetivos comuns. No particular deste estudo, interessa-nos, inicialmente, analisá-la pelo somatório dos objetivos comuns às individualidades pelo prisma das atividades profissionais.

A visão que temos, neste instante, é aquela da congregação de quantos se identificam por uma dada atividade ou profissão, com o fito de alcançar a tutela ou defesa de interesses convergentes. Esta reunião pode ter como objetivo imediato definir pleitos a serem encaminhados pelos empregados ao empregador comum; isto faz com que ela se possa caracterizar como um momento imediatamente anterior ao da ação coletiva reivindicadora de trabalhadores, mas não se deve com esta confundir. Quando nos encontramos no campo do Direito do Trabalho, mais especificamente naquele do Direito Coletivo do Trabalho, a coalizão virá a ser, como menciona *Alfredo Ruprecht*[1], citando *Balella*, uma "ação concertada por certo número de trabalhadores ou de dadores de trabalho, com o fim de influir diretamente sobre as condições de trabalho ou de salário".

Num instante inicial, a coalizão não representa senão mera possibilidade, eventual risco ou, num aspecto mais grave, ameaça ainda que aparentemente violenta; todavia, sem ultrapassar tal circunstância, de uma ação mais séria no futuro.

Numa situação como noutra, o que se pretende é exercer, legitimamente, pressão de um dos parceiros sociais sobre o outro. A manifestação dos empregados, como teremos oportunidade de avaliar, é mais freqüente e vigorosa que a patronal, já que, no tangente a esta, muitos ordenamentos jurídicos vedam, aos empregadores, a possibilidade de encerramento temporário ou ocasional de suas atividades, com o intuito de pressionar os trabalhadores a cederem ou retroceder numa dada negociação (locaute).

1.2. Visão histórica

Para melhor compreensão da coalizão impõe-se uma visita, mesmo que *a vol d'oiseau,* às Corporações, desde seu surgimento até à superação das imensas vicissitudes encontradas, para alcançar a liberdade e a vivência sindical que o século XX propiciou às relações trabalhistas.

---

(1) *Conflitos coletivos de trabalho.* Tradução de José Luiz Ferreira Prunes. São Paulo: LTr, 1979, p. 51.

Algumas formas de organização social, desenvolvidas na Antigüidade, foram, apressadamente, consideradas como sendo a origem das corporações. Intentaram alguns autores buscar explicação para o fenômeno gregário entre chineses, hindus, egípcios, gregos e romanos. Ainda que se possa admitir sua ocorrência, naqueles tempos, é impossível guardar, com quaisquer fatos que os motivaram, semelhanças entre aqueles encontrados na Idade Média ou em épocas um pouco mais recentes.

Orlando Gomes e *Elson Gottschalk*[2] observam que as corporações medievais congregavam mestres de um mesmo ofício, vivendo na mesma cidade e que, com rigor, monopolizavam a confecção, venda e regulamentação de negócios com produtos no mercado.

Num primeiro momento, as corporações de ofício se estruturavam no binário representado pelas figuras do mestre e dos aprendizes. Os primeiros somente chegavam àquela situação quando, pela evolução do seu trabalho, eram capazes de produzir uma obra criativa e única — *primus inter pares* — bastante para granjear o respeito da comunidade corporativa. Como forma de evitar que avultasse o número de mestres, o que estimularia a competição entre eles, dentro do organismo, surgiu uma nova classe: a dos companheiros ou oficiais. Compunha-se este novo nível estrutural daqueles aprendizes que, tendo concluído o ciclo de aprendizagem, ainda não poderiam ser considerados mestres e, em conseqüência, passava-se a exigir mais e melhor para que um companheiro alcançasse a mestria.

Em derredor do mundo europeu, basicamente na França, as corporações materializavam a idéia da coalizão. O que de fato ocorria era a união dos profissionais, de seu agrupamento para impor exigências, condições e preços à comunidade. É que, em realidade, atentando para a inexistência da figura do empregado com as características de hoje, os trabalhadores se uniam ou reuniam para labutar, estabelecer condições e definir preços pelo resultado daquilo que eram capazes de produzir e tinham na figura do mestre o condutor de todas as negociações, confundindo-se a sua com a imagem que hoje se tem, nas relações negociais e trabalhistas, do empresário.

As corporações impunham, por juramento, que seus membros se comprometessem à ajuda mútua, à obediência aos chefes ou superiores, às práticas religiosas e à defesa dos interesses comuns, individuais ou coletivos. O número de integrantes das corporações era extremamente controlado, vedando-se o ingresso ilimitado de membros; estes tinham sérias restrições às atividades econômicas e se evitavam, pela imposição da qualidade a observar, a disputa ou concorrência desleal entre bons e maus produtores e, ademais de tudo, preservavam-se, pelo sigilo, as técnicas das atividades. Como observa *Alfredo J. Ruprecht*[3], a "corporação tinha como finalidade assegurar os benefícios de seus membros e controlar o mercado produtor".

Examinadas as corporações sob este prisma, evidencia-se que as atitudes são bem mais próximas da exploração da atividade empresarial que da condição de trabalhador subordinado, para os mestres, como afirmamos. É que, em realidade, existiam

---

(2) *Curso de direito do trabalho*. 15. ed. Rio de Janeiro: Forense, 1999, p. 521.
(3) *Derecho colectivo del trabajo*. Ciudad de México: Universidad Autónoma de México, 1980, p. 26-28.

trabalho e subordinação no interior das corporações, na medida em que companheiros ou *oficiais* obedeciam aos mestres e os aprendizes atendiam a ambos, tudo com o mesmo fito de alcançar os propósitos corporativos que, vistos na atualidade, melhor se identificavam com a atividade empresarial e, arriscamo-nos a afirmar, sob o aspecto de um cartel. A coalizão patronal era permitida, por seu turno, desde que não visasse forçar uma injusta redução dos salários.

Discorrendo sobre as corporações e sua estrutura, *Evaristo de Moraes Filho*[4] enfatiza a necessidade de manter oficina própria, onde residiam os aprendizes e, em decorrência, os restringiam num limite de três aprendizes, para cada oficina. Sugestiva e curiosamente, os filhos dos mestres eram dispensados da aprendizagem, a partir do pressuposto da origem vocacionada para a atividade. Por seu turno, quando o aprendiz alcançava a condição de companheiro ou oficial, abandonava a casa do mestre, mas, persistia com o dever de só para este trabalhar. Quando e se alcançasse a condição de mestre poderia exercer a atividade com autonomia.

1.3. A coalizão como fato

Tempos depois de ultrapassado o apogeu e mercê das disputas que, entre as próprias corporações, nasceram à conta do exagerado controle do exercício da profissão, registrou-se a reação da sociedade, nos diversos quadrantes por onde se apresentassem tais corporações. Isto conduziu ao aparecimento de um clima que lhes era completamente adverso. Em cada comunidade a relação passou a ser de intolerância, de repulsa, de proibição. Registra a história o aparecimento, sob o regime de Luis XVI, na França, em 12 de março de 1776, do edito de Turgot, economista e prócer francês, estabelecendo que

> Será livre a toda pessoa, quaisquer que sejam a qualidade e condição, mesmo a todos os estrangeiros, inclusive aqueles que não possam obter de nós a carta de nacionalidade, de abraçar e exercer dentro do nosso reino, e notadamente em nossa bela cidade de Paris qualquer espécie de comércio e de profissão, de artes e de ofícios, que bem lhes pareça, ainda que se reúnam vários, ainda que para este efeito nós tenhamos todos os corpos e comunidades de comerciantes e artesãos, assim como as mestrias e *jurandes*; ab-rogamos tudo, privilégios, estatutos e regulamentos ditados por tais corpos e comunidades, em razão de cuja nulidade de objetos não poderão ser turbados no exercício de seu comércio e de sua profissão, por qualquer causa e sob qualquer pretexto que se possa ter.

Giuliano Mazzoni[5], separando cronologicamente o estudo do tema, distingue três fases do direito de associação fixando-os desde a Revolução Francesa de 1789 até 1824 como sendo a de *repressão*, passando, a seguir, para a de *tolerância legal* (1824/1871) e, por fim, alcançando a fase de *reconhecimento* ou proteção legislativa, começada em 1871 e que se estende à atualidade.

---

(4) *Tratado elementar de direito do trabalho*. Rio de Janeiro: Freitas Bastos, 1960, v. 1. p. 280-281.
(5) *Relações coletivas de trabalho*. Tradução de Antonio Lamarca. São Paulo: Revista dos Tribunais, 1972, p. 7.

1.3.1. A proibição

Num instante inicial, os movimentos de aglutinação constituíam uma atividade ilícita. Para lograr sua sobrevivência, as associações organizavam-se de modo secreto, elaborando seus documentos constitutivos, escolhendo os dirigentes, procurando expandir-se com a adesão de novos membros e realizando os movimentos ou ações de defesa dos interesses profissionais através de greves, fossem por melhores salários ou condições de trabalho.

Neste momento primeiro a coalizão era um fato, jamais tolerado pela sociedade e sempre reprimido pelo Estado. A vida subterrânea encontrou, nesta fase das coalizões, a proteção atuante da Igreja Católica e a coalizão mereceu ajuda mais ostensiva. Recorrendo à hagiografia, abrigou corporações ou ofícios, a pretexto de cultuar seus santos, dando-lhes a denominação ou identificação da atividade com próceres religiosos a contribuir para sua preservação, nos países em que sua presença é mais marcante, segundo o patronato por ela estabelecido ou consagrado pela tradição.

A proibição não era apenas de reunir ou agrupar o profissional, mas do exercício de qualquer atividade que pudesse ser identificada com tais corporações. A liberdade do exercício de profissão passou a ser preocupação do Estado que o buscou assegurar através de diversos dispositivos legais. Assim é que, antes mesmo da Revolução Francesa, como registra *Alfredo L. Palácios*[6], já em 1762 limitavam-se os privilégios da indústria, incentivando-se o desenvolvimento daquelas atividades praticadas no campo, seguindo-se, nos anos posteriores, a liberação do comércio de couros e a permissão do exercício do comércio atacadista para os plebeus e para os nobres, culminando a prática repressiva com a concessão, em 1767, aos estrangeiros e aos judeus, de grande quantidade das denominadas *cartas de mestre*, vedando-se sua compra, por mais elevada que fosse a quantia.

A Revolução Francesa condenou a coalizão operária, assim como a greve, tida esta como modo natural de pressão exterior. O art. 20, do Código Rural, de 1791, proibiu os camponeses e os domésticos de se unirem para elevar ou fixar preço dos ganhos ou salários. Por seu turno, o art. 415, do Código Penal, cominava pena de prisão de um a três meses para as coalizões operárias que visassem à paralisação do trabalho e os cabeças do movimento podiam ser encarcerados por períodos bem mais longos (de dois a cinco anos).

A coalizão patronal, por outro lado, somente seria punível, ainda que com penas mais leves, se pretendesse forçar, injusta e abusivamente, a redução dos salários.

De igual modo, na Inglaterra não se toleravam movimentos que objetivassem melhorar as condições de trabalho ou obter um aumento de salário, a partir de uma coalizão. Como ligeiramente se intenta evidenciar, a coalizão não é, nem se pode confundir, com a greve ou o locaute. Quando a coalizão alcança seu propósito, a ação — patronal ou obreira — não se deflagra. Por outro lado, o aspecto associativo da

---

(6) *El nuevo derecho*. 5. ed. Buenos Aires: Claridad, 1960, p. 134.

coalizão é transeunte e não se harmoniza com o conceito de congregação, em qualquer sentido onde se estime ou considere a permanência ou durabilidade dos laços.

Ao que se pode intuir, do aspecto da tutela jurídica do movimento ou ação, a coalizão precedeu à greve. Tinha a natureza de delito, tipificado como conspiração qualquer tentativa nesse sentido, e era sancionado pela *Combination Act,* desde 1799.

A burguesia e os trabalhadores viram, com alegria, o desaparecimento das corporações. Para os burgueses por liberar a manufatura de que se nutriam e aos últimos porque os libertava dos grilhões que representava o atrelamento aos mestres. A culminância de tal atitude foi alcançada com a Lei *Le Chapelier* que, no dizer de *Mario de La Cueva*[7], "foi a declaração de guerra que lançou o estado individualista e liberal burguês contra os trabalhadores".

No Brasil, as corporações de ofício foram proibidas por mandamento constitucional, através do inciso XXV, do art. 179, da Constituição Política do Império do Brasil, outorgada por D. Pedro I, em 24 de março de 1824. O texto identificado estava assim redigido: "Ficam abolidas as Corporações de Ofícios, seus Juízes, Escrivães e Mestres."

Para melhor entendimento do seu texto, vale registrar as palavras de *Vieira Fazenda*, transcritas por *Segadas Vianna*, reportando-se às primeiras sociedades portuguesas de ofício: "Segundo as tradições dos antigos grêmios da Idade Média, os artistas eram, segundo sua profissão, divididos em 24 corporações, cada uma das quais elegia o seu juiz, cuja reunião constituía a referida Casa dos 24."

Estes sufragavam, dentre si, um presidente, chamado juiz do povo, e um escrivão, os quais tomavam assento no Senado. Cada um desses grêmios tinha seus estatutos e regulamentos aprovados pelo Governo, debaixo da inspeção do Senado.

No Brasil, também tivemos grêmios, mas jamais atingiram o desenvolvimento que alcançaram em Portugal e Espanha. Limitações determinadas pelos governadores-gerais, enviados pela Corte portuguesa, quase não tiveram outra atuação que não fossem nas festas religiosas; deles temos notícia em 1623, quando o conselho determinou, no Rio de Janeiro, que nas procissões os

> juízes de ferreiro e sapateiro apresentassem imagem de São Jorge, que os alfaiates dariam a serpe, os dos marceneiros a imagem do Menino Deus, os dos ourives e pedreiros acompanhassem somente com suas tochas, e os taverneiros e mercadores apresentariam uma dança, para cujo fim se deveriam pintar.[8]

Tais determinações se repetiram, no início do século XVIII, pelos governos provinciais da Bahia, de Pernambuco e do Maranhão.

1.3.2. A coalizão tolerada

A segunda fase, identificada como da *tolerância*, significa uma postura passiva do Estado diante da realidade do ressurgimento ou reaparecimento das coalizões.

---

(7) *El nuevo derecho mexicano del trabajo*. 6. ed. México: Porrúa, 1991, Tomo 2, p. 200-202.
(8) VIEIRA FAZENDA *apud* SEGADAS VIANNA *et al. Instituições de direito do trabalho*. 16. ed. São Paulo: LTr, 1996, v. 2, p. 1040.

Antes mesmo na fase de tolerância, em 1845 uma greve de marceneiros, ocorrida em Paris, foi violentamente sufocada pela polícia e encarcerados os principais líderes.

Ainda na França, mas já em 1864, sob o reinado de Napoleão III, a lei de 25 de maio suprimiu os aspectos punitivos da coalizão, retirando-lhe o caráter delituoso e os arts. 414 e 415, do Código Penal, passaram a disciplinar uma nova infração. Agora se poderia punir a ação dos participantes de greve que criassem obstáculo ou entraves àqueles que desejassem trabalhar, ou seja, reconhecia-se ou se assegurava o direito ou a liberdade do que hodiernamente se conhece como não-grevista, ao trabalho.

Tal postura do Estado encontrou forte resistência nos tribunais no que tange à caracterização do movimento e os efeitos que disto se poderiam extrair. Com efeito, como observam *Jean Rivero* e *Jean Savatier*[9], a greve passou a ter, pelo ângulo da jurisprudência, graves conseqüências do ponto de vista civil, resultantes de considerá-la como forma de extinção do contrato de trabalho, ensejando ao patronato a larga utilização de recursos para neutralizar o exercício de uma faculdade que se reconhecia aos trabalhadores.

Na Inglaterra, uma lei de 1824, conhecida como Lei de *Francis Place* acabou com o caráter delituoso das associações profissionais e da greve. Em 29 de junho de 1871, a *Trade Union Act* regulamentou, numa atitude pioneira, a atribuição de personalidade jurídica às associações profissionais e patronais, dando-lhes autonomia para a organização interna, reconhecendo-lhes a faculdade de celebrar convenções sobre as condições de trabalho. O registro exigido para funcionamento do sindicato far-sei-ia nas sociedades de auxílio mútuo *(Friendly Societies)*. A regulamentação ensejava ao sindicato ser representado pelos respectivos administradores, inclusive em juízo, assim como adquirir bens. Seu art. 4º, todavia, lhe retira a possibilidade de buscar perdas e danos contra outros sindicatos pelo rompimento de uma convenção coletiva ou acordo para aplicação de fundos do sindicato — empréstimos ou ajudas aos seus associados. Esta, como visto, é uma atitude bem avançada posto que lhes atribuíssem a personalidade jurídica que resultou na figura do sindicato.

Em fevereiro de 1848, vale consignar, deram-se importantíssimas manifestações para o campo das relações trabalhistas, na busca da conscientização dos trabalhadores para um maior empenho de aglutinação e fortalecimento do esforço conjunto, na formação de uma classe com peso e influência sociais que não poderiam ser ignorados pela sociedade.

Isto ganha expressão, pela divulgação, na Inglaterra, do Manifesto Comunista de *Karl Marx* e *Friedrich Engels,* dois pensadores alemães que vieram a ganhar notoriedade procurando retratar uma crítica que se fazia aos conflitos emergentes entre os trabalhadores, inibidos na manifestação de sua força ou capacidade negociais, e o empresariado, genericamente tratado como burguesia.

A partir de 1869, contudo, na Alemanha de *Bismarck*, a lei de 21 de maio derrogou a ordenança da Prússia *(Preussische Gewerbeordnung)* de 1845 que impunha que cada greve ou induzimento à greve fosse punido com a prisão por um ano. Em 1872, aquela lei foi ratificada para todo o império alemão unificado e suprimiu as penas

---

(9) *Droit du travail.* 12. éd. Paris: PUF, 1991, p. 328.

estabelecidas para punir as coalizões que pretendessem a melhoria das condições vigentes para a execução dos serviços pelos trabalhadores.

Na França, a Lei *Waldeck-Rousseau*, de 21 de março de 1884, ao revogar a Lei *Le Chapelier*, de 17 de junho de 1791, estabeleceu que as associações que tivessem por objeto o estudo e defesa dos interesses econômicos exercidos pela profissão, ainda que conexa, ou ofício similar, poder-se-iam constituir, sem necessidade de autorização governamental, exigindo-se, todavia, que seus fundadores depositassem os estatutos e a relação dos dirigentes, na municipalidade onde fosse criada a associação e assim procedesse sempre que houvesse mudança da direção e, dos estatutos, a cada vez que alterados.

Aqueles que *Marx* e *Engels* identificavam como burgueses e que, em verdade, representavam os empresários se foram, conjuntamente com o Estado, reunindo em sociedades e grupos que avaliavam as posturas dos trabalhadores do campo e da cidade em termos de reivindicações, de exigências mesmo para as alterações das condições de trabalho, repouso e remuneração. A Igreja Católica, identificada com e freqüentemente partícipe de algumas dessas sociedades, muitas delas criadas por sua iniciativa, passou a preocupar-se numa forma de manifestação que pudesse, a um só tempo, tranqüilizar o Estado, com quem vivia em comunhão ou identidade; a classe burguesa ou empresarial, em quem buscava seus quadros e seu sustento e, por último, os trabalhadores que, numerosos, eram sua messe e seu lastro de sustentação espiritual quantitativa.

O Manifesto Comunista surgiu pouco tempo antes que eclodisse a Revolução da Burguesia, na França. Esporádicas manifestações davam conta de que alguns religiosos acompanhavam o agravamento da crise social. A revista *L'Association Catholique* refere a que, em 1845, Dom *Remdu*, Arcebispo de *Annecy*, na França, denunciou os abusos que testemunhava entendendo que o regime de trabalho então vigente era uma nova forma de escravidão, mais dolorosa e mais revoltante, porque nada se ousava fazer contra os que exploravam o trabalho humano[10].

Na Itália as preocupações sociais do pensamento católico se externaram no Círculo Romano de Estudos Sociais, na Sociedade Artística Operária de Caridade Mútua e, por último, na União para os Estudos Sociais, todas essas entidades fundadas pelo Mons. *Domingo Jacobini*. Elevado ao cardinalato, em 1882, Dom *Jacobini* foi chamado a integrar a denominada C*omissão Íntima,* criada pelo Papa Leão XIII para o estudo dos problemas sociais; tal Comissão teve na União de Friburgo o seu grande foro de debates e suas conclusões vieram a informar as linhas mestras de uma encíclica.

O Papa *Leão XIII* incumbiu a redação do documento ao Cardeal *Tommaso Maria Zigliara*. Segundo seus biógrafos, o Sumo Pontífice somente dispensava atenção para as coisas da escrita e quando se tratasse da poesia latina. Pode-se, daí, extrair a conclusão de que a encíclica não foi a manifestação do pensamento papal, mas sua aprovação à síntese dos debates e estudos de um grande fórum religioso, com profunda preocupação social, e que encontrou no Cardeal *Zigliara*[11] um fiel redator.

---

(10) SODERINI *apud* SOARES SOBRINHO, J. E. Macedo. *A concepção e a redação da Rerum Novarum* [S.l.: s.n.] [1941?] Tese para o 1º Congresso Brasileiro de Direito Social.
(11) SODERINI, ob. e loc. cits.

A Encíclica *Rerum Novarum,* de 15 de maio de 1891, foi um documento que pretendeu responder às preocupações das classes dominantes, pela voz onipresente da Igreja Católica, ante a crescente difusão e influência do Manifesto Comunista. Na proporção em que exaltava a necessidade de melhor estabelecer uma relação patrão-empregado, teve o intento de mostrar àqueles algumas trilhas a seguir para reduzir ou minimizar os conflitos emergentes.

1.4. A coalizão como liberdade e direito

Restou, por outro lado, irrecusável que os instrumentos consolidadores do Direito do Trabalho, surgidos no século XX, atentaram para os princípios desenvolvidos na Encíclica *Rerum Novarum*, a saber, pela cronologia, o art. 123 da Constituição de *Querétaro*, no México, em 1917; a Parte XIII do Tratado de *Versailles*, que resultou no surgimento da Organização Internacional do Trabalho, em 1919, além das disposições da Constituição de *Weimar*, na Alemanha, datada de 11 de agosto de 1919.

A 5 de fevereiro de 1917 o Estado Mexicano promulgou, na cidade de *Querétaro*, sua Constituição Política e, pela primeira vez, num documento de tal envergadura, encontravam-se normas que regeriam as relações trabalhistas de seu povo, a partir de então, com primazia sobre qualquer outro no mundo. O irrecusável espírito inovador dessa Constituição parece-nos mais relevante que a própria Constituição de *Weimar* cujos preceitos tinham conteúdo muito mais programático que definidor de direitos.

Para não ceder ao encanto de examinar, comparativamente, o documento precursor que é a Constituição de *Querétaro*, com as recomendações da Encíclica *Rerum Novarum,* restringimo-nos ao exame daquilo que interessa à idéia da coalizão, do sindicato (parágrafos 74/76). O item XVI assegura que "Tanto os operários como os empresários terão direito de coalizão, em defesa de seus respectivos interesses, formando sindicatos, associações profissionais etc.".

A importância primacial do dispositivo constitucional mexicano também avança para reconhecer o direito à greve e ao locaute, definindo-lhes os contornos da ilicitude e assegurando o exercício da filiação sindical (Itens XVIII, XIX e XXII, do art. 123).

Com o final da I Grande Guerra do século XX, em 1918, a 25 de janeiro de 1919 o Presidente *Woodrow Wilson*, dos Estados Unidos, apresentou uma proposta de constituir-se uma comissão para buscar recursos internacionais que pudessem garantir uma ação comum em temas como as condições de emprego dos trabalhadores e encontrar a forma de estabelecer um órgão permanente destinado a agir em cooperação com a futura Sociedade das Nações.

Por essa comissão foi apresentado, a 24 de março de 1919, um relatório à conferência preliminar de paz, que viria a elaborar o que resultou no Tratado de Versalhes, e constituiu a sua parte XIII (arts. 387 a 427). Concluído em 1919, por este Tratado se criou a Organização Internacional do Trabalho — OIT.

Esta fase atual corresponde à da *garantia das coalizões*, caracterizada por uma vida sindical intensa e atuante na busca da mais ampla proteção aos interesses dos trabalhadores. Os conflitos que, de tal busca, possam emergir passam, agora, a contar com a tutela do legislador que lhes propõe ou impõe formas de composição do conflito, através dos mecanismos de conciliação e da arbitragem.

Antes que atingisse a completa autonomia ou liberdade, merece registro o surgimento de sindicalismo de Estado ou de direito público, a exemplo daquele brotado dos arts. 151 e seguintes do Código de Trabalho, da hoje extinta União Soviética, em 1922 e aquele da Lei n. 563, de 3 de abril de 1926, na Itália e que influiu, demasiada e permanentemente, na formação do sindicalismo brasileiro, implantado pelo Decreto-lei n. 1.402, de 5 de julho de 1939, onde o sindicato tinha a natureza jurídica de direito privado, mas era rigidamente controlado pelo Estado, e assim continua sendo, parcialmente, até os nossos dias, quando se acena com estudos para sua mudança, embora na Itália as corporações tivessem sido supressas desde o Decreto-lei n. 721, de 9 de agosto de 1943. Fez-se definitiva tal supressão pela *Ordenanza* n. 28, de 1944, quando da ocupação aliada. Foram, também, sindicatos de domínio ou controle do Estado, os criados pelo Estatuto do Trabalho Nacional, de Portugal, em 23 de setembro de 1933 e leis que se lhe sucederam na mesma época, além do *Fuero del Trabajo,* com a lei de 26 de janeiro de 1940, na Espanha.

Durante o regime de ocupação nazista, a França se viu compelida a rever seu sindicalismo começando por cassar-lhe a liberdade e toda a vida sindical permaneceu sob a tutela do Estado, durante o período que passou à história com o governo de *Vichy.*

Na Alemanha o nacional socialismo instalado em 1933 pôs, a partir de 1º de maio daquele ano, todos os sindicatos sob intervenção estatal. Daí passaram a integrar a organização política e os Fiscais do Trabalho *(Treuhänder der Arbeit)* ficaram com a incumbência de ditar a política de trabalho com rígido controle dos salários.

1.5. Garantias da coalizão

Quando, no momento atual, se entende a coalizão como o grande movimento sindical, já se pode avaliar a reversão, na história do direito, que conduziu a sociedade a alterar sua óptica do movimento, passando da explícita proibição e rigorosa sanção penal, para a garantia expressa tanto em textos constitucionais quanto em leis específicas.

Num momento importante, vale examinar o papel da Organização Internacional do Trabalho com sua Convenção n. 87, aprovada em San Francisco, em 1948, para viger a partir de 4 de julho de 1950. Este instrumento assegura tanto a trabalhadores quanto aos empresários, a criação de organizações e ampla liberdade de a elas se filiarem, guardando obediência tão-somente aos estatutos que fossem aprovados (art.2º) e o mais completo distanciamento do Estado para não criar entraves à militância (art. 3º).

Para impedir, por outro lado, que fora da autoridade estatal pudessem os trabalhadores sofrer algum tipo de constrangimento pelo exercício da atividade sindical, retornou a Organização Internacional do Trabalho ao tema, já agora pela Convenção n. 98, celebrada em Genebra, em 1949, com vigência a partir de 18 de julho de 1951. Em tal documento se preconizou a criação de instrumentos protetores contra a privação do emprego pelo exercício da liberdade de sindicalização (art.1º). A postura passa a ser de completa garantia ao exercício das atividades sindicais, seja em relação ao Estado, como frente ao empregador.

Mazzoni[12] refere à existência de um direito de associar-se ao sindicato, como um direito individual, e o direito coletivo é aquele que representa a faculdade de criar sindicatos, inseridos nas modernas constituições políticas. Tal disposição, segundo comentários de *Manfred Weiss*[13] encontra raízes no art. 9º, § 3º, da Constituição alemã, que assegura a todos e para todas as profissões o direito de constituir associações para salvaguarda e desenvolvimento da economia e do trabalho.

Para ser fiel à história, vale registrar, em primeiro plano, como consignado, a Constituição do México, de 1917, cujo art. 123 menciona, em proteção da vida sindical, até então tolerada, que "tanto os operários quanto os empresários terão direito de coligarem-se em defesa dos seus respectivos interesses, formando sindicatos, associações profissionais *(omissis)*" (inciso XVI), e avança para asseverar, no inciso XVII que "as leis reconhecerão como direitos dos operários e dos patrões, as greves e as paralisações" (Locaute).

Para tornar efetivo esse mandamento, o texto constitucional acrescenta que

> O patrão que despeça um empregado sem causa justificada, ou por haver ingressado numa associação ou sindicato, ou por haver participado de uma greve lícita, está obrigado, à escolha do trabalhador, a cumprir o contrato ou indenizá-lo com o valor correspondente a três meses de salário. (*Omissis*) (inciso XXII)

O que se louva e preza na Carta Política mexicana é o pioneirismo de elevar em nível constitucional dispositivos que, quando muito, se encontravam em leis ordinárias de países europeus.

Por outro lado, a Constituição da Alemanha, de 1919, no bojo de seus dispositivos trabalhistas, consigna, no art. 159 que: "A liberdade de coalizão para defesa e melhoria das condições de trabalho e de produção fica garantida a todas as profissões. Toda convenção ou medida que vise impedi-la ou a limitar é nula."

O dispositivo é, inegavelmente, mais sintético que o mexicano, embora ambos tendam ao mesmo tipo de proteção. Não há menção a direito de greve, nem ao locaute, embora a legislação posterior tenha assegurado — excluído o período de dominação do nacional socialismo — até 1933 e, como citado por *Manfred Weiss,* a disposição tenha revivido na Carta Fundamental de 1949.

Com efeito, o art. 9º da Lei Fundamental da Alemanha estabeleceu que "Todos os alemães terão direito a constituir associações *(Vereine)* e sociedades *(Gesselchaften)*" e, na primeira parte do inciso 3, consigna que

---

(12) *Relações coletivas de trabalho.* Tradução de Antonio Lamarca. São Paulo: Revista dos Tribunais, 1972.
(13) Germany. In: BLAINPAIN, Roger (Ed.). *Strikes and lock-outs in industrialized economies.* Boston: Kluwer and Law Taxation, 1994, p. 12.

são garantidos a todos e a todas as profissões o direito de constituir 'associações para melhoria das condições econômicas e trabalhistas. Serão nulas quaisquer convenções que restrinjam este direito ou lhe criem obstáculos e ilícitas as medidas que a tanto se proponham.

Vale registrar, a fim de retornar à cronologia, a importância da Constituição Francesa, de 27 de outubro de 1946. Observam *Jean Rivero* e *Jean Savatier*[14] que o preâmbulo deste documento guarda alguma ambigüidade, pois ao assegurar o direito de greve, remete a regulamentação de seu exercício à lei ordinária, ensejando ao legislador vários poderes em detrimento da importância capital que representa a constitucionalização do direito de greve, por exemplo, tendo em conta ser este o mais representativo direito exercitado a partir da coalizão.

A Constituição italiana de 1947, através do art. 39, assegura a completa liberdade de sindicalização, seja para constituição como para funcionamento, assim para a associação. A autodeterminação do sindicato encontra esteio em seu preceito. A necessidade de seu registro não significa qualquer sorte de interferência estatal no surgimento ou atividade. Essas disposições são subsidiadas por outras normas constitucionais.

No art. 18 se assegura o amplo direito de associação, inclusive de filiação individual, desde que não confronte a legislação criminal. A liberdade de associação não pode sofrer qualquer sorte de atentado ou violação, sob pena de nulidade do ato que a causar. Portugal e Espanha, na retomada do caminho democrático, no curso dos anos 70, já encontraram sedimentada a senda da liberdade sindical, da prática da negociação coletiva e dos métodos para a composição dos conflitos coletivos de trabalho.

No que tange ao Brasil, há que se ter em conta os diferentes textos constitucionais e seus respectivos momentos políticos. Como já foi reportado, a Constituição Imperial, de 1824, vedava expressamente as corporações de ofício. Ao ser proclamada a República, em 1889, a Constituição que se lhe seguiu, de 24 de fevereiro de 1891, nada dispôs sobre o direito de associação, nem referiu a sindicatos ou associações profissionais. No art. 72, ao tratar da declaração de direitos, consignou no § 24 ser "garantido o livre exercício de qualquer profissão moral, intelectual e industrial".

A grande Emenda procedida na Constituição, a 7 de setembro de 1926, resguardou a redação do mesmo dispositivo.

Em 16 de julho de 1934 foi promulgada uma nova Constituição, de vida bastante efêmera, mas que inovou ao consignar, no art. 120 que: "Os sindicatos e as associações serão reconhecidos de conformidade com a lei." estatuindo o parágrafo único que a "lei assegurará a pluralidade sindical e a completa autonomia dos sindicatos".

Um golpe de Estado, perpetrado a 10 de novembro de 1937, resultou na outorga de uma nova Carta Política cujo art. 138, no capítulo da Ordem Econômica, estabeleceu que a

> associação profissional ou sindical é livre. Somente, porém, o sindicato regularmente reconhecido pelo Estado tem o direito de representação legal dos que participarem

---
[14] *Droit du travail.* 12. éd. Paris: PUF, 1991, p. 329-330.

da categoria de produção para que foi constituído, e de defender-lhes os direitos perante o Estado e as outras associações profissionais, estipular contratos coletivos de trabalho, obrigatórios para todos os seus associados, impor-lhes contribuições e exercer, em relação a eles, funções delegadas do poder público.

Naquele momento da vida constitucional do país, verificou-se a instalação da falácia da liberdade sindical. Em verdade o Estado, como se constatou sempre em todo regime totalitário, buscava deixar sob seu mais absoluto controle o sindicalismo, com o enquadramento sindical que se extrai da leitura: "direito de representação legal dos que participarem da categoria de produção para que foi constituído." Com tal regra se golpeava de morte o pluralismo sindical estabelecido na Constituição de 1934; as classes trabalhadoras eram contingenciadas num agrupamento que permitiria ao Estado controlar-lhes todos os passos e atividades. A própria vida do sindicato passava a ser objeto de boa vontade do Estado, por evidente que este somente emprestaria seu regular reconhecimento quando, discricionariamente, apurasse do interesse e conveniência autorizar seu surgimento. O rígido controle da vida sindical passou a ser uma tônica na vida trabalhista e até nossos dias alguns aspectos dos malefícios ali introduzidos ainda mostram seus efeitos.

A retomada do regime democrático, a partir de 1946, evidenciou, no texto do art. 159, da Constituição de 18 de setembro, a retirada do controle do Estado, mas apenas na redação, pois ao remeter seu regramento para a lei, deixou vigentes os comandos da Consolidação das Leis do Trabalho e de outros atos normativos expedidos na vigência da Carta Política de 1937. Com efeito, rezava aquele art. 159 que: "É livre a associação profissional ou sindical, sendo reguladas por lei a forma de sua constituição, a sua representação legal nas convenções coletivas de trabalho e o exercício de funções delegadas pelo poder público."

Este curioso papel do sindicato exercer funções delegadas pelo poder público era, a um só tempo, motivo para prosseguir a interferência do Estado na vida sindical e, ademais, legitimar a cobrança do tributo que se estabelecera no dispositivo constitucional de 1937, cuja parte final do art. 138 estatuía "[...] impor-lhes contribuições e exercer, em relação a eles, funções delegadas do poder público".

Criado, então, o imposto sindical, passou o Brasil a contar com uma estrutura sindical que, sob o patrocínio do Estado, lhe concedia poderes para tributar e valer-se da arrecadação para financiar 80% da pirâmide em que se organizou o sindicalismo, ficando os 20% remanescentes com o próprio Estado, como uma tentativa de legitimar ou explicar a concessão de poder tributário a um organismo que, mesmo autorizado a se constituir por ato do Poder Público, com este não se poderia confundir.

O imposto sindical, atualmente identificado como contribuição sindical, ensejou ao sindicalismo brasileiro sobreviver sem necessidade de recrutar um número razoável de associados para dotá-lo de recursos e, paradoxalmente, numa estrutura de monopólio territorial para atuação do sindicato, permitiu uma disseminação que o deixou enfraquecido para exercer seu papel negociador ou sua eficácia como grupo social de pressão legítima.

Em 1967, outra vez privado do regime democrático, o Brasil adotou um texto constitucional a 24 de janeiro que, no tangente à vida dos sindicatos, estabeleceu, no art. 159, uma redação em perfeita sintonia com aquela de 1946, alterando-a sem que nada de relevante fosse atingido, a saber, "É livre a associação profissional ou sindical; a sua constituição, a representação legal nas convenções coletivas de trabalho e o exercício de funções delegadas de poder público serão regulados em lei".

No § 1º, que então se introduziu, uma vez mais veio explícita, a exemplo do que ocorrera na Carta de 1937, a legitimação constitucional de poder tributário delegado ou concedido ao sindicato, já agora com a possibilidade da ordem legal exercer controle na aplicação dos recursos, como se extrai da seguinte redação

> entre as funções delegadas a que se refere este artigo, compreende-se a de arrecadar, na forma da lei, contribuições para o custeio da atividade dos órgãos sindicais e profissionais e para a execução de programas de interesse das categorias por eles representadas.

Estes dispositivos asseguravam, como se constata, a continuidade do conteúdo da Consolidação das Leis do Trabalho que permitiam ao Estado o perfeito controle das organizações sindicais, seus recursos e forma de aplicação.

A 17 de outubro de 1969 foi editada, pela Junta Militar que empolgara o Poder Político, a Emenda Constitucional n. 1 que, em realidade, representou um novo texto da Carta Política e, no tangente ao tema em exame, apenas deslocou-lhe a numeração para o art. 166, preservando íntegra a redação, o que significa dizer que a vida sindical prosseguiu com idêntica característica.

O texto atual da Constituição, em vigor a partir de 5 de outubro de 1988, retornando o país à democracia, avançou na explicitação da liberdade de associação e de prática do sindicalismo, assegurando-a expressamente no *caput* do art. 8º, ao consignar que: "I — a lei não poderá exigir autorização do Estado para a fundação de sindicato, ressalvado o registro no órgão competente, vedadas ao Poder Público a interferência e a intervenção na organização sindical;".

No inciso seguinte, entretanto, manteve o critério do sindicato único ao estabelecer que

> II — é vedada a criação de mais de uma organização sindical em qualquer grau, representativa da categoria profissional ou econômica, na mesma base territorial, que será definida pelos trabalhadores ou empregadores interessados, não podendo ser inferior à área de um Município.

Esta vedação ao surgimento de sindicatos não impede, como já comentado, que estes proliferem num absurdo processo de multiplicação por decomposição analítica das atividades. A base de sustentação financeira, por outro lado, persiste na agora denominada contribuição sindical que o Congresso Nacional resiste às propostas de supressão, por diversas formas apresentadas desde 1990. Ainda que desapareça a contribuição de origem legal, prevê a Constituição a possibilidade de criação de uma outra *"para custeio do sistema confederativo da representação sindical respectiva, independentemente da contribuição prevista em lei"* (inciso IV), a ser fixado pela assembléia geral do sindicato. Isto significa dizer que pode ocorrer a convergência de contribuições — uma supostamente espontânea e, outra, evidentemente legal e compulsória — todas subsidiando o mesmo regime confederativo e havendo participação do Estado naquela de sua criação.

O ordenamento jurídico brasileiro certamente evoluiu, na exata proporção em que libertou o sindicato de seu vínculo ou controle pelo Estado. Não se podem, todavia, considerar progressistas alguns aspectos que recendem a corporativismo, como a intervenção no exercício da liberdade de associação. A possibilidade de criação de mais de um sindicato, numa mesma dada base territorial, não é apenas democrático, o que já seria bom, mas torna mais legítima a representação na proporção em que cria possibilidade dos organismos sindicais se mostrarem mais atuantes e predominando ou sobrevivendo aquele que se mostre mais representativo dos interesses de seus membros ou integrantes da categoria.

Deve-se, aqui, atentar para argumentos que se oferecem em contrariedade à noção de pluralismo sindical. Há um receio de enfraquecimento dos sindicatos, mercê de sua pulverização. Este entendimento não faz melhor a realidade encontrada. Com efeito, o monismo sindical permite o surgimento de sindicatos igualmente débeis e freqüentemente fáceis de controle ou dominação pela entidade patronal. A luta passa a se travar dentro do sindicato para permitir que uma corrente opositora logre sobrepujar aquela reinante. Ao revés, quando ocorra a possibilidade de criação de mais de um sindicato num mesmo território, a disputa far-se-á entre organismos que se podem fortalecer no confronto, no convencimento, na capacidade de aglutinação, como ocorre com as confissões religiosas ou os partidos políticos numa sociedade democrática.

Este caminho também propiciaria o desaparecimento ou a sensível redução dos sindicatos controlados ou dominados pelas entidades patronais através dos dirigentes submissos e pejorativamente conhecidos como "pelegos" que tenderiam a ser ultrapassados ou desmascarados por uma atuação sindical coerente, firme e confiável.

CAPÍTULO 2

SURGIMENTO DO DIREITO DE GREVE

2.1. O direito à autotutela

O estabelecimento do monopólio da distribuição de justiça, pelo Estado, comporta a constatação de situações excepcionais onde não lhe é dado estar presente, com a presteza que a situação exige. Existem momentos em que sendo de fácil solução o impasse ou avolumando-se num nível insuportável pela estrutura dos órgãos da jurisdição, é o próprio Estado quem estimula o recurso a meios suasórios ou à arbitragem como forma de compor conflitos com celeridade e segurança.

A idéia de autotutela pode significar, num primeiro e precipitado pensamento, uma ação permitida ao indivíduo para proteção ou defesa de seus interesses, sem invocação dos mecanismos ou do aparelhamento que a ordem pública lhe põe à disposição com tal objetivo. Em verdade, há circunstâncias em que o Estado reconhecendo e assegurando o direito ao seu titular, não encontra hipótese para o acudir prontamente. Sob outra forma, se alguém tiver que aguardar pela atuação do poder público, aí incluída a idéia de invocação ao judiciário ou, mais modesta e nem por isso desnecessariamente, à polícia de segurança, pode dar-se o dano irreversível, ocorrer o evento morte ou se evidenciar inconseqüente a ação dos organismos postos à sua disposição.

Para ensejar esta atitude ou ação imediata, instantânea mesmo, o próprio Estado reconhece, proclama e assegura ao indivíduo invocar suas razões e agir por modo que se não poderia avaliar diferente. É o comportamento orientado mais pelo instinto que pela razão.

Isto se encontra presente em diversos quadros que a ordem jurídica avalia e legitima, na esfera penal, pelo que identifica como *estado de necessidade* onde o instinto de autopreservação deixa ao indivíduo a prática de um ato que em condições de conduta normal seria tido como delituoso. Dá-se que, praticado sem alternativa, não representa comportamento sancionável, não adquire tipicidade penal. É o que o art. 23, do Código Penal, identifica como excludente de ilicitude, caracterizando, em seguida, o estado de necessidade (art. 24).

O gesto de autopreservação, mesmo que revestido de certo primitivismo, não pode ser levado à conta de criminoso uma vez que se não poderia esperar do agente outra conduta se não aquela adotada. O mesmo se dá quando alguém age em legítima defesa onde a ordem pública, de igual modo, abandona o intuito punitivo sempre e quando exercitado nos lindes por ela traçados (Código Penal, arts. 23 e 25).

O art. 1.519 do Código Civil, de 1917, contemplou igual tratamento ao eximir de ilicitude os atos praticados em legítima defesa, do mesmo modo que a deterioração ou destruição de coisa alheia com o estrito objetivo e nos limites que se mostrem necessários à superação de perigo iminente (art.160, II), ressalvada a hipótese de não ser o dono da coisa destruída o responsável pelo perigo, quando a lei civil lhe reconhece direito à indenização e, a partir de tal conceito, os desdobramentos do art. 1.520 do referido Código.

O Código Civil de 2002 preservou a identidade de métodos e critérios (art. 929), com as características definidas no art. 188, II, onerando-se os excessos a teor do seu art. 930.

Nota-se, entretanto, que foi permitido ao agente atuar de inopino frente à impossibilidade de buscar, a tempo e hora, a tutela do Estado.

A legítima defesa da posse tem, também, a caracterização legal quando se constate a turbação ou o esbulho com a figura jurídica do *desforço incontinenti* que legitima o uso da força, desde que suficiente à sua manutenção ou restituição (CC/ 2002, art. 1.210 e § 1º).

São numerosos os momentos em que o Direito Civil legitima atos de autotutela, a exemplo do direito do vizinho erradicar as raízes das árvores que lhe invadam o terreno (CC/2002, art. 1.283); a retenção para ressarcimento de benfeitorias necessárias e úteis (CC/2002, art. 1.219) assim como se assegura ao locatário, em circunstâncias idênticas (CC/2002, art. 578); a indenização de despesas do credor pignoratício, ainda que satisfeita a dívida (CC/2002, arts. 1.433, II, 1.434); quando hospedeiro, estalajadeiro ou fornecedor de pousada, pelas despesas ou consumo dos fregueses (CC/2002, art. 1.467, I) e, inclusive, assegura ao depositário a retenção do depósito até que se lhe satisfaçam as dívidas ou prejuízos (CC/2002, art. 644, *caput*).

No Direito Comercial, como no Direito Aeronáutico, se reconhece ao capitão do navio ou ao comandante da aeronave o direito/poder de desfazer-se de parte ou de toda a carga, ante o risco de naufrágio ou acidente. Em situações como as mencionadas se permite a alguém dispor do interesse ou patrimônio de outrem, sem que obtenha, primeiro, uma autorização judicial e não se questiona a alternativa para o uso da providência adotada. Se agir com culpa, apurar-se-á na seqüência ou conseqüência do ato, mas sua prática já se dera.

A autotutela trabalhista ganha contornos peculiares na proporção em que o reconhecimento constitucional do direito de greve deixa ou assegura ao trabalhador "decidir sobre a oportunidade de exercê-lo e sobre os interesses que devam por meio dele defender" (CF/art.9º). A circunstância evidencia que tange exclusivamente ao trabalhador eleger tema e oportunidade para deflagrar a greve e, ao fazê-lo não pode ser inibido por qualquer ação adversa do Poder Público, salvo quando, no exercício do direito de reunião, a coalizão duradoura que identifica o sindicato, possa representar qualquer sorte de ameaça à incolumidade pública no que refira a bens, públicos ou privados, e às pessoas.

A greve manifesta-se, assim, como um meio de luta. Tal luta, entretanto, não deve ser vista como uma batalha onde o alvo se possa espraiar, incontrolavelmente, pela sociedade organizada. O destinatário será o empregador ou o organismo patronal capaz de negociar e estabelecer normas e condições de trabalho. A greve, conquanto direito individual, somente se inicia como ação coletiva e neste aspecto objetiva pressionar, prejudicar para trazer o contendor à mesa de negociação ou para impor uma solução à pretensão que entenda injustamente resistida, na formulação das normas coletivas que interessem à categoria.

Não comungamos com os que entendem a autotutela como forma de solução do conflito coletivo. É que a greve, em si, não representa a solução do impasse. Não há solução que a greve imponha. O que se busca é pressionar o diálogo ou a concessão e isto se dará no desdobramento da ação trabalhadora e como seu fruto, ou seja, decorre da necessidade de retomada da negociação ou da obtenção de pronunciamento de *tertius* representado por um Tribunal Arbitral ou Tribunal de Justiça — do Trabalho, onde se faça presente. É um ponto que dissocia a greve da autotutela identificada no Direito Penal, no Direito Civil, como mencionamos, onde a solução para a situação de esbulho possessório, o exercício do direito de retenção, neste, ou a legítima defesa ou o estado de necessidade, naquele, encontram e legitimam a imediata solução. Parece-nos, assim, equivocada a posição de *Bueno Magano* quando assevera, presumidamente lastreado em *Alcalá-Zamora,* que pelas

> razões indicadas, persiste, nos dias atuais a autodefesa como forma de solução de conflitos. Exterioriza-se no direito de retenção; no desforço imediato, em caso de esbulho possessório etc. Mas uma das áreas mais ricas em manifestações de autodefesa é, sem dúvida, o Direito do Trabalho, constituindo os exemplos mais frisantes os casos da greve e do *lockout.*[1]

Na esfera trabalhista, o exercício da autotutela conduz não à realização da pretensão pelo recurso à greve ou ao locaute, mas à imposição do parceiro social recalcitrante iniciar, retomar ou aquiescer na pretensão da negociação coletiva. Esta, como se deduz, pode não ter, ainda, sido iniciada; pode ter sofrido uma interrupção no diálogo ou pode ocorrer seu término sem exame ou concessão daquilo que se tornou o mote da greve.

O que irá pôr fim à greve será o início da negociação coletiva, sua retomada ou, no instante de se anunciar o atendimento à pretensão até então resistida, volta-se ao clima da negociação para só aí, lavrando-se a convenção ou o acordo coletivo, dar-se fim ao movimento grevista. Por outro lado, sempre que a greve persista e o impasse não encontre um caminho natural de solução, via mediação ou conciliação, somente a arbitragem ou, a exemplo do Brasil, o recurso ao judiciário especializado.

A característica da autotutela, na utilização da greve, como deduzimos, não é perfeita, ou seja, não se completa só com o exercício do direito de assim se manifestar o trabalhador, ou valendo-se do locaute, o empregador. A imperfeição, como vimos, decorre de não ser nenhum desses instrumentos de pressão a solução do impasse, mas uma forma de forçar a busca da solução. Ainda que a greve esteja a obter o cumprimento de convenção anterior, buscando impedir um despedimento maciço ou cobrar salários em atraso, o movimento em si não alcança, só por isto, que tais pretensões sejam satisfeitas, salvo pela aquiescência patronal, por laudo arbitral ou sentença judicial. Com isto afirmamos que o resultado dessa autotutela não se pode

---

(1) MAGANO, Octavio Bueno. *Manual de direito do trabalho:* Direito coletivo do trabalho. 3. ed. São Paulo: LTr, 1993, p. 213.

equiparar, nem ser tida como perfeita, quando se comparam seus efeitos com o exercício do direito de retenção, ou no desforço incontinenti ou na legítima defesa onde a eficácia é pronta, por se reconhecer que o Estado não se confunde com a divindade que possa estar presente, atuante e ciente de tudo que ocorra no espaço físico de sua atuação.

2.2. A greve como liberdade

A greve tem sido buscada, como informação histórica, pelos autores mais renomados, desde os tempos bíblicos ou, numa caracterização mais recente, remontando à história de Roma.

Esta tentativa de localização, na Antigüidade, do aparecimento da greve, sempre se nos apresentou como um esforço vão. É que, pelo mínimo, a idéia e concepção de greve, como hoje reside na sociedade, jamais poderia encontrar parâmetro naquela época.

A greve é concebida como instrumento de pressão para entabular negociações e lograr melhores condições de remuneração e trabalho, isto é, se apresenta numa relação de trabalho e subordinação.

As referências históricas, que alinhamos parcialmente, a seguir, não evidenciam tais características. Deve-se ter na devida linha de conta, que as relações cogitadas para as épocas respectivas não dizem respeito às relações de emprego, mas de trabalho. Não se cogita, aqui, do exercício de um direito, e sim da liberdade de ação. É que, na altura, os movimentos atendiam basicamente aos interesses comerciais de classes ou grupos, uns contra os outros, no objetivo básico de melhorar preços e condições de comercialização, a exemplo da prática da paralisação pelas Corporações de Ofício.

Quando, numa sociedade como a romana, escravos poderiam-se insurgir contra o tratamento que lhes era dispensado?

Não se tratava, sequer, de relação mercantil, já que era dominial o vínculo que atava tais escravos aos respectivos proprietários ou senhores e como bens eram tratados, meros objetos, sem direitos a proteger e à nossa concepção de direito escapa a idéia de constatar a luta desses objetos contra seus senhores, na perseguição de melhor trato.

Com efeito, *Amauri Mascaro Nascimento*[2] registra a ocorrência de um movimento identificado como greve, ainda no século XII a. C., no reinado de Ramsés II, no Egito, a recusa de trabalho a executar por pessoas que não receberam o quanto lhes fora assegurado e alinha, ainda na idéia de greve, a atitude de Espártaco, ao chefiar ou comandar conflitos, no ano 74 a. C.

Estariam presentes, nesses dois momentos, os elementos que tipificam uma relação de emprego, necessária à caracterização da greve como a conhecemos?

Alfredo Ruprecht[3], no esforço de localizar fenômenos que, também na Antigüidade, se avizinhassem da idéia atual de greve, refere à retirada dos escravos,

---

(2) *Curso de direito do trabalho*. 14. ed. São Paulo: Saraiva, 1997, p. 815.
(3) *Relações coletivas de trabalho*. São Paulo: LTr, 1995, p. 721-722.

para o monte Aventino, pouco mais de cinco séculos antes da era cristã, mesmo ressalvando que o ato guardava o aspecto ou conteúdo político de um protesto. Se, como mencionamos e é real, a relação entre o escravo e o cidadão romano era dominial, já que aquele integrava o patrimônio deste, não há possibilidade de se vislumbrar no movimento, o conteúdo que as ações trabalhistas hoje evidenciam. Há, ademais, quem busque identificar como greve movimentos de rebeldia, hostis à sociedade, a exemplo do afastamento promovido por músicos, em Roma, quando não lhes foi permitido realizar, como sempre ocorria, o banquete sagrado nos templos dos deuses. *Segadas Vianna*[4] critica aqueles que buscam, em eventos de tais espécies, e a exemplo daquele já mencionado do monte Aventino, semelhança com a greve, dada à notória diferença existente entre as naturezas de trabalho: autônomo, na concepção moderna, os primeiros; escravo, ou seja, sem liberdade, o último.

A cidade do Salvador, primitiva capital do Brasil, sua maior concentração de população negra e ponto de dispersão de escravos por todo o país, enfrentou, na segunda-feira, 1º de junho de 1857, o que se considerou ser uma greve de tais negros, já que desta raça os escravos que chegavam ao Brasil. Como informa *João José Reis*[5], uma postura da Câmara Municipal que, no regime parlamentarista, administrava o município, estatuíra que os *ganhadores*, pessoas escravas ou libertas que vivessem de transportar, carregando pelas ruas da cidade desde meros envelopes até as tinas com água ou gentes em cadeiras de *arruar*, deveriam ser identificadas com uma placa de metal que portariam ao pescoço. Para obter a tal placa, entretanto, estavam obrigados — os donos de escravos ou os homens libertos — a pagar um tributo considerado extorsivo que podia chegar aos cinco mil réis (5$000).

A recusa no cumprimento da postura municipal não pode, evidentemente, ser tida, pelos padrões de hoje, como uma greve. Foi um movimento de desobediência civil, já que os escravos não tinham direitos a sustentar ou defender, mas tido o *ganhador* como empregado, estaríamos não diante de uma greve, pois seus senhores é que não se conformaram com o encargo criado. Se acaso viesse a ocorrer um enquadramento do fato este se assemelharia ao que conhecemos, hoje, como locaute. Os esforços a fim de encontrar antecedentes históricos para um movimento que somente no final do século XIX encontrou exemplo, como narrado no *Germinal*, de *Émile Zola*, têm se mostrado vãos.

Converge para tal entendimento a lição de *Wilson de Souza Campos Batalha*[6] para quem as concentrações ou agrupamentos que objetivassem defender interesses dos trabalhadores, ainda que transitoriamente, como nas coalizões, e posteriormente, pelos sindicatos, como organizações mais estáveis, acabaram por conduzir à extinção das instituições corporativas com a estrutura que até então ofereciam. Vale recordar que as corporações, estruturadas na hierarquia, englobavam fatores da mesma atividade econômica, tanto nas que hoje conhecemos como empresariais, quanto nas profissionais.

---

(4) *Op. cit.*, v. 2., p. 1169.
(5) "A greve negra de 1857 na Bahia". *Revista da USP*, p. 8.
(6) *Sindicatos/Sindicalismo*. São Paulo: LTr, 1996, p. 206-207.

Há, inclusive, importante aspecto a ponderar. É que, quando o trabalhador perdia tal característica, isto é, não apresentava condições para exercer seu mister ou, na melhor das hipóteses, não acudia ao trabalho, era substituído, de imediato, e sempre que assim o exigissem suas tarefas. O consagrador princípio da continuidade, que caracteriza e identifica o direito do trabalho, pela perenização dos contratos que ele rege, ainda não havia brotado nas mentes estudiosas da época.

Como vimos, no capítulo anterior, na estrutura das coalizões, tomadas estas como embrião do sindicalismo moderno, os mestres eram os beneficiários do labor de companheiros ou artífices que, com eles, compunham os grupos capazes de se organizar em derredor de objetivos definidos. Os movimentos que realizaram, entretanto, não investiam contra empresas, organizações capitalistas ou o Estado, qualquer deles como explorador de atividade econômica, pois chegavam a com estes se confundir; mas impunham exigências e condições à comunidade e de tal modo isto se tornou intolerável que culminou por lhe provocar uma reação pela edição, na França, daquilo que *De La Cueva* considerou, conforme referimos, um declaração de guerra do Estado liberal burguês contra os trabalhadores, ao se reportar à Lei *Le Chapelier*[7].

Por fim, e ainda dentro da idéia de inexistência da aproximação conceitual ou fática da greve, como a constatamos, e a pretensão de vê-la existente numa época anterior ou logo a seguir ao surgimento do cristianismo, Orlando Gomes e Elson Gottschalk[8], reportando-se ao estudo de *Hamed A. Rabie,* ressaltam o desconhecimento da greve, na Antigüidade, pela falta de liberdade de trabalhar. Quem labutava, era o escravo e este não sendo titular de direitos, teria como aspiração de resistência ao trabalho nas condições em que era obrigado a cumprir, um propósito: fugir! Custa crer na existência de uma consciência de classe, mas no antagonismo dos interesses entre quem trabalhava e quem beneficiava do trabalho.

Posto de lado o aspecto supostamente histórico da greve, podemos avaliar que os movimentos obreiros *lato sensu* evolveram de uma característica delituosa, já na fase dos excessos das Corporações de Ofício, vista sob tal ângulo; transitaram, a seguir, por uma ação associativa e resultaram na disciplina jurídica da paralisação ou redução do trabalho. O movimento associativo que se identifica com a greve não começou perseguindo, em si, o reconhecimento como um direito, mas a criação daqueles direitos a que os trabalhadores julgavam merecer ou serem titulares e que lhes eram recusados pelas entidades patronais ou pelo Estado, patrão ou poder.

2.3. A greve como direito

A conseqüência lógica do fortalecimento da posição operária foi conduzindo o Estado a se preparar para reconhecer a força e a eficácia da ação, como instrumento de pressão sobre a classe patronal, num nível de resultado que nem ele seria capaz de alcançar. Daí por diante, o trabalhador não se satisfazia em ver tolerado seu movimento

---

(7) CUEVA, *op. cit.,* v. 2, p. 202.
(8) *Op. cit.,* p. 620.

ou encontrar o ordenamento jurídico apático. Impunha-se a proteção legal para acabar, a cada momento, a incerteza de haver ou não, aqui e ali, o respeito ao movimento de paralisação ou redução das atividades.

A partir do instante em que a ordem jurídica passou a reconhecer e legitimar, no seu contexto, a cessação coletiva de trabalho como recurso de pressão dos trabalhadores aos empresários, a greve ganhou seu contornos e passou a ser uma garantia de que os conflitos trabalhistas poderiam chegar à autocomposição sem que o Estado se valesse de sua autoridade para impor um comportamento aos operários, beneficiando os patrões pela restrição das atitudes que se impunham, através de sanções ou de sua ameaça, ao grupo de pressão.

Os fatos, evidentemente, não se desdobraram dentro de tal singeleza. Vê-se, do escorço histórico oferecido em referências anteriores, que houve necessidade de superação de todo um universo de obstáculos. Quando, a pouco e pouco, em cada país, a ordem jurídica foi emprestando reconhecimento ao movimento trabalhista, a greve se foi fortalecendo como instrumento de pressão, se legitimando como garantia operária, ainda que condicionada ao exercício coletivo, retirando-lhe o estigma de subversão, de agitação, de anarquia que serviam de argumento à sua intolerância, à sua rejeição, ou repúdio pela sociedade organizada.

O direito de não trabalhar, ou de fazê-lo segundo os rígidos padrões ditados pela empresa no seu regulamento interno, surge e se cria em benefício do instrumento de pressão que a greve efetivamente representa. A identificação e consagração do princípio da continuidade, como característica do contrato de trabalho e lastro do direito do trabalho, vieram assegurar a eficácia da greve. É que, sem sombra de dúvida, se o vínculo de emprego se esvaía com a simples ausência do trabalhador no local de trabalho, a conseqüência natural era ter-se a greve como forma de extinção do contrato. Não é sem razão que a história menciona a retirada dos operários dos locais de labor para, retornando à *Place de Grève*, ali permanecerem no aguardo de novas propostas ou do atendimento de suas vindicações.

Hélène Sinay e *Jean-Claude Javillier*[9], referindo-se à obra de *F. Sellier*, ressaltam que a greve servia, num passo inicial, à pressão sobre os patrões; numa etapa seguinte, para reclamar atenção dos poderes públicos e, em nossos dias, num objetivo mais destinado ao interesse social, buscando sensibilizar a opinião pública para os problemas que afligem a categoria daqueles trabalhadores parados.

Assinala *Bernardo Xavier*[10] que a greve-delito evoluiu para ser uma ação livre, lícita, já que se não impunham aos grevistas sanções penais possíveis e, na etapa atual, alcança ser um direito cujo exercício afronta o patronato em nome do cumprimento de um contrato.

2.3.1. A greve como tutela constitucional

É irrecusável que o aparecimento do que hoje se denomina constitucionalismo social, iniciado pela Constituição mexicana de 1917, não poderia ter contemplado,

---

(9) *La grève*. 2. ed. Paris: Dalloz, 1984, p. 61.
(10) *Curso de direito do trabalho*. 2. ed. Lisboa: Verbo, 1999, p. 165-166.

antes dela, o exercício do direito de greve. Ainda que alguns autores pretendam ver na legislação francesa de 1884, quando se reconheceu o direito do sindicato liderar movimentos reivindicatórios, o início da proteção legal ao direito de greve, isto nos soa irreal tendo em conta, principalmente, a titularidade do direito confundida com o direito que se afirma ao trabalhador.

São numerosas as Constituições Políticas que, na atualidade, asseguram o recurso à greve como um direito individual do trabalhador, a partir daquela promulgada em Querétaro. Num expressivo levantamento e classificação dos textos constitucionais sobre o direito de greve, *Georgenor de Sousa Franco Filho*[11] sistematiza como garantidoras do exercício do direito de greve, distinguindo as que avaliam tal direito dispensando proteção pelo ordenamento infraconstitucional, ora albergando-o expressamente em seu texto; num terceiro tipo, vedando seu exercício nalgumas atividades e, nos ordenamentos mais tímidos, admitindo tão-só implicitamente, o direito ao seu exercício.

Atentando para essa classificação, permitimo-nos observar que há Constituições que asseguram, sem restrições ou remetendo a disciplina de seu exercício à lei ordinária ou, de outra forma, por dispositivo infraconstitucional, a exemplo de Alemanha — § 3º, art. 9º da Lei Fundamental de 1949; Argentina — art. 14, *bis,* § 2º, com a redação da Emenda de 1957; Brasil — art. 9º, da Constituição de 5 de outubro de 1988; Chile — Constituição, art. 19.16; Colômbia — art. 18, da Constituição de 1936; Costa Rica, art. 56; Espanha — art. 28.2, da Constituição de 1978; França — preâmbulo da Constituição de 1946; Grécia, art. 23; Guatemala, arts. 58.9 e 58.7; Itália — art. 40, da Constituição de 1º de janeiro de 1948; México — art. 123. XVII, da Constituição de 31 de janeiro de 1917; Panamá — art. 65, da Constituição de 11 de outubro de 1972; Paraguai — art. 98, da Constituição de 1992; Peru — Constituição de 1993, art. 28; Portugal — art. 59 da Constituição de 2 de abril de 1976; República Dominicana — art. 8º.11, letra d , da Constituição de 1966; Uruguai — art. 56, *in fine*, da Constituição e Venezuela, art. 68.

Vale atentar para a relevância da existência de documentos internacionais a proteger o exercício da greve consagrando, nas relações entre Estados distintos, o devido respeito à prática da greve e atentando para a observância dos seus efeitos. O mais importante desses organismos é, inquestionavelmente, a Organização Internacional do Trabalho. Com o reconhecido objetivo de buscar formas de aprimorar as relações trabalhistas pela adequação dos distintos ordenamentos jurídicos, a OIT tem expedido numerosos documentos com a estrutura de Tratado ou de Recomendação, dentre outros, com os quais pretende alcançar tais objetivos.

A greve não chega a ser um tema enfrentado pelas normas por ela editadas, mas, a defesa e proteção da constituição e funcionalidade do sindicato, amparo e garantia dos trabalhadores que se ocupam de seus postos diretivos conduziram à elaboração da Convenção n. 87, já aqui abordada. Merece registro a circunstância de haver o presidente da República, *Eurico Gaspar Dutra* (1947/51), encaminhado ao Congresso Nacional a Mensagem n. 256, de 31 de maio de 1949 e que só em 1984 teve elaborado o projeto de Decreto Legislativo n. 58, sem que até hoje lograsse aprovação. A

---

(11) *Liberdade sindical e direito de greve no direito comparado.* São Paulo: LTr, 1992, p. 97-98.

Constituição Política brasileira absorveu alguns dos primados da Convenção n. 87, a exemplo da vedação de interferência do Estado na constituição, organização, funcionamento e extinção de organismo sindical ou, como disse o Presidente *Eurico G. Dutra* na mensagem referida,

> representa a primeira tentativa de transformar em obrigações jurídicas precisas uma das liberdades humanas fundamentais, proclamadas pela Carta das Nações Unidas e pela Constituição da Organização Internacional do Trabalho, destina-se a assegurar a liberdade e a proteção do direito sindical.

Mesmo sem se referir, conceitualmente, à greve, o Comitê de Liberdade Sindical que, na estrutura da OIT, tem como atribuição velar pela observância das Convenções concernentes à vida sindical e em tal sentido tem editado verbetes ou súmulas de jurisprudência que expressamente consignam a greve, sua existência e o respeito à sua prática. É bem de ver que a greve, na óptica desse organismo deve ter como objeto a promoção e defesa dos interesses profissionais, como ressalta *Cássio Mesquita de Barros*[12] com o sentido de evitar que se promova qualquer efeito extensivo em relação à política, à solidariedade ou à generalização do movimento.

Até este momento a Convenção n. 87 não logrou ingresso em nosso ordenamento jurídico, sendo certo, entretanto, que tem influenciado alguma parte da jurisprudência e ocupado bastante a doutrina. O paradoxo reside, basicamente, na utilização procedida pelo ordenamento jurídico nacional dos comandos da Convenção, sem que a ela o Estado brasileiro haja aderido formalmente, numa tentativa de simbiose improvável entre o remanescente de uma estrutura fascista, preservada desde a Constituição de 18 de setembro de 1946, e uma sempre invocada necessidade de modernização do sindicalismo brasileiro.

A resistência à mudança da estrutura sindical, entretanto, desaparece, em termos, quando o Brasil aprova e adota a Convenção n. 98, de 8 de junho de 1949, que trata da liberdade de filiação e organização sindical e negociação coletiva. Por aqui o objetivo é proteger a liberdade de militância sindical, inibir atos de ingerência na vida das organizações, por parte das entidades patronais. A ratificação, pelo Brasil, se deu pelo Decreto Legislativo n. 49, de 27 de agosto de 1952 e a promulgação em 29 de junho de 1953, pelo Decreto n. 33.196, de 4 de julho de 1953. Em 1992 (10 de julho) depositou a ratificação da Convenção n. 154, de 24 de junho de 1981, aprovada pelo Decreto Legislativo n. 22, de 12 de maio de 1992, cujo escopo é o incentivo à negociação coletiva livre, sem prejuízo do respeito à ordem jurídica nacional, como é padrão em todos os instrumentos de igual natureza.

Na esfera de garantia de trabalhadores, no exercício de funções representativas de suas categorias, o Brasil já aderira àquela de n. 11, de 1921, aprovada pelo Decreto Legislativo n. 24, de 29 de maio de 1956 (!), ratificado em 25 de maio de 1957 e promulgado pelo Decreto n. 41.721, de 25 de junho daquele ano e que cogita dos direitos de associação dos trabalhadores na agricultura em pé de igualdade com os

---

(12) "O Direito de greve na Constituição de 5 de outubro de 1988". *Revista LTr,* São Paulo, v. 52, p. 1336-1342, nov. 1988.

ocupantes do emprego industrial; a Convenção n. 135, de 23 de junho de 1971, aprovada pelo Decreto Legislativo n. 86, de 14 de dezembro de 1989, com ratificação em 18 de maio de 1990 e promulgação pelo Decreto n. 131, de 22 de maio de 1992, cujo objetivo primordial é proteger a representação dos trabalhadores nas empresas contra atos abusivos que possam neutralizar sua atuação, a exemplo dos despedimentos imotivados ou sem justa causa revestida de gravidade.

Além desses há outros instrumentos reconhecidos pelo Brasil e que objetivam a proteção da vida e da atuação ou finalidade da atividade sindical, a exemplo das Recomendações n. 91, de 1951, que trata dos contratos coletivos de trabalho; n. 92, também de 1951, que cogita da conciliação e da arbitragem voluntárias; e n. 163, de 1981, que versa a negociação coletiva.

CAPÍTULO 3

Caracterização da Greve

3.1. Visão conceitual de greve

A greve, durante muito tempo, foi examinada e conceituada como uma paralisação coletiva do trabalho com o objetivo de proteger uma pretensão desenvolvida pelos trabalhadores e no interesse coletivo da classe. Assim como houve um aprimoramento das relações trabalhistas, onde a greve não poderia ser considerada como uma forma legítima do empregador entender rompido o contrato pela ausência deliberada do empregado ao trabalho, a idéia da greve passou a conviver com um outro quadro que lhe altera o perfil anteriormente definido. Com efeito, em nossos dias há greves em que os trabalhadores não cessam suas atividades. Se atentarmos para as greves em que os empregados buscam o estrito cumprimento dos deveres do pacto laboral, encontramos um movimento ou ação onde, a pretexto de ser zeloso ou respeitar, rigidamente, o regulamento interno, o trabalhador impede o desenvolvimento regular das atividades empresariais, observando normas editadas pelo empregador.

Outra forma de surgimento da greve concerne à paralisação, mas não para lograr êxito em reivindicações profissionais. Isto se oferece, por exemplo, quando um movimento é deflagrado em protesto contra um despedimento coletivo injustificado ou em represália a qualquer atitude violenta adotada pelo empregador ou preposto seu contra alguém ou um grupo de empregados. Não há, no caso, qualquer reivindicação específica da categoria, mas de um segmento dela, numa dada empresa. Esta não seria, por outro lado, uma greve de solidariedade, pois os trabalhadores estariam se envolvendo na proteção de interesses seus, uma vez que poderiam ser alcançados pelo despedimento ou pela violência. Esta é uma greve de protesto e nos soa legítima, pois busca o trabalhador prevenir os efeitos da atitude patronal e, ademais, lhe é dado definir aquilo que pretende alcançar com o movimento.

Como vemos há, nas hipóteses figuradas, duas circunstâncias de greve fora dos parâmetros que a legislação insinua ou busca definir: uma sem paralisação do labor e outra sem perseguir interesses de categoria, buscar ou defender interesses coletivos, no sentido que lhe atribui a legislação trabalhista.

A idéia da inexistência da cessação coletiva e concertada do trabalho parte da premissa de ser esta a única identidade possível à greve e, ainda assim, desde que tenha como meta o atendimento de anseios identificados e definidos de trabalhadores que dela participem ou possam participar. Ocorre, entretanto, que se pode manifestar a greve através do zelo ou pelo regulamento, como já mencionamos, quando os empregados se esmeram na produção de cada unidade ou atentam para todos os itens de segurança industrial ou, ainda, guarda estrita observância das normas e padrões do exercício da profissão ou do regulamento empresarial. Eis uma greve sem paralisação do trabalho.

A greve, assim, se apresenta como um movimento concertado de empregados (trabalhadores subordinados), com o objetivo anunciado de exercer pressão sobre a entidade patronal para alcançar benefício ou melhoria contratual, cumprimento de norma ou resistência à exigência injustificada, em benefício da coletividade ou de parte dela.

Greve, segundo o Código Canadense do Trabalho, art. 107 (1,b), é o "retardamento do trabalho ou de outras atividades ajustadas pelos empregados, relativas ao seu trabalho, desde que essas medidas sejam destinadas à redução ou limitação do rendimento". No mesmo sentido o art. 1 (1) da Lei de Relações Industriais de 1973 e na *Labour Relations Act*, de 1980, art. 1 (1,u), conquanto haja província que não admita a hipótese, a exemplo de Alberta, Nova Escócia e Columbia Britânica.

O art. 107, na parte V, do Código de Trabalho referido, oferece uma definição extensiva de greve como

> paralisação do trabalho, ou de uma recusa de trabalhar ou de continuar a trabalhar, por parte dos trabalhadores, agindo em conjunto, por concerto ou conveniência, e de um retardamento do trabalho ou de outras atividades concertadas pelos empregados relativas ao seu trabalho, ainda que essas medidas sejam destinadas a reduzir ou limitar o rendimento.

Trata-se, como visto, de preceito legal que não afirma a greve exclusivamente como paralisação ajustada do trabalho, mas como a sensível redução consciente e concertada da atividade com o fito de redução ou limitação da produção. *Gérard Dion*[1] professor da Universidade de Laval, explicita que greve, na sua lei nacional, é a

> Utilização concertada, por um grupo de trabalhadores, da prestação de trabalho como meio de pressão para levar a outra parte (empregador, governo, sindicato etc.) a modificar sua posição. Esta definição, que compreende, mas ultrapassa a de 'cessação concertada de trabalho', permite incluir na noção de greve aquelas que não comportam a cessação do trabalho, como a greve de zelo.

Vale notar que a definição não cogita da necessidade de oferecer a motivação; contudo, isto nos parece essencial à deflagração do movimento, como visto em outra parte deste estudo.

Quando a suspensão do trabalho se dê sem prévia exteriorização do objetivo pende para a caracterização de indisciplina, de justa causa para o rompimento do contrato de trabalho. É que, nesse momento, a greve — aí identificada como selvagem — será uma atitude de surpresa seja para a entidade patronal, ou para o poder público, como para a própria comunidade. Autores há, basicamente franceses, a exemplo de *H. Sinay* e *J-C. Javillier*[2] para os quais o dever do pré-aviso retira a espontaneidade do movimento, salvo quando se refira ao setor público. A greve aí terá como exclusiva meta começar com um evidente e imediato prejuízo para o empregador e só a partir de então se travar o diálogo, a negociação.

---

(1) DION *apud* D'AOUST, Claude; DUBÉ, Louise. *La notion juridique de grève en droit canadien*. Montreal: École de Relations Industrielles de l'Université, 1983, p.178.
(2) *Op. cit.*, p. 157-176.

Outra noção a pontificar é a da paralisação coletiva. É por demais sabido que a greve, ainda que tenha por meta parar a atividade de uma empresa ou de um segmento produtivo ou econômico, encontra resistência entre alguns vários ou numerosos integrantes da categoria, daí fixar-se o entendimento de que a deliberação há que ser adotada pela maioria e, por óbvio, a ausência do trabalho pode não ser completa, unânime. Tampouco se tem a certeza de quantos sejam os alcançados ou beneficiados pelo movimento para estabelecer-se em realidade, o quanto representa a maioria como, com certo humor, *Gerard Lyon-Caen* observa não ser possível estabelecer com quantos grãos se forma um punhado de areia ou, mais claramente, a partir de quantos fios de cabelos perdidos se estabelece uma calva.

Quando a situação for de uma greve deflagrada no âmbito da empresa é possível saber-se o total de empregados que poderá ser alcançado, mas quando o universo se amplia para um grupo ou para a totalidade das empresas de uma dada área ou segmento econômico, já se torna inviável a certeza do número que formará a maioria. Por outro lado, é de ver-se que o direito de greve sendo, como o define a Constituição brasileira — seguindo o exemplo da portuguesa — um direito individual do trabalhador, aqui a lei regulamentadora do exercício de tal direito atribui ao estatuto sindical a definição do *quorum* necessário à deliberação, o que faz do órgão de classe uma espécie de gestor do movimento. No mesmo dispositivo legal, entretanto, se encontra que não havendo entidade sindical caberá à assembléia geral dos trabalhadores deliberar sobre sua ocorrência e, neste momento, já aos próprios operários cabe gerir o movimento.

Quando nos defrontamos com as categorias que o direito sindical brasileiro denomina *diferenciadas*, isto é, aquele empregado ou o grupo deles que não guarde identidade com a atividade-fim da empresa onde a greve se instaure, a exemplo do motorista numa indústria de panificação ou do enfermeiro na siderúrgica, a realidade pode conduzir a que tais empregados possam se sentir alcançados pelas disputas e pelos benefícios tanto de sua categoria de origem quanto daquela onde exerça suas atividades. Decorre ou pode daí emergir um movimento que conduz à situação singular de apenas um ou um pequeno número de empregados estar em greve dentro do universo de trabalhadores da empresa, que se não identifica com aquela profissão, o que vale dizer, a empresa foi alcançada por uma greve definida por um número quase inexpressivo de empregados seus, mas que, na hipótese levantada do condutor de veículos, pode lhe causar imensos transtornos pela inviabilidade de fazer circular os bens ou produtos de sua atividade preponderante ou final.

3.2. Elementos subjetivos da greve

São vários os elementos da individualidade que, num quadro somatório, podem conduzir ao ânimo ou estado de greve.

Num primeiro momento há que se constatar o intuito, o objetivo ou a intenção da greve. Impõe-se que haja disposição de suspender a execução do contrato de trabalho ou lhe reduzir o ritmo. Esta não há de ser uma atitude individual, mas da coletividade de trabalhadores de uma dada empresa ou, segundo a concepção legal brasileira, de uma categoria profissional. A partir da discussão, entre os trabalhadores, da existência de um ponto convergente de interesses que se pode identificar com a coletividade, levar ao sindicato para que este avalie, critique e se disponha a convocar uma assembléia, na forma estatutária, para decidir sobre a conveniência ou oportunidade de deflagrar o movimento grevista.

A convocação da assembléia, por outro lado, não pode nem deve ser estabelecida para a realização no horário e no local de trabalho, sob pena de caracterizar tumulto no ambiente a legitimar intervenção patronal, às vezes com recurso à força do Estado, ressalvada a hipótese de previsão no documento normativo.

Este movimento não pode, em princípio, merecer a concordância patronal. O ânimo da greve é agir *contra* o empregador, não com ele. A vingar uma possibilidade como esta, a greve não estaria sendo utilizada com sua principal finalidade de pressionar e prejudicar a entidade patronal, mas poderia representar um ato simulado para exercer pressão sobre a comunidade ou, principalmente, o poder público para aquiescer, por exemplo, numa elevação de tarifas ou preços em serviço público concedido, *v. g.* abastecimento d'água ou transporte público urbano.

Como vemos, o movimento não pode ser fruto de ações individuais orquestradas, mas decorrer de ação do sindicato, por exigência legal, ainda que este não concorde com a ação. É que, sendo a deliberação tomada por uma assembléia, esta pode contrariar o ponto de vista da direção sindical, que legitimamente o representa, e não lhe restará como alternativa se não conduzir o processo.

Sob outro prisma, a greve há que ter em mira a satisfação de reivindicações profissionais para atender a uma sua característica inovadora, à sua propensão à mudança de um estado de coisas dentro da relação de emprego. Aí não se deve entender exclusivamente o salário, ainda que seja um ponto de extrema importância, principalmente nas economias sujeitas a uma inflação severa. As condições de execução do contrato de trabalho ou a resistência às alterações, unilateral e coletivamente impostas ou que possam refletir no pacto laboral, também subsidiam a greve, de igual modo que as vantagens de cunho social que tenham sido objeto de negociação e, naquele instante, estejam ameaçadas ou em vias de supressão.

A jurisprudência brasileira não admite a greve de solidariedade, a partir do princípio de não se caracterizar uma ação de reivindicação profissional. Dentro de tal concepção as ações que visem auxiliar as paralisações de outros grupos profissionais ou empregados de outra empresa, ainda que de igual categoria, não informam ou tipificam uma greve uma vez que a essa jurisprudência soa ilegítima a pressão exercida sobre o patrão.

Entendimento análogo prevalece quando se cogita de greve política. Em tal circunstância ato tampouco se direciona à entidade patronal, mas ao poder constituído. Este somente será alvo de uma greve quando se encontre na posição de empregador, pois a ele caberá encontrar solução para o conflito ou suportar os efeitos da decisão que lhe ponha termo.

Sinay e *Javillier*[3] entendem que será possível o exercício de greve numa como noutra das situações. No primeiro caso há que se exteriorizar um interesse dos grevistas.

---

(3) *Op. cit.,* p. 167.

Aqui podemos nos valer do exemplo que figuramos acima, das chamadas categorias diferenciadas, quando os trabalhadores de uma empresa podem se solidarizar com colegas que representem minoria no efetivo de pessoal, como forma de emprestar maior vigor ao movimento. Na segunda hipótese, convergem os mesmos autores, uma greve política seria admissível quando se cogitasse de pressionar o governo para que este atuasse ante as empresas no sentido de preservar os postos de trabalho. Uma situação como esta não seria estranha à realidade brasileira diante do ato governamental que vedou às empresas de venda de combustíveis a automação dos serviços de venda a varejo, como forma de inibir a extinção de milhares de postos de trabalho.

Outro elemento subjetivo da greve é a imposição de que se definam, previamente, as reivindicações. É que, se não tem o empregador conhecimento daquilo que possa lastrear a greve, o movimento mostrar-se-á absurdo e poderá ser identificado como ato capaz de motivar o rompimento justo do contrato de trabalho pela entidade patronal, por desídia grave, indisciplina ou insubordinação, por exemplo.

Conquanto a greve seja um direito subjetivo constitucionalmente assegurado, seu exercício exige a vigência de uma relação de emprego para que se identifique o paciente da ação. Se a paralisação se der sem que o destinatário, no caso o empregador, seja informado, estaremos diante da greve selvagem, a greve pela greve ou sem causa razoável, a surpreender a outra parte do pacto e, freqüentemente, a comunidade. A greve há que ser um movimento que se adote para conduzir à negociação, para lograr a efetivação de uma pretensão ou exigir o cumprimento de cláusula ou obrigação pactuada, sob pena de ser uma arma brandida a esmo, sem alvo definido.

Este entendimento do exercício da greve sem identificação prévia da motivação, com o claro intuito de prejudicar o empregador, é defendido por alguns autores, a exemplo dos multicitados *Hélène Sinay* e *Jean-Claude Javillier*[4] que entendem, por ser a greve uma liberdade pública, que ela poderá ser exercida sem os limites apontados. A vingar tal posição o caráter que considera irrestrito o exercício do direito de greve estar-se-ia conduzindo a ação contra a concepção germânica da *ultima ratio*, ou seja, como recurso que somente deva ser utilizado quando se esvaiam todas as instâncias suasórias ou negociais.

3.3. O conteúdo da greve

Exercitada como liberdade, a paralisação concertada busca, a um só tempo, evidenciar a força de coesão, o peso da coação e a capacidade de convergência em derredor de um objetivo. A greve é, aí, um fato social. A sociedade, como a ordem jurídica, depara-se com o fenômeno da omissão ou redução orientada e deliberada do trabalho, por um dado número de trabalhadores, de um grupo de segmentos diversos ou de todos eles, e se encontra na contingência de buscar ou oferecer solução para o impasse.

As liberdades inconscientes, inatas em toda espécie animal, começaram a receber da sociedade uma censura dirigida; a liberdade de não trabalhar deveria-se asse-

---

(4) *Op. cit.,* p. 168.

gurar aos homens livres, considerados individualmente, mas mostrava-se intolerável fazê-lo em grupos ou na inteireza, como forma de pressioná-la a qualquer atitude. O Estado encampou, assim, o sentimento e passou a reprimir aquela prática, a conduta liberal que o homem adotava diante de qualquer ato que o pudesse inibir de seus propósitos, de sua realização.

Procurou o Estado, a partir de então, encontrar métodos para solucionar o impasse e, como era da época, uma reação à vontade do governante que, de resto, se confundia com a do próprio Estado, implicava em sanções bastante rigorosas, capazes de representar longos períodos de prisão, o degredo e, mais remotamente, a morte.

A busca da solução passou ser a mais radical e intolerante, traduzida na caça, perseguição e captura dos líderes dos movimentos ou de todos eles, para pô-los a ferros, condenando-os à prisão e abortando o movimento para infundir terror aos demais trabalhadores que se sentissem motivados a aderir ou engrossar as fileiras dos paredistas.

Ocorre, entretanto, que as seqüelas de uma greve não se apagam com o encarceramento dos seus dirigentes. Tal conduta intolerante pode gerar, e é o que geralmente ocorre, um movimento solidário e extensivo que, se provoca uma retração num dado momento, é certo que voltará à vida num instante futuro clamando ou reclamando os mesmos ou outros aspectos modificadores da ordem social e, quando seja a idéia, jurídica. Não se podia, mesmo àquela época e a cada instante, estar recolhendo os trabalhadores ou seus líderes à prisão, sem se afrontar o risco de propiciar o aparecimento de novas lideranças a incrementar os clamores.

Diante do fato da greve, ao Estado, ainda que instado pelos empresários patrões, restava encontrar ou equipar-se com medidas que ensejassem uma solução para o conflito, sem a confrontação com a ordem jurídica. Ante tal vertente, começou a resistir às pressões mais imediatistas dos empregadores e passou a instigá-los na busca da resposta ou solução: negociar ou atender. Com isto, a possibilidade das sanções de ordem pessoal, para os trabalhadores, continuava existindo, mas o Estado se recusava a valer-se delas, diante do peso que a consciência de classe e de sua influência na sociedade foi se formando.

Tal atitude representou uma legitimação da greve, mesmo que houvesse a possibilidade, salvaguardada pelo Estado, de intervir no movimento. A partir do final da II Grande Guerra do século XX já se encontram textos constitucionais assegurando o livre exercício da greve sem que o mecanismo repressor da ordem pública pudesse inibir a prática.

O conteúdo da greve deixou de representar qualquer sorte de ameaça para um Estado livre e democrático, para significar um direito assegurado ao trabalhador e a ser exercido basicamente ante o empregador e como forma de tutelar interesse coletivo dos integrantes do quadro de uma ou mais empresas ou de todos quantos mourejam na mesma profissão.

3.4. A eficácia da greve

Quando a greve já se encontra no seio do reconhecimento e da tutela jurídicas, impõe-se buscar explicação para o que a torna eficaz.

A apresentação da greve como mera paralisação ou redução concertada do trabalho, pelos operários, evidencia apenas o aspecto visível do movimento. Faz-se necessário avaliar como se origina e que objetiva a greve, para alcançar-se tanto a conclusão quanto a sua eficácia.

Os movimentos trabalhistas, voltado o exame para a segunda metade do século XIX, representavam, irrecusavelmente, uma fase de busca de afirmação e perseguição de efeitos que beneficiavam os trabalhadores. As ações ganharam tal expressão que mereceram ou despertaram as manifestações de pensadores e filósofos. É bem verdade que as preocupações se voltavam, primordialmente, para o surgimento das associações de trabalhadores do que para o movimento grevista. Isto se pretende justificar na medida em que aqueles são organismos permanentes e este caracteriza uma ação transitória já que, por sua própria natureza, não se pode perpetuar, menos ainda prolongar-se indefinidamente no tempo.

A partir da criação da primeira Internacional Comunista (Londres, 25 de setembro de 1864), as greves passaram a ser o instrumento mais forte e veemente de pressão, sendo por ela promovidas sempre que lhes pareceu oportuno; participou de movimentos paredistas subvencionando-os e, o mais freqüente, assessorou-lhes a organização. Na sua visão, nas relações trabalhistas, as greves constituíam uma necessidade.

Muito longe de ser um instrumento de pressão, a greve é a derradeira arma de que o trabalhador se pode valer ou esgrimir, na defesa e tutela de seus interesses e nisso convergimos com a visão germânica do tema. Para sua prática, entretanto, o trabalhador não se pode manifestar isoladamente. Impõe-se que os profissionais se convençam da vantagem, do proveito e da oportunidade de sua deflagração, para tanto encontrando os fundamentos ou subsídios que justifiquem a ação e legitimem seus objetivos. Este confronto, se é para amparar ou fortalecer uma pretensão, há que se estabelecer depois de iniciada ou intentado o início da negociação, com injustificada recusa do patrão.

Um dado curioso que compõe o aspecto associativo como necessário à greve decorre das alegações produzidas, quando da proibição das coalizões e das paralisações, de afirmar serem estas atentatórias às liberdades individuais. Por óbvio, não se considera comum a prática da greve com a unanimidade de adesão ou participação. A liberdade de trabalhar estará sendo violada quando, aos não grevistas, se impedir — em muitas ocasiões, violentamente — o trabalho, ainda que sob o pretexto de perseguir melhores e mais compensadoras condições de trabalho. Ao fim e ao cabo, os que não aderiram à greve se beneficiam dos resultados mas, na altura, não se dispuseram a integrar o movimento, por dele discordar quando aos propósitos, ao modo ou qualquer outro fundamento compartilhado pela maioria.

Grassa alguma confusão em derredor da idéia de, à época das Corporações, as greves atentarem contra a liberdade de trabalhar. Naquele momento da história, os mestres e o respectivo *collegium* é que impunham aos artífices, oficiais ou companheiros, ademais dos aprendizes, a paralisação do trabalho, como forma de pressionar a comunidade. Não se dirigia, como se vê, contra o empresário-patrão. Há que se ter sempre presente a idéia de continuidade como forma de perenização do vínculo de emprego. À época, quando o trabalhador deixava de comparecer ao serviço nada nem ninguém lhe assegurava o labor no dia seguinte. Não havia qualificação, nem especialização que justificassem a espera pelo seu retorno. A suspensão da atividade era, como registramos, dirigida contra a comunidade, como forma de impor-lhe um sacrifício, um constrangimento e, em decorrência, os efeitos sobre ela recaíam. Enquanto isto se processava, os que não guardavam a privilegiada condição de mestre — na realidade uma forma de exercício do poder patronal — sofriam as agruras de não haver rendimento, de não ter receita por falta de trabalho.

O movimento de repúdio às greves e atitudes das coalizões mais se fortaleceu após a Revolução Francesa de 1789. É que o individualismo resultou erigido como bandeira de liberdade e a prática da greve nem sempre podia resultar da ação deliberada e unanimemente aceita pelos companheiros e aprendizes. A repulsa a tudo quanto pudesse representar ameaça ou invasão da individualidade, encontrava integral resistência na sociedade e, no Estado de então, vigia a intolerância.

O conteúdo da greve não era como poderia parecer ao exame perfunctório, a mera elevação salarial. As corporações buscavam melhoria de preços, segundo ditassem os interesses dos mestres ou seus respectivos *collegia,* mas não significava isto, necessariamente, o repasse para os ganhos dos oficiais ou aprendizes, como se de salário se tratasse quando da deflagração do movimento.

Com a disseminação do vínculo de emprego individual, o desenvolvimento da atividade fabril, a absorção quantitativa de trabalhadores por uma indústria, extrativa ou de transformação, a massa obreira iniciou uma outra relação que já se não fixava na figura do mestre, mas do empresário empregador ou seus prepostos dotados de poderes de decisão.

A idéia da greve como instrumento de pressão ganhou força e se manifestou, ao longo do século passado, como recurso bastante eficaz para emprestar suporte a movimentos tanto trabalhistas quanto políticos. O receio de tais ações foi grande e permanente, em toda sociedade e sobressaltou, freqüentemente, a ordem pública, embora escapasse tal prática aos objetivos reais da paralisação do trabalho.

Não se pode, assim, negar eficácia à greve como fator de incontáveis e valiosas transformações tanto trabalhistas, quanto sociais ou políticas, ao longo de todos esses anos da ainda breve história do Direito do Trabalho.

3.5. Sistematização das correntes sobre a natureza jurídica da greve

A natureza jurídica da greve não guarda uma convergência entre os estudiosos. As diversas formas pelas quais se avaliam e analisam a greve conduzem ao entendimento variável quanto à sua situação no contexto jurídico.

Num primeiro momento, a greve foi vista sob um tríplice fundamento: econômico, social e jurídico.

A avaliação econômica passava, dentre outros aspectos, por aquele da imaginável característica de vir, sempre, ocasionando prejuízo, de início para a comunidade e, num ponto mais remoto, entretanto, mas sempre viável, à entidade patronal e ao Estado. Não se está, neste momento, a considerar danos patrimoniais físicos, mas aqueles imateriais que resultam do desconforto, do constrangimento, para uns de não se poder valer do serviço ou bem que a greve impediu a satisfação, produção ou circulação; para outro, no caso o Estado, a necessidade de intervir, seja para garantia de direitos aos que não aderiram ao movimento, seja para restauração da ordem pública ou para proteger o patrimônio das empresas de ameaças que pudessem emergir de pessoas que sequer sejam delas empregadas, mas como integrantes da categoria, participantes da greve.

De qualquer dos ângulos pelos quais o fenômeno seja examinado resulta um dado econômico ponderável. Na condição mínima, se o trabalhador não logra algum resultado benéfico, pelo conduto da parede, serão a perda de salários e os desdobramentos que sobre ele se abaterão a exemplo da antigüidade na função, no cargo ou na empresa, bem como a contagem do tempo para haver benefícios previdenciários.

Quando seja para a entidade patronal, mesmo sendo o movimento sem proveito para os empregados, o dano emerge da inocorrência ou da queda de produção, da paralisação das vendas, da inibição da prestação dos serviços e a conseqüente ausência de receita ou ingresso, além da possibilidade do inadimplemento de obrigações.

Se a interpretação partir da posição do Estado, ademais de qualquer tumulto que possa ter surgido com o movimento, a falta de produção lhe impede ou retira a possibilidade de arrecadar tributos, por inexistência ou sensível redução de atividade produtiva, por faltar a circulação de bens ou pelo não cumprimento dos serviços ajustados, exatamente os fatos geradores da carga tributária de que se vale.

Por último, para a sociedade, a depender do segmento, os transtornos que resultam para o comparecimento ao trabalho, pelo operário; à escola, pelos seus filhos; aos serviços essenciais de que careça a comunidade, impondo a todos e a cada um, por exemplo, os ônus com transportes, com o pagamento de serviços médicos privados, com obstáculos para o comparecimento ao trabalho com impensada permanência em casa a assistir os filhos infantes que não poderiam ficar sozinhos, a par de numerosas outras situações.

O aspecto social deriva, para a avaliação da greve, da sua repercussão na sociedade. A redução ou paralisação dos serviços pode ter um desgaste apenas na dimensão da entidade patronal. *De Ferrari*, citado por *Cabanellas*[5], assevera ser a greve, como fenômeno passageiro, a exemplo de tantos outros, uma evidência de não estar um ordenamento jurídico corretamente adaptado às verdadeiras condições de convivência humana e, em conseqüência, a sociedade tem que aceitar formas irregulares ou incomuns da prática de direitos reconhecidos pelo Estado. Com a greve ou por meio dela, os titulares de tais direitos se permitem exercer a pressão para lograr sua efetividade que, de outro modo, não se mostrariam eficazes.

---

(5) *Derecho de los conflictos laborales*. Buenos Aires: Libreros, 1966, p. 217-218.

Nada obsta, entretanto, que tal se dê numa outra esfera e alcance aos que nada têm com a disputa entre patrão e empregado. Quando uma escola é alvo de uma paralisação pelos seus professores ou pessoal administrativo e as aulas não possam ser ministradas, para muitos pais e mães o transtorno os alcança obrigando, no mínimo a um deles, como visto, à permanência em casa. Sendo crianças esses escolares, pode dar-se que não tenham os pais a quem cometer sua guarda enquanto saiam para seus trabalhos e, indiretamente, seus empregadores e eles próprios sofrem os efeitos de uma greve que não deflagraram, nem participaram. A greve de transportes públicos urbanos pode, ademais, afetar a esposa, o filho ou os pais do grevista, seja pela necessidade de comparecimento à aula, de freqüentar o trabalho ou de buscar eventual ou programada assistência médica. Nem por isto tal trabalhador se sente dispensado da participação no movimento.

3.5.1. Descumprimento do contrato

Vale ponderar o aspecto jurídico sempre cogitado, de reconhecer a greve como sendo uma abstenção legítima da obrigação de trabalhar. Oferecem-se, então, os pontos de vista que passam pelos entendimentos de: inexistência de direitos absolutos *(Josserand)* ou negativa de direito à greve, por se constituir num apelo à força, ou pelo seu ilogismo *(Cesarino Jr.)*. O que se extrai do reconhecimento da greve como um direito ou garantia constitucional conduz a que se admita a paralisação coletiva, pelos trabalhadores empenhados numa luta de defesa ou sustentação de metas, como forma de pressionar o empregador. Tal pressão pode pretender compeli-lo a comparecer à mesa de negociações, como pode intentar forçá-lo a aceitar dada reivindicação.

A greve, de qualquer sorte, não pode ser exercida como um direito absoluto, de resto inexistente, mas como uma legitimada forma de ação que importa na redução ou na suspensão temporária do trabalho, pelo obreiro, sem que o empregador esteja autorizado a despedi-lo, sequer a substituí-lo se não excepcionalmente. A greve não representa, nem significa, empiricamente, um apelo à força, salvo a imaginária força da pressão resultante da omissão de cumprir, como pactuado, o contrato de trabalho. A greve soa mais ilógica quando se nos apresenta a hipótese, de certo modo freqüente no direito brasileiro, sem similar na visão global da paralisação coletiva, de lograr da entidade patronal o pagamento de subsídio pelos dias sem trabalhar. Não se trata de lógica do absurdo, mas de um absurdo que, mercê do excessivamente baixo padrão remuneratório do trabalhador, conduz o patrão ao gesto de suposta generosidade quando repõe os dias de paralisação, à guisa de salário, ou dilui, ao longo dos meses posteriores, os valores da perda salarial imediata para os grevistas.

Pode ocorrer, de modo certamente surpreendente, que a greve interesse ao patrão. A hipótese, não poucas vezes constatada, de empregadores estimularem as greves dos seus empregados como forma de pressionar o poder concedente a lhes permitir uma elevação de tarifas ou ingressos é assaz conhecida e registrada por doutrinadores, a exemplo de *Ari Possidônio Beltran*[6].

---

(6) *A autotutela nas relações de trabalho*. São Paulo: LTr, 1996.

3.5.2. A greve como ato jurídico

O pranteado *Martins Catharino*[7] entende um duplo aspecto a considerar na caracterização da natureza jurídica da greve

> horizontalmente a greve já foi e é considerada um simples fato; fato jurídico, manifestação de liberdade jurídica e ato jurídico" e, verticalmente, "a greve foi e ainda é, como exercício de poder ou potestade *(potestas);* direito subjetivo: natural; direito absoluto da pessoa, isonômico, de não trabalhar, e potestativo; direito objetivo.

Mario de La Cueva[8] observou que "Na era da tolerância, a greve era um fato jurídico. Na Constituição de Querétaro, nas Constituições do segundo pós-guerra da França e da Itália, e na da Espanha de 1978, a greve se tornou um ato jurídico". Este entendimento pretende ser contrariado pelo consagrado autor mexicano de origem espanhola, *Nestor de Buen*[9], emprestando ênfase à modificação ou extinção de direitos, ao passo que a greve, não cria voluntariedade do ato jurídico que tem por essência a criação, modificação ou extinção de direitos, ao passo que a greve não cria o direito, salvo através da convenção coletiva, nem logra sua revisão ou seu cumprimento. Dentro de tal noção de ato jurídico coletivo, refere *Perez del Castillo* ao entendimento de *Justo Lopez* para quem a greve em si não seria um direito mas uma forma de seu exercício[10]. A ser bem interpretado o comentário de *De Buen,* foi outra a realidade brasileira que ensejou greves para tornar efetivas algumas disposições de convenções coletivas, forçou e logrou êxito em suas reivindicações quando a entidade patronal cedeu por força da deflagração de greve.

A abordagem, já produzida, quanto ao trato dispensado à greve, segundo os distintos ordenamentos jurídicos, bem pode insinuar a dificuldade de se obter, conceitualmente, uma única e harmônica noção da sua natureza jurídica. Tal entendimento, sem perder de vista o pendor político que orienta o Estado nalgum determinado momento histórico, permite entender, como *Bayón Chacón* e *Eugenio Perez Botija*, citados por *Ruprecht*[11], que a análise da greve e a conclusão lógica aparente não podem conduzir a um entendimento único e definitivo sobre sua natureza jurídica. O ordenamento jurídico, o momento do Estado e o viés político do autor irão, seguramente, orientar a conclusão a eleger.

Há países, a exemplo de Portugal e que o Brasil procurou imitar sem êxito, onde o texto constitucional não permite a restrição ao exercício do direito de greve pelo conduto da legislação ordinária. Isto não significou a criação de um direito absoluto ao qual nada se poderia opor. A lei portuguesa não define greve, busca tão-somente estabelecer-lhe os contornos ou efeitos (Código do Trabalho, art. 597) e o entendimento doutrinário reporta-se à circunstância avaliando que definir a greve representa gizar-lhe

---

(7) *Apud* DUARTE NETO. *Direito do trabalho.* São Paulo: LTr, 1993.
(8) *Op. cit.,* 1991, v. 2, p. 592.
(9) *Derecho del trabajo.* México: Porrúa, 1977, Tomo 2, p. 729.
(10) *O direito de greve.* São Paulo: LTr, 1994.
(11) *Op. cit.,* 1995, p. 770-771.

contornos, emprestar-lhe limites externos. Neste particular, a lição de *António Monteiro Fernandes*[12] é de que há uma incompatibilidade entre a garantia trazida pela Constituição Política e a delimitação desse direito pelo conduto do ordenamento jurídico infraconstitucional. A motivação desse comportamento coletivo é da essência da noção de greve no senso jurídico. Por mais amplo que seja o espectro da lei que venha a reger tal direito, estará sempre definindo ou restringindo o seu exercício. Se, de um lado, define o que permite, estará negando toda e qualquer outra manifestação que com seu preceito não se coadune. Quando, observado em sentido oposto, explicita o quanto veda, pode-se permitir ampliar as restrições, em nome de um dado momento político ou atendendo à pressão das entidades patronais ou, ainda mais, imaginando o que seja útil à defesa dos interesses da sociedade.

Evidencia-se, da narrativa, que a greve não existe como um direito sem restrições ou limites. Cogita-se, basicamente, de inibir a natural tendência de avaliar-se o comportamento no confronto ou a comparação com o texto normativo. Se este não existe, o ato jurídico deverá ser avaliado no seu exato conteúdo, naquilo que a ordem jurídica lhe reconheceu como destinação. Como se apura, a greve como ato jurídico tem, por lei, o mesmo tratamento de qualquer outro por ela legitimado, autorizado ou chancelado. A violação aos seus preceitos decorre do exercício ou prática do próprio direito e pode resultar em abuso ou, mais paradoxalmente, no ilícito.

O direito à greve não pode ser examinado só por si. A greve há que merecer uma identificação de propósitos, conteúdo e métodos e para alcançar-se sua natureza jurídica impõe definir titularidade e forma do exercício regular. Como observa outro não menos ilustre tratadista português,

> não basta do direito à greve: há que saber qual a realidade juridicamente protegida. Crê-se que está fora de causa pretender que todas as formas de luta dos trabalhadores são legitimadas pela Constituição e pelas leis: de facto, é lícita a greve. E de greve não se pode falar para referir certas formas conflituais que dela apenas têm o nome: com efeito, a compreensível manipulação filológica, que estende o conceito de greve a toda a conflitualidade laboral, aproveitando a carga ética e emocional respectiva, só pode fracassar no plano jurídico.[13]

O fato greve, como visto, tem previsão legal, é jurídico. Ninguém duvida ser a greve um movimento social com objetivo de alterar ou preservar uma dada situação. O direito lhe empresta vida e transporta o fato para a categoria de ato jurídico, criando direitos que remanescem no patrimônio e nas relações jurídicas das pessoas, impondo-se como norma. A previsão poderá, ou não, conter uma disciplina que lhe importe restrição ou delimitação de forma e conteúdo. Ainda quando não haja, por disposição legal, o estabelecimento de contornos para a prática da greve, o fato, em si, já mereceu e teve reconhecimento no ordenamento jurídico, e os efeitos pretendidos, no todo ou em parte, resultaram alcançados.

Entender a greve como simples fato jurídico tendo em conta o que prevalece não é a declaração de vontade que embasa o movimento, mas a atitude que se traduz no

---

(12) *Direito do trabalho.* 11. ed. Coimbra: Almedina, 1999, p. 848.
(13) XAVIER, Bernardo, *op. cit.*, p. 186.

fato da abstenção dos trabalhadores, o ordenamento jurídico que vê, aí, a suspensão da relação de trabalho como um efeito jurídico, vem a ser a opinião de *Gino Giugni*[14]. Apoiando-se em *Luigi Mengoni*, *Giugni* define a greve como "comportamento não efetuado de uma prestação de serviços". Avança para justificar que não é necessário que o sindicato declare a greve, pois tal declaração representa um convite à sua deflagração. Basta, para o consagrado autor, a abstenção do labor por um grupo de trabalhadores para que se caracterize a greve. Como meio de pressão em defesa ou apoio do interesse coletivo, pode dar-se a greve com um número reduzido de trabalhadores, em relação ao efetivo do que denominamos categoria. É entendimento do mestre italiano que a greve se pode dar por um único trabalhador, quando seja ele o que aderiu à proposta, — o que se nos evidencia de duvidosa valia, frente à lei brasileira —, ao passo que a coletividade de trabalhadores que pare de trabalhar por motivos meramente individuais não caracteriza greve.

A posição doutrinária que intenta ter a greve como mero fato jurídico soa-nos contraditória. O objetivo da greve, a pretensão tutelar do movimento é ampliar vantagens, reduzir perdas, alterar situações para evoluir no trato com a entidade patronal, extinguir o que seja danoso ou preservar as conquistas. Isto, em verdade, há que ser identificado como ato jurídico, ainda que no sentido genérico, como cediço na lição escolar. O fato jurídico pode, ou não, depender da vontade humana, mas a ordem jurídica lhe reconhece ou atribui efeitos. Quando observamos o fato sob o ângulo da presença da vontade humana, como na greve, ele é considerado restritivamente e se identifica como ato jurídico. *Orlando Gomes* afirma que

> na acepção lata, o fato jurídico engloba o ato jurídico, e, na estrita, a ele se opõe. Como se usa comumente *stricto sensu*, define-se o fato jurídico como todo evento independente da vontade humana que produz efeitos jurídicos, ao contrário dos atos jurídicos, que, por definição, consistem em manifestações de vontade.[15]

As regras que disciplinam o contrato, no Código Civil italiano (arts. 321 e ss.), evidenciam a mesma concepção do ato jurídico, como acima identificado.

Esse entendimento não se encontra assente na doutrina italiana, como temos visto, e não se compadece com os termos da legislação brasileira para quem o "legítimo exercício do direito de greve" é "a suspensão coletiva, temporária e pacífica total ou parcial, de prestação pessoal de serviços a empregador", na redação do art. 2º da Lei n. 7.783, de 28 de junho de 1989 (Lei de Greve). Ainda que se encontre, no teor do dispositivo, o equivocado entendimento de greve exclusivamente como paralisação do trabalho, sem atentar para que a greve não somente ocorre com a suspensão do trabalho, como vimos da análise da lei canadense, mas sua redução qualitativa ou quantitativa, não se nega ser o exercício do direito de greve uma prática coletiva pelo menos, na mais singela das idéias, no instante da deflagração. É que, se a greve termina por acordo ou convenção coletiva e não se celebra a necessária assembléia para deliberar a cessação, conforme exigência do § 1º, do art. 4º, da mesma lei, o trabalhador que recalcitre em retornar ao trabalho não pode, a nosso entender, sofrer

---

(14) *Direito sindical.* Trad. Eiko Lúcia Itioka. São Paulo: LTr, 1991, p. 175.
(15) *Introdução ao direito civil.* 3. ed. Rio de Janeiro: Forense, 1971, p. 225.

qualquer tipo de sanção, uma vez que a regra do art. 14 não lhe é contrária à conduta. Vale, assim, explicitar que, na greve, se a convenção ou o acordo coletivo não é submetido à assembléia geral, na forma do estatuto do sindicato, e haja retorno espontâneo dos demais trabalhadores, aquele que resiste não pode ser tido como indisciplinado, nem sancionado por outra qualquer das formas de tipificar as justas causas.

Entendimentos como os de *Georges Scelle*, *Francesco Carnelutti*, *Alejandro Unsain*, *Hauriou* e *Gallart Folch* mencionados, dentre outros, por *Segadas Vianna*, na obra já mencionada, de que a greve, em suma, seria um antidireito, equiparar-se-ia a uma guerra ou conflito de que se devesse ocupar ou buscar explicação no Direito Internacional, estão naturalmente superados quando se encontram disposições constitucionais, além das legais que legitimam e tutelam seu exercício e lhe chancelam os resultados.

3.5.3. O ato jurídico coletivo

Há os que sustentam ser a greve um ato jurídico coletivo. Tal entendimento pretende amparar-se em que, conquanto não mereça ser identificada como um direito, a greve é um ato cuja prática, necessariamente coletiva, origina transformações que podem resultar na criação, modificação ou extinção de direitos, como é conceptual nos atos jurídicos.

Visão desta natureza pretende alcançar da greve apenas os seus resultados. O que se perquire, em verdade, é sobre ser a greve um direito ou mera liberdade. Se mantivermos uma compreensão da greve como liberdade, deveremos, naturalmente, ignorar ou negar todos os ordenamentos jurídicos que, no âmbito constitucional e da lei ordinária, asseguram e, muitas vezes, disciplinam e protegem seu regular exercício.

Soa, todavia, demasiadamente óbvio o entendimento tomado pela sua causa final porque o objetivo primordial da greve é proteger a situação do trabalhador, seja perseguindo o surgimento de uma norma mais favorável à sua condição, seja procurando manter um *status quo*, sempre que sinta alguma sorte de ameaça aos preceitos que disciplinam sua relação com a entidade patronal ou, por fim, cogita da extinção de um preceito, norma ou direito que, na concepção dos obreiros, já não esteja respondendo ou acompanhando os naturais anseios de proteção de sua situação jurídica ou da materialização das obrigações a cumprir por força do contrato individual.

3.5.4. Direito potestativo

O exercício do direito de greve pressupõe, necessariamente, contra quem pô-lo em prática, ou seja, impõe-se que o trabalhador esteja ante a entidade patronal. Faculdade exercitável, sempre e quando o deseje, pelo trabalhador, não pode a pessoa de direito contra quem ela se articule e deflagre opor uma prática jurídica. No entender de *Valenti Simi*[16] e para o qual converge aquele de *Santoro-Passarelli*, alcança ser um direito potestativo, frente à obrigação existente para a entidade patronal de suportar

---

(16) *Apud* BATALHA, *op. cit.,* p. 225.

seu exercício, como direito fundamental. Isto significa dizer que o sujeito passivo — o empregador — encontrar-se-á impassível por se ter que sujeitar ao exercício. Torna-se como que um espectador, quanto ao ato em si, nada impedindo, entretanto, que persiga pelos meios ao seu alcance a neutralização dos efeitos que o atinjam.

Alguns autores italianos chegam a admitir que, pelo reconhecimento da greve como um direito potestativo resulta legitimada, por exemplo, a sua prática política ou de solidariedade. O potestativo, como o próprio *F. Santoro-Passarelli*[17] reconhece, atenta contra a bilateralidade das obrigações contratuais. O empregador não se pode rebelar contra o exercício da greve, mas não estará obrigado a assistir passivamente os efeitos nocivos que o possam alcançar, como seria do natural efeito da potestade. É potestativo tal direito por preexistir uma outra parte contra quem será ele exercido, tendo como pressuposto um contrato de trabalho.

Enquanto para o primeiro trata-se de direito potestativo individual, o último entende-o potestativo coletivo, pois a abstenção de trabalhar tem em vista o interesse coletivo e não o seu, particularmente posto em ação, por outrem que não um determinado indivíduo isoladamente; tem-se que da alteridade daí resultante não se pode afirmar subjetivo tal direito, segundo *Suppiej* que trata a greve como um potestade pelo fato do sujeito buscar a tutela de um interesse que não é exclusivamente seu, mas coletivo. O direito subjetivo tem como atributo a tutela de um interesse individual, do titular.

Podemos voltar, uma vez mais, à ponderação da necessidade de se ter em vista o ordenamento jurídico em que se analisa o direito de greve. Quando estivermos diante de uma tela que emoldura o exercício da paralisação coletiva, a teoria do direito potestativo não encontra suporte. Com efeito, sempre e quando haja restrições ao exercício do direito de greve, releva ponderar a impossibilidade de tê-lo como potestativo. A subjetividade do ato potestativo somente encontra limite na vontade do seu titular, para ativar ou não a prática que materializará seu direito. A inibição da possibilidade do exercício irrestrito do direito lhe retira a potestade.

O exercício do direito de greve não brota do vazio, do nada, como seja a vontade do titular de um tal direito. Objetiva, sempre, alcançar um benefício para os integrantes da categoria ou do grupo que se definiu pelo exercício. Assim, se o ato é direcionado e tem uma causa, quebra a prevalência exclusiva da vontade a que induz o exercício ou uso da potestade.

Quanto a ser individual ou coletiva, a diferença versa, tão-somente, a subjetividade. Será visto como individual pela iniciativa da ação e natureza do direito a proteger, ainda que não se possa acionar isoladamente. Valerá como coletivo por ser de tal naipe o interesse a suportar com a ação individual.

3.5.5. Direito absoluto

Luigi Mengoni e *Giuseppe Pera*, concebem o direito de greve como absoluto, segundo observa *Campos Batalha*[18]. Entre os mais consagrados autores brasileiros o

---

(17) SANTORO-PASSARELLI *apud* PEREZ DEL CASTILLO, *op. cit.*, p. 57.
(18) Loc. cit.

inesquecível *Martins Catharino*[19], ao sistematizar o direito de greve na visão vertical, como já referimos, afirma-o direito absoluto da pessoa. Para o primeiro deles a concepção do direito potestativo absoluto fez-se inaceitável em virtude de envolver limitações à legitimidade da greve. Tenha-se em conta que tal teoria concebia a greve como tendo a meta de proteger ou disputar interesses coletivos. Pelo direito absoluto da greve a suspensão do trabalho, de que se pode valer o interesse mais amplamente compreendido como profissional-coletivo, comporta qualquer tipo de greve que, visto por outra forma, estaria sujeito à condenação ou à proibição.

Luisa Galantino[20] professora da Universidade de *Modena* e *Reggio Emilia*, afirma a greve como um direito absoluto da pessoa, direito de liberdade ou direito político, asseverando que

> tais configurações são, sem dúvida, mais idôneas para descrever a amplitude do conceito de greve que não se limita mais à obtenção de um determinado tratamento econômico normativo, por parte do empregador.
>
> A greve se apresenta como meio de desenvolvimento da pessoa dos trabalhadores e promoção para uma outra participação na vida política, econômica e social do país.

depende do seu papel como instrumento para obtenção dos bens necessários ao desenvolvimento da pessoa, o que significa dizer direito da personalidade, ou a prevalência do seu caráter de atividade garantida contra qualquer interferência do poder, seja ele público ou privado. A consagrada autora reconhece, por sua vez, que a greve com finalidade exclusivamente política é lícita, mesmo sujeita a alguma limitação, sob o aspecto penal, e ilícita sob aquele civil, o que gera a possibilidade de adoção, pelo empregador, de atividade sancionadora, embora a admita quando dirigida contra o Estado, no exercício da cidadania, nunca com mero caráter político. O entendimento da greve como direito absoluto, que potencializa a liberdade do seu exercício, não passa de esforço teórico.

Mesmo a legislação mais aberta e liberal existente, a exemplo da portuguesa, não pode tolerar que se exercite a greve pela greve, que não se alcancem lindes para além dos quais não há direito, se não abuso dele.

Vale registrar, neste passo, o comentário de *Oscar Ermida Uriarte*[21] para quem "O direito do trabalho é um direito atípico ou um dos mais atípicos; o direito coletivo é o setor mais atípico do Direito do Trabalho; e a greve é o instituto mais atípico do direito coletivo do trabalho".

Eis como e porque se equivocam quantos pretendem perseguir o exercício do direito de greve pretextando que seria um mais que improvável, mas inexistente direito absoluto. Há um resultado ou conseqüência a extrair ou obter e, para tanto, sua prática dar-se-á, sempre, em relação a outrem. Não há uma greve pela greve. Tal forma, vista como selvagem, não tem a chancela do direito.

---

(19) *Tratado elementar de direito sindical*. São Paulo: LTr, 1982. p. 265.
(20) *Diritto sindacale*. 10. ed. Torino: G. Giappichelli, 2000, p. 187-188.
(21) *Apuntes sobre la huelga*. 2. ed. Montevidéu: Fundação de Cultura Universitária, 1996, p. 14-15.

CAPÍTULO 4

A Tipologia da Greve

4.1. A greve e suas espécies

A greve, a partir do momento em que desfruta do nível de garantia constitucional, terá regulamentação legal, se assim o impuser aquele diploma. A normalização somente será permitida se houver expressa remessa a um segundo texto, para disciplinar modo, exercício e circunstância do desdobramento da greve, segundo os ditames que sejam estabelecidos.

Quando a regra constitucional for ampla e não permitir qualquer restrição pelo conduto da lei ordinária, a disciplina mínima não poderá vedar a prática da greve, sob pretexto de ilegalidade. Neste quadro, a postura da jurisprudência tem se balizado pela caracterização do exercício abusivo do direito de ir à greve. Quando tal quadro se delineia há que se apurar a ocorrência, ou não, do abusivo exercício do direito. Com ele, como de resto na sistemática jurídica, aquele que faça do seu direito abusiva utilização haverá que responder pelo excesso uma vez que o individualismo jurídico que assegurava o exercício ilimitado do direito pelo seu titular *(neminem laedit qui suo iure utitur)* já cedeu oportunidade ao exercício relativo do direito. Avalia-se aqui o intuito de prejudicar e é ele uma das características da greve. Não se impõe averiguar o ânimo de lesar por ser, como dito, da essência da greve que ela traga presente, por quaisquer de suas formas de exercício, a disposição de causar a perda.

A regra do art. 226, do Código Civil alemão, enquadra-se na concepção subjetiva do *animus laedendi*, como se extrai da sua leitura que "O exercício de um direito é inadmissível se ele tiver por fim somente causar um dano a outrem".

As distintas formas pelas quais a greve se pode apresentar por vezes aparentam prática abusiva. Há, entretanto, que sopesar como a ação se exterioriza para que não guarde o mero pretexto de estar prejudicando.

4.2. O abuso do exercício do direito de greve

O abuso de direito constitui uma corrente do pensamento jurídico que busca evitar que as transformações sociais, porque se processam numa rapidez que a ordem jurídica não consegue acompanhar, não pode deixar sem amparo ou assistência essa sociedade que promove tais mudanças. A evolução dar-se-á com a aceitação das propostas que podem surgir de dentro do grupo social ou se apresentarem pela convivência com outros povos e, modernamente, com o acesso e o assédio dos meios de comunicação de massa.

Na esclarecedora opinião de *Orlando Gomes,* pode-se ver que a

concepção do 'abuso de direito' é construção doutrinária tendente a tornar mais flexível a aplicação das normas jurídicas inspiradas numa filosofia que deixou de corresponder às aspirações sociais da atualidade. Trata-se de um 'conceito amortecedor'. Sua função precípua é aliviar os choques entre a lei e a realidade. No fundo, técnica de reanimação de uma ordem jurídica agonizante.[1]

A conseqüência do abusivo exercício de um direito resulta em perdas e danos. Para melhor situar o problema, no âmbito das relações trabalhistas, há que se apurar, de início, que a perda existe para ambos os lados. Assim, se a empresa sofre com a perda da produção ou da circulação da riqueza ou prestação do serviço; ao trabalhador, pela perda do salário que representa seu sustento, isto se dará, qualquer que seja a hipótese, independente de ser, ou não, abusivo o exercício do direito de greve.

Quando houver manifestação, pelos tribunais, a respeito do ato assemelhado ao ilícito a tendência é de impor sanção ao sindicato, na suposição de ser este o titular do direito de greve, o que não nos soa real, pelo menos em sede do ordenamento jurídico brasileiro. Dá-se, também, na jurisprudência e, com freqüência, nas negociações coletivas supervenientes à greve, a disposição de ordenar o pagamento dos subsídios pelos dias da paralisação. Isto pode levar como já referimos, à absurda, mas real conclusão de estar o empregador subsidiando a greve contra ele deflagrada. Num tal momento, diante da concordância patronal em repor a perda salarial do empregado, como se poderia dar aplicação à teoria do abuso de direito?

Se há aquiescência, pela negociação, em relevar as ausências e remunerar os dias de greve, ou parte deles, não poderá a empresa se valer da invocação de ocorrer abuso de direito, mesmo que, em sendo provocada, a Justiça venha a se manifestar pela sua ocorrência. É que, pela boa-fé, se alguém anui em realizar uma despesa, sem que para tanto esteja obrigado, não poderá, em seguida, tentar a frustração do ato; de igual modo, se havia, antes, litígio posto em juízo e aquiesceram as partes em pôr-lhe termo mediante o pagamento em análise, nada mais poderá ser invocado em sede da teoria do exercício abusivo do direito. A sanção alternativa da hipótese, ocorrência de nulidade se evidencia inaplicável diante da circunstância de se ter a greve como um fato que não pode, por força mesmo de sua ocorrência, ter restituídas as partes ao estágio imediatamente anterior ao de sua deflagração, pelo insuperável de seus efeitos.

4.3. A licitude da greve

Nesta linha de raciocínio pode-se chegar à idéia de que são dois os grandes tipos em que se pode enquadrar, desde que reconhecido o direito à greve e se resumem à licitude ou à ilicitude.

Existem países que, ainda segundo a ordem jurídica, definem as greves como legais e ilegais, conforme sejam acordes ou afrontem os dispositivos de lei; na Alemanha esta situação se substitui pela caracterização como oficial ou não oficial, mas de igual maneira, atentando para a obediência às disposições do direito positivo.

---

(1) GOMES, *op. cit.,* 1971, p. 126.

São lícitas e não carecem de declaração nesse sentido, diante da presunção de licitude dos atos jurídicos em geral, as greves que se deflagrem sem desrespeito à ordem jurídica e que não atentem contra o direito dos não grevistas.

As ilícitas, por sua vez, para que se tenham como tais, dependem de manifestação judicial expressa e dos efeitos que tal pronunciamento possa demarcar.

Vejamos, assim, as greves lícitas como se manifestam. Num primeiro momento serão ditadas, como o refere a lei belga, pelos fatores socioeconômicos; é a greve econômica no sentido de que os autores buscam obter, valendo-se de tal meio de pressão, manifestação favorável da entidade patronal a uma pretensão até então resistida, a exemplo de elevação do padrão salarial, alteração da jornada de trabalho, observância do tempo de repouso, garantia do emprego a determinado grupo ou segmento de empregados.

Para que não nasça pejada pela ilicitude, a greve deve surgir num clima de negociação, ou seja, quando já manifestado o intento obreiro de obter alguns ou certos benefícios e, mercê da relutância patronal, emirja o impasse que conduzirá à sua deflagração. Mostram-se, então, necessários dois elementos: a entabulação de uma fase negocial e a comunicação do ânimo de recurso à greve, quando esteja esta deliberada e previsto o seu início. São essenciais tais momentos para que se estabeleça o nexo causal do movimento e para que, numa derradeira tentativa, possa o patrão refluir de sua postura e aquiescer na pretensão dos empregados ou dispor-se a retornar, de imediato, à mesa de negociação. *Sinay* e *Javillier* entendem que esta etapa de pré-aviso não se mostra exigível, pois faz parte do embate a ação surpreendente do empregado com o inegável intuito de causar o prejuízo que é peculiar à greve. Esta postura não se compadece com o ordenamento jurídico brasileiro e de muitos outros países, que exigem a prévia comunicação como uma espécie de interpelação que geraria, para o empregador, um derradeiro momento de ação, antes que o movimento seja deflagrado.

Em que pese o efeito econômico sempre presente, a greve pode revestir-se de caráter tão-somente jurídico. Isto se dará quando for efetuada com o intuito de compelir o empregador a dar cumprimento à disposição da convenção coletiva, à decisão normativa ou ao comando legal específico. Não se pode, aí, situar uma visão econômica. Esta pode ter gerado o aparecimento do ato anterior e que, neste passo, se intenta ver cumprido. A assertiva não invalida a constatação de estar, na raiz da greve, um dado econômico que é o prejuízo; este ocorrerá, mas a greve não se fez para conduzir à relação negocial ou seu desdobramento, sim para que se veja reconhecido o direito preexistente à conta de qualquer das causas mencionadas.

4.4. A tipologia da greve

As diversas formas pelas quais as greves se desdobram ou são postas em prática é que servem à sua tipificação. Há greves que se manifestam pacíficas, mesmo que só na aparência, enquanto outras há em que a violência alcança pessoas, bens e a incolumidade pública; há greves que transtornam apenas os patrões e outras há que trazem graves dissabores à própria comunidade; há greves, por fim, que interessam ao Estado coibir, mas somente lhe resta encontrar uma forma de com elas conviver.

Existe uma preocupação doutrinária em estabelecer a greve típica em confronto com a idéia daquela considerada atípica. A tipicidade da greve, assim entendida aquela dita clássica, é a que resulta na paralisação coletiva, concertada, e para alcançar fins de natureza preestabelecida. A lei brasileira, lastreada naquela de Portugal, impõe condições para que uma greve possa ser considerada típica ou clássica: que haja uma suspensão coletiva, obviamente temporária, sob pena de se estar diante do rompimento do contrato de trabalho. A norma alvitra a ação como pacífica para que, sem tumulto, os fatos transcorram em segurança tanto física, pelas partes, como patrimonial da empresa ou de terceiros. A legislação exige, ademais, que se tenha a suspensão como total ou parcial e aí demora o grande equívoco do legislador.

A lei portuguesa não definiu a greve, inclusive na norma infraconstitucional, exatamente aí residindo a sabedoria. É que as formas de greve são identificáveis num quadro que se apresenta em dado momento da vida social, sem que isto represente um imobilismo de atitude. Com efeito, já não se fala, quanto à forma, na greve, mas nas greves, frente às diversas formas, lícitas ou legais, de que se podem revestir. Países há e a França teria sido um desses que têm por ilícita a greve pelo regulamento, ou seja, aquela em que o trabalhador age seguindo os padrões definidos em lei ou regulamento de empresa e retarda o trabalho ou seu resultado, quando não se dê a paralisação, mesmo parcial, das atividades, com o declarado intuito de alcançar a abertura das negociações sobre algum aspecto de interesse profissional.

Numa greve, por exemplo, da aviação civil de transporte de passageiros, onde os empregados deliberam fazê-la efetiva através do mecanismo de estrita observação dos mandamentos legais e dos regulamentares da empresa, estaremos diante de uma greve que se não confunde com aquela de ocupação. Aqui o trabalhador cumpre as normas legais e contratuais, com exagerada dedicação e tanto resulta por tumultuar a vida nos aeroportos, pela demorada ocupação; passageiros, pelos grandes atrasos de partidas; permanências em escalas e chegadas; outras companhias de navegação aérea, pela perda de conexões e viagens com menor percentual de ocupação dos assentos; complicação, pela coincidência de momentos, para o atendimento pelas empresas de *catering* e de limpeza; prolongamento de jornada do numeroso pessoal de terra: controladores de vôos, recepcionistas da estação de embarque, despachantes, carregadores, transportes terrestres de conexão e vários outros. E todos estarão trabalhando, por força de uma greve ... Conquanto defina a lei brasileira que a greve suspende o contrato de trabalho (art. 7º), há que se atentar, como referido, que a greve conceitual representa, sempre, a idéia de prejuízo ao empregador e que ela se opera tanto pela omissão como pela ação, sob certas circunstâncias.

4.4.1. A greve clássica ou típica

A greve clássica, assim muito bem identificada e que se pode tomar por típica, deverá ser aquela que se deflagre sem colisão com os ditames legais e contratuais; estas na hipótese de vigente uma convenção coletiva com cláusula de paz. A um só tempo, será lícita, legal, clássica, mas o seu *modus operandi* escapa a qualquer forma de controle, previsão ou definição legal. Estabelecem-se os seus parâmetros, com um mínimo de regramento, para que os fatos se incumbam de constatar seu razoável exercício sem quebra dos padrões estatuídos na ordem jurídica.

Sob tais enfoques, a greve não significa, exclusivamente, a paralisação concertada, total ou parcialmente, para alcançar um fim previamente estabelecido e de que o empregador tenha logrado antecipado conhecimento de ambos: pretensão e sanção, esta no sentido de ser o prejuízo que lhe pairará sobre a cabeça, na hipótese de não negociar ou atender ao pleito.

Se a greve, com ou sem paralisação integral ou relativa do labor, é dada como típica quando não escape aos limites normativos da ordem jurídica ou do pacto coletivo, aquelas que se não adequem ou situem nos parâmetros serão tidas como atípicas; todavia, independente destas existem comportamentos que com elas não se confundem, mas merecem estudo no mesmo capítulo, pois valem como movimentos de que se utiliza a massa obreira para alcançar, convencer ou manter a ação.

Embora não se constate uma classificação sistemática, converge a doutrina na sua existência, sobre a caracterização dos diversos aspectos dos movimentos atípicos e daqueles que concorrem para o seu fortalecimento.

4.4.2. As greves atípicas

Ao contrário do quanto exposto, serão atípicas greves como as de zelo que se não devem confundir com aquelas operações praticadas por aeronautas, no exemplo invocado. Aqui tal greve se identifica não apenas pela observância meticulosa dos padrões e normas, mas em se tratando de atividade industrial, ocorrerá um nível de produtividade abaixo do normal; deliberadamente os empregados não acatam as determinações superiores para o abandono ou abrandamento da rigidez das normas com o fito de ocasionar o constrangimento, a perda no atraso na produção que dificultará o cumprimento de prazos de entrega, criará embaraços às operações de embarque, retardamento no zarpar de embarcações e, ademais da perda na produtividade, a empresa será onerada com multas e despesas que decorrem da ação. Estas atitudes não se confundem com a *rovescia*, do italiano, e se aproximam da *perlée*, dos franceses. Por outro lado, mostra-se claramente oposta à denominada greve branca onde os trabalhadores ocupam o local de trabalho e não desempenham funções, não desenvolvem suas tarefas e, com isto, neutralizam a presença daqueles que não aderiram ao movimento, os não grevistas, ou foram admitidos exclusivamente para o labor: os fura-greves.

4.4.3. Greve com trabalho intermitente

A greve intermitente, por outro lado, causa certa perplexidade diante de algumas de suas características. Assim é que há movimentos caracterizados pelas paralisações programadas para ocorrer por uma combinação estratégica. Ora são curtas, pela coletividade de empregados, em todos os estabelecimentos, em alguns ou num deles; ora brotam, num rodízio previamente estipulado, por turnos de trabalho, por tipo de trabalhador no conjunto do estabelecimento; noutra hipótese acontece em departamentos estratégicos ou setores primordiais da atividade empresarial. São também conhecidas como *pipoca*, no Brasil, *trombose*, na França, ou *bouchon*, na Bélgica.

Santiago Perez del Castillo[2] considera que este se situa dentro do modelo típico de greve. É que, no seu entendimento, "não é da natureza da greve que se trate da suspensão conjunta, relativamente prolongada e, sobretudo, contínua". A idéia de paralisação conjunta de todos os trabalhadores pode conduzir à equivocada interpretação de que somente se identifica a greve com a unanimidade da participação dos empregados, o que não é real; sob outro prisma, há algo de selvagem nesse tipo de ação uma vez que nem o empregador, nem os usuários, em sendo a hipótese, saberão quando se dará a abstenção do trabalho, nem por quanto tempo, exceto quando o ato já se esteja praticando, e isto escapa à ação consciente que impõe a prévia ciência à entidade patronal. A descontinuidade que o autor se preocupa em enquadrar atenta contra o mecanismo de continuidade do movimento que, no caso, estar-se-ia processando, a um só tempo, por ação e omissão, sem que qualquer atitude de neutralizar seus efeitos pudesse ser adotada, inclusive pelos usuários dos serviços da empresa, quando se cogite, por exemplo, de comércio ou prestação de serviços.

4.4.4. A ocupação do estabelecimento

A greve, sob outra roupagem, pode se apresentar pela ocupação do estabelecimento. Aqui já se cogita do desrespeito de uma regra do Direito Civil, de proteção ao patrimônio privado, uma vez que o local de trabalho, — esse estabelecimento ainda que seja móvel como um caminhão, — somente pode legitimar o acesso e permanência do empregado quando da execução do contrato de trabalho, ressalvadas as presenças legalmente convocadas, fora do dia e hora normal de labor. No entendimento do consagrado jurista A. *Monteiro Fernandes*[3] a "noção jurídica de greve não parece, no ordenamento jurídico português, exigir o abandono da sede de trabalho, a 'ausência' dos trabalhadores, mas apenas a 'abstenção' ou 'recusa' das suas prestações", mas admite que os atos de ocupação "podem ser qualificados de ilícitos nos planos civil e penal". A presença para ocupar o local de trabalho representa, segundo a jurisprudência encontrada em diversos países, uma turbação do direito de posse e violação daquele de propriedade e, a partir daí, será mais que razoável recorrer à ação judicial para desalojar os trabalhadores. Não se deve tomar como ocupação a presença anunciada de empregados, quando se trate de preservar equipamentos ou os deixar em condições de uso para, cessado o movimento, os trabalhos se possam retomar sem maiores transtornos, isto sem referir à hipótese da greve nas denominadas atividades essenciais.

---

(2) *Op. cit.*, p. 346.
(3) *Greves "atípicas"*: identificação, caracteres, efeitos jurídicos. In: JORNADAS LUSO-HISPANO-BRASILEIRAS DE DIREITO DO TRABALHO: temas de direito do trabalho, 4. 1990, Coimbra. *Anais* ... Coimbra: Coimbra Editora, 1990, p. 494.

A competência para a reintegração da posse passou a entender-se que seja da Justiça do Trabalho, a partir da EC n. 45/2004. Tendo em conta que a ocupação ilícita se dá por força da ação tutelada no campo do Direito Coletivo do Trabalho, considerando ademais que a greve suspende o pacto laboral, mas tendo em consideração a possibilidade da presença de trabalhadores de outras empresas, aposentados, desempregados, enfim, estar-se-á diante de um litígio que vai encontrar solução na esfera trabalhista. O conflito, inegavelmente, envolve a presença e participação de empregadores, empregados e sindicatos, vale dizer, o universo das relações de trabalho, em flagrante conflito e à cata de solução.

4.4.4.1. Variedade da ocupação

Há uma forma de ação, ainda sem tradução vocabular para inúmeros idiomas, cuja identificação decorre do recurso a uma palavra inglesa. O *ratting*, como é conhecido o movimento, consiste na abstenção de subsidiar os meios ou equipamentos necessários ao desenvolvimento normal do trabalho. É que, nas empresas, basicamente as industriais, existem tarefas ou setores que trabalham de forma articulada; assim, um dado segmento somente poderá desempenhar suas tarefas se receber do precedente os elementos necessários à sua execução e a partir daí as etapas subseqüentes não se podem desdobrar. Se uma empresa de transporte rodoviário urbano necessita, para liberação dos veículos, que estes passem por uma revisão mecânica e sejam abastecidos e tais tarefas não se desempenham pelos encarregados, o uso se frustra; se, numa empresa de pintura, o almoxarifado não tem seu efetivo presente ou se nega a entregar as tintas ou pigmentos, as etapas posteriores das tarefas dos demais empregados estarão estranguladas, inviabilizadas. O *ratting* mais não é que uma variedade da greve de ocupação. Assim, os empregados se fazem presentes à empresa e resultam impossibilitados de trabalhar por que outros, presentes ou ausentes, os impedem, técnica e estrategicamente, de fazê-lo.

4.4.5. A greve selvagem

Tem-se como selvagem aquela greve em que alguns aspectos normativos essenciais, ademais do comportamento observador do princípio de boa-fé, deixam de ser respeitados. Será, então, selvagem aquela que foi deliberada ao arrepio da participação sindical, havendo tal órgão em representação da categoria ou estando esta integrada na estrutura sindical. O ordenamento jurídico brasileiro legitima a greve sem a presença do sindicato quando os empregados nela interessados não disponham de organismo que os represente em qualquer dos graus da pirâmide sindical (art. 4º, § 2º, da Lei n. 7.783, de 28 de junho de 1989 — Lei de Greve). Os estatutos do sindicato devem estabelecer *quorum* de deliberação, ademais das formalidades para convocação da assembléia. Como os interesses em disputa são próprios da categoria e, por natural, não se imagina estejam todos os trabalhadores dela integrantes, alistados ou filiados ao sindicato, estes representam uma parcela do todo. Como se vê, a assembléia não é exclusiva dos associados ao sindicato, mas de quantos guardem a condição de integrantes da categoria interessada. A deliberação deverá ser adotada a partir de uma convocação desses integrantes da classe e a conclusão será alcançada pelo consenso da maioria dos que a ela acudirem.

Nos países em que exista o pluralismo sindical, há que se perquirir ou identificar o sindicato mais representativo, no âmbito da empresa, para que a este se atribua ou reconheça a condição de legítimo interlocutor. Por outro lado, a deliberação sobre a greve dar-se-á com a manifestação daqueles trabalhadores vinculados ao sindicato. Assim, em suma, se a greve se deflagra contra a vontade da maioria, desde que externada em assembléia, ainda que não represente toda a categoria, será ilícita a conduta e a greve tomar-se-á como selvagem. De igual modo, o que alguns caracterizam como greve "surpresa" mais não se deve entender senão como uma forma selvagem de deflagrar uma greve, uma vez que sequer a vontade de negociar aparece com a certeza de haver chegado ao conhecimento do empregador ou que este, ciente, a houvesse recusado sem nem mesmo chegar à mesa de negociação. Ademais disto, o instrumento de pré-aviso há que ser certo, idôneo, para que não se surpreendam, a um só tempo e a depender da atividade que se manifesta em greve, a população e o próprio Poder Público.

4.4.6. A solidariedade

A greve de solidariedade apresenta-se, sistematicamente, como forma rejeitada ou proibida. Em verdade não se pode afirmar existente o direito à greve quando se trate daquela de solidariedade. Como visto, a greve se desenvolve nas relações entre os empregados e seus respectivos patrões. É possível a existência de greve de solidariedade quando, numa dada empresa, os colegas se manifestam, coletivamente, em apoio a algum ou alguns outros que sofreram punições que a coletividade considere injusta ou desproporcional. Ainda aqui a noção de greve estar-se-á distanciando de sua origem, do seu sentido legal, uma vez que ela se associa à de direitos de uma dada coletividade; no texto legal brasileiro, entretanto, não há expressa referência a interesses coletivos a sustentar ou defender (art. 2º), cabendo apenas aos empregados definir sobre oportunidade e interesses (art. 1º), daí entendermos que na hipótese alvitrada seja possível a greve de solidariedade.

Na greve de solidariedade os empregados de um terceiro, que não está, nem teria por que estar em conflito, apanham-no de surpresa pela ação constituída em se solidarizarem com grevistas de outra empresa, no claro intuito de ampliar o efeito da greve e precipitar os acontecimentos numa disputa entre terceiros. As normas jurídicas que tutelam a greve reportam-se ao seu legítimo exercício para defender interesses; asseveram, em regra, a continuidade do vínculo tendo-o como suspenso durante o movimento, dentre outras medidas. Em algumas ordens jurídicas, a exemplo da francesa, da holandesa e da belga, esta ainda que ocasionalmente, é possível a greve de solidariedade, sendo suficiente que haja uma comunhão de interesses, a justificar a deflagração do movimento. Na República da Irlanda, por outro lado, o art. 8º da *Industrial Relations Act*, de 1990, faz legítima a greve solidária quando afirma que ela se dará

> quando qualquer ação que afete, ou possa afetar, os termos ou condições, se expresso ou implícito, de um contrato que é feito por um número ou grupo de empregados

agindo em combinação ou sob o entendimento comum de ser o meio de compelir o seu empregador *ou a ajudar outros empregados a compelir seu empregador* (grifamos), a aceitar ou não, termos ou condições ou [da negociação] ou que lhes afete o emprego.

Neste quadro é possível imaginar-se que, em ocorrendo tal comunhão de interesses, não haverá greve por solidariedade para defesa ou proteção de pretensões específicas, próprias dos grevistas, pela inexistência mesma de causa destes últimos para deflagrar o movimento. Pelo princípio que identifica como da "adequação social" *(Soziala-däquanz)*, a Alemanha somente admite a greve entre aqueles que lhe podem dar solução, vale dizer, os que denomina de parceiros sociais. Como observa o acatado juslaborista argentino *Alfredo Ruprecht*[4], tal greve não se pode ter "como um movimento laboral legítimo, pois é feita contra quem está cumprindo suas obrigações trabalhistas com seus trabalhadores e se lhes aplica por razões que lhes são totalmente alheias e que de maneira alguma podem resolver".

A greve de solidariedade, aquela deflagrada por simpatia à causa de colegas, integrantes ou não da mesma categoria, soa-nos injusta e pretende, em realidade, buscar o apoio do empregador, para pressionar aqueloutro que é, realmente, quem estará em conflito. Este comportamento poderia conduzir a idêntico procedimento por parte das entidades patronais, na deflagração do locaute.

4.4.7. O uso político da greve ou a greve política

A greve política não é deflagrada no sentido de estabelecer negociação, pressionar empregadores ou dada categoria deles a atender a algum anseio ou preservar um direito ocasionalmente ameaçado de extinção. A greve política se motiva pela convocação de lideranças políticas ou comandos sindicais ou, ainda, pelas entidades patronais. Imagina-se, em princípio, que o objetivo da greve seja direcionado contra o poder constituído para que adote ou deixe de adotar determinada providência, no âmbito de suas atribuições.

O desdobramento da greve política se pode mostrar completamente alienado da órbita das relações trabalhistas quando o que se pretenda seja, por exemplo, a mudança de uma política de Estado, a adoção de medida que afete à cidadania e não ao cidadão trabalhador, exclusiva e diretamente. Quando seja a greve com o objetivo de obter ou generalizar vantagens, benefícios pode dar-se que apenas parte dos empresários já esteja agindo conforme a pretensão e, em tal caso, a greve contra estes seria injusta ou desproporcional, no tangente às perdas que lhes possam acarretar, transformando-se, verdadeiramente, em greve de solidariedade uma vez que tais empregados nada têm a buscar ou obter com o movimento. Com isto se pode observar que, nem toda greve direcionada contra o Estado tem fundamento político.

Quando for a greve contra o Estado não se pode dizer que só por isto será ela política. É que o Estado empregador também estará, ou poderá estar no pólo passivo

---

(4) *Op. cit.*, 1995, p. 854.

da negociação coletiva frustrada e que culmine com a greve. Existe, por outro lado, a greve político-econômica, na criação dos autores italianos, cujo objetivo é obter do Estado ações do interesse dos trabalhadores em geral ou abstenções de atos que lhes possam ser prejudiciais. Nesse momento é possível que subsistam interesses patronais, como se constata de atividades que importem em elevação de custo e parte dele deva ser repassado para a tarifa ou o preço público. A existência ou a predominância do interesse econômico esmaece ou exclui o efeito político que se possa oferecer no instante de início do movimento.

A greve política é, em regra, proibida nos ordenamentos jurídicos, seja por expressa menção legal, seja pela interpretação dada à lei pela jurisprudência, a exemplo da Itália e Espanha onde a greve política fora do contexto de uma greve geral pode ser qualificada como crime de sedição, ademais da manifestação do Comitê para a Liberdade Sindical, da Organização Internacional do Trabalho. Na Alemanha, considerando que a greve é orientada na direção de um alvo capaz de ser alcançado pela convenção coletiva, a greve política é considerada contrária à lei. A Grécia tem como política a greve direcionada contra o Estado para exercer pressão política e, em tal circunstância será ilegal.

Há, entretanto, quem interprete que a garantia constitucional do exercício da greve não pode sofrer restrições com amparo em que o Estado estaria imune a tais manifestações. Portugal entende que a amplitude do exercício do direito de greve, vedado como foi ao legislador ordinário dispor sobre seu exercício, somente não a tolera — tida como verdadeiramente política — aquela greve que pretenda a substituição ou desestabilização do governo. Mesmo que a greve seja intentada contra a aprovação, por exemplo, de uma lei nova, como ocorreu com a greve geral de 1988, não há ilegalidade. Na Bélgica, a Suprema Corte considera equivalentes a política e aquela dirigida contra um empregador por julgar que as conseqüências afetam o contrato de emprego. Por se entender ser o belga um Estado de bem-estar social, há constante intervenção no domínio dos interesses sociais e econômicos. Na Dinamarca a greve política somente se tem por inadmissível quando existente na convenção coletiva a denominada cláusula da paz. É que esta impede o exercício da greve fora da prévia negociação e durante sua vigência, o que se não compadece com o interesse meramente político. Na república da Irlanda mostra-se difícil distinguir entre os motivos políticos e os trabalhistas, para efeito das ações, resultando daí que não se afirmem distantes os motivos políticos inseridos nas reivindicações ou disputas trabalhistas daí se preservarem as garantias legais. A Itália distingue entre greves não contratuais, quando objetivam proteger os interesses econômicos dos trabalhadores genericamente considerados; greves político-econômicas, com o aspecto que já mencionamos, e as greves meramente políticas que a jurisprudência considera ilícitas apenas quando atentam contra a ordem constitucional ou a liberdade de ação política do indivíduo ou dos órgãos políticos. A Holanda não se manifesta explicitamente sobre a ilegalidade da greve política, mas, entende que ela não se encontra protegida pela Carta Social do Conselho da Europa, de 1961, a quem se reporta para a hipótese. Na Grã-Bretanha a greve política perde a proteção legal se não contiver, integral ou predominantemente, pretensão peculiar às relações trabalhistas a exemplo dos termos e condições do emprego, contratação, desligamento, término ou suspensão dos contratos individuais de trabalho, distribuição do trabalho, disciplina, vinculação ou não a sindicato e atos assemelhados.

Fácil é, assim, concluir-se que a greve política não guarda harmonia conceitual nem se alcança sua verdadeira extensão, seja pelo conteúdo da reivindicação, seja pela finalidade do movimento, ou pela análise e interpretação do comando legal.

4.4.8. A greve geral

A greve geral se manifestou a partir de uma doutrina surgida na França, no começo do século XX, que acreditava ser a paralisação concertada e geral do trabalho um recurso ponderável para atrair a ação patronal no sentido de não mergulhar o país na guerra e que resultou inócua diante do que a História registra.

Na atualidade, a greve geral significa uma ação generalizada com o intento de proteger empregos ou de pressionar o governo onde a participação do trabalhador se mostra legítima. Trata-se da arma mais poderosa de que dispõe o trabalhador para atuar na sociedade. Por vezes e em diversos ordenamentos jurídicos, a greve geral é confundida com aquela política. Tal confusão, entretanto, evidencia-se inadmissível. É que a greve geral objetiva pressionar o Estado ou o governo em relação a ato ou política que signifique ou possa representar risco de perda ou dano aos legítimos interesses dos trabalhadores considerados como uma classe. A greve política, a exemplo do que cogitam doutrina e jurisprudência, investe contra o Estado, sua estrutura, organização e funcionamento, enfim, a autoridade mesma e tem o cunho da subversão com que se preocupa a doutrina italiana.

Ela também se pode manifestar no intuito de proteger ou restaurar norma inscrita como direito trabalhista relevante ou básico, capaz de, por si, justificar uma ação com tal extensão. A Alemanha considera ilegal qualquer greve geral que não se enquadre numa situação como a descrita.

Também pode-se dar que a greve, tida como geral, se reporte a todos os empregados de uma empresa em nível nacional, como ocorre ser identificada em autores italianos. Na verdade, uma greve com tais características não deve ser considerada como se identificando por abranger todos os trabalhadores, independente de interesses peculiares à empresa ou categoria, no âmbito de todo o país.

Guerrero Figueiroa, citado por *Ruprecht*[5], identifica a greve geral no sentido de que

> em sua última expressão não é para os meios operários a simples paralisação dos trabalhos, mas a tomada de posse das riquezas sociais para sua exploração pelas corporações, neste caso os sindicatos, em benefício de todos. Essa greve geral ou revolucionária será violenta ou pacífica conforme a resistência que deva vencer conduzindo à equivocada visão de ser a greve geral um movimento revolucionário, subversivo da ordem política e social, como o fazem, na Itália, na análise da greve política.

---

(5) GUERRERO FIGUEIROA *apud* RUPRECHT, *op. cit.*, 1995, p. 853.

A greve se faz e se presta à luta pelo reconhecimento ou satisfação de direitos, não como arma de guerra ou de saques, como permite concluir a observação do autor colombiano.

A greve geral vista como o movimento de todos os trabalhadores ou procurando arregimentá-los, num dado país, tem quase sempre uma natureza política, a exemplo daquela ocorrida entre 28 de dezembro de 1996 e 2 de janeiro de 1997, na Croácia. Os trabalhadores tinham sido obrigados a abortar uma greve contra o Estado, em face da interpretação dada à Constituição Política, pela Corte Suprema, em 28 de novembro. Os empregados provocaram nova manifestação da justiça, com uma segunda greve, e desta vez o entendimento lhes foi favorável, considerando que não havia direito do judiciário intervir na paralisação. Assim, o governo se viu forçado a negociar e resultou por, rapidamente, atender à maioria das pretensões dos trabalhadores.

Em 4 de dezembro de 1996, 400.000 empregados, representando em torno de 12% do efetivo da mão-de-obra nacional, deflagrou uma greve na Bulgária, contra o governo, para obter a sua renúncia. O resultado não foi, de logo, alcançado e a maioria dos trabalhadores não aderiu à greve pelo medo da retaliação que representaria o desemprego.

Na Rússia, em 5 de novembro de 1996, uma greve em larga escala prenunciou o fim do regime soviético. Com efeito, cerca de 25% dos trabalhadores russos estavam há três meses sem receber seus salários e deliberaram a greve no que contaram com a participação de 30 milhões de trabalhadores. Não foi possível ao Estado proceder, aí, como o fizera com a greve de 16 a 18 de junho de 1953, em Berlim Oriental, quando trabalhadores na construção civil iniciaram um movimento, no que foram seguidos por aproximadamente meio milhão de obreiros. O final da greve se impôs pela intervenção militar e a morte de dezenas de trabalhadores.

Como se vê, e a história é rica em exemplos, as greves gerais estão quase sempre na trilha dos movimentos políticos, como ocorreu na Irlanda, na Finlândia e no Reino Unido nas primeiras décadas do século XX.

4.5. O apoio à greve

O suporte da greve se pode dar pelos meios ao alcance dos trabalhadores. O aliciamento dos colegas, indecisos ou relutantes, é medida que se impõe ao êxito do movimento. Quanto maior a extensão da ação, mais próximo poder-se-á vislumbrar o sucesso.

Existem países onde a greve, oficialmente decretada através da ação sindical, disponibiliza para os trabalhadores o recebimento de algum aporte à guisa de subsídio enquanto perdure o movimento.

Para isto é necessário que o sindicato possua recursos suficientes tendo em conta, basicamente, dois fatores: o valor médio da remuneração da categoria e o tempo estimado de duração da greve. Neste momento, o sindicato há que angariar ou já haver amealhado recursos suficientes para viabilizar o movimento, incluindo os demais gastos uma vez que estes não se cingem, exclusivamente, aos valores pagos a título de estipêndio para os grevistas.

4.5.1. Recursos para a greve

A lei brasileira (art. 6º) prevê a arrecadação de fundos, ainda que não haja, por parte do sindicato, o dever de assumir qualquer tipo de ônus em substituição ao salário. Ao que se apura, alguns organismos sindicais distribuem, no limite de suas possibilidades, um conjunto de víveres essenciais constituindo uma cesta básica de gêneros de primeira necessidade. São elas fruto de negociações antigas que resultaram pela definitiva incorporação no trato das relações patronais. Tais cestas são, obviamente, insuficientes para alimentar o trabalhador e sua família por um período mais longo. Esta praxe empresarial tem o evidente intuito de minorar os efeitos da baixa remuneração do obreiro. Sobre seu custo não recaem os encargos sociais e seu incremento ou estímulo se dá pela utilização do seu custo na redução da carga tributária da empresa. A obtenção de tais recursos, pelo lado do empregado em greve, não sofre restrições legais e pode se dar por quaisquer meios lícitos de que se possa valer o sindicato, inclusive as doações de congêneres estrangeiros, quando seja a hipótese.

4.5.2. A difusão do movimento

Uma outra forma de buscar o sucesso do movimento é a sua divulgação e nesse ponto a lei brasileira também assegura, no mesmo texto legal mencionado, o amplo direito de propagar a greve, sem que lhe possa o empregador impor limites ou restrições uma vez que é textual a vedação "às empresas adotar meios para constranger o empregado ao comparecimento ao trabalho, bem como capazes de frustrar a divulgação do movimento" (§ 2º).

A difusão do movimento não se poderá fazer em prejuízo da atividade do trabalhador, salvo quando existente em prévia convenção coletiva de trabalho, garantia de tempo, horário e local para divulgação dos assuntos de interesse do sindicato quando, então, não se confundirá com precoce paralisação das atividades pela divulgação da greve. Tampouco se poderá tolerar o tumulto no ambiente de trabalho com equipamentos sonoros em alto volume a repisar mensagens ou palavras de ordem, em nível que possa prejudicar o desempenho dos que não aderiram à greve, mas a distribuição de impressos, a publicação de notas em jornais, a inserção de convocações em rádio e televisão, tudo lhes será permitido uma vez que tais condutos não transtornam o trabalho.

4.5.3. O recurso ao piquete

O piquete também está reconhecido na lei, quando assegura aos grevistas "o emprego de meios pacíficos tendentes a persuadir ou aliciar os trabalhadores a aderirem à greve", o que vale dizer, são permitidas as manifestações nas áreas adjacentes ao estabelecimento para o convencimento dos trabalhadores, indecisos ou relutantes, a participarem do movimento. O piquete pode se constituir em mensagens orais, concentrações, cartazes, abordagem ou outros meios de que se possam licitamente valer, sempre resguardada a liberdade de acesso àqueles que não se identifiquem com a ação, nem qualquer ato que possa representar ou caracterizar ameaça ou concretização de dano ao trabalhador, aos seus pertences ou à propriedade empresarial, sob pena de infração grave ao mandamento legal (§ 3º, art. 6º, da Lei de Greve).

O piquete deve se tomar, pois, como medida suasória, como oportunidade de trabalhar emocionalmente o colega que não se manifeste favorável à deflagração do movimento ou discorde dos métodos, a exemplo das tratativas e modos com que estejam sendo conduzidas. Tudo não pode passar do nível do razoável para que não se transforme uma oportunidade de diálogo em instrumento de coação moral, de intimidação física ou do risco de dano a patrimônio do próprio empregado, desde o calçado, a camisa ou os óculos até os equipamentos de trabalho que esteja portando, no momento.

Existem, ainda, outros meios passíveis de encontrar como forma de apoio à greve, a exemplo do boicote e da sabotagem.

4.5.4. O boicote

O boicote consiste na manifestação dos empregados, num âmbito externo ao da empresa, conclamando a comunidade ou fazendo divulgar no seio dela que o empresário é um mau patrão, que sua empresa não respeita os trabalhadores nem observa seus direitos, que os produtos carecem de melhor qualidade e exaltando méritos da concorrência. Tais atitudes podem chegar ao nível de infração penal, quando excessos se produzam, ademais de possível reparação civil mercê dos atos e dos efeitos que destes se extraiam pelos graves danos para a empresa.

Na origem, o boicote é um ato de represália adotado pelos empregados contra um patrão, concitando a que outros trabalhadores não se disponham a lhe prestar trabalho e, como causa final, pode chegar à exclusão da empresa ou do empregador do mercado. O movimento somente se justifica quando os trabalhadores ou o sindicato atuem no sentido de exercer pressão para alcançar os resultados do mesmo modo que poderiam obter com o recurso à greve. A ilicitude do boicote transcende a órbita trabalhista, quando decretado pelo sindicato, uma vez que contra este o empresário somente pode agir na esfera cível ou comercial. Quando o processo for acionado há que distinguir dentre os empregados daquela empresa e os que, embora integrando a mesma categoria profissional, com esta não mantenham vínculo empregatício. No primeiro caso poderá o empregador impor sanções disciplinares, no exercício do seu poder peculiar, e que podem passar por figuras típicas de justa causa para despedir, a exemplo de violação de segredo, agressão à honra e à boa fama do empregador, tudo pela violação do dever de fidelidade ou lealdade imposto ao empregado no contrato de trabalho. Quanto aos últimos, nenhuma será a sanção uma vez que inexistem vínculos entre aquele trabalhador e o empresário atingido e este não estará legitimado a pedir que o verdadeiro empregador daquele o sancione pela sua conduta. O dever de fidelidade não se estende a tão exagerado limite.

O terceiro, no boicote, quando se trate da instigação ao trabalhador para que não aceite contratar trabalho com dado empresário, poderá sofrer alguma espécie de violência moral ou física. Sempre e quando seja a hipótese, caberá a este, pela sua eleição, cobrar em juízo as reparações pelos danos que venha a sofrer. No pólo passivo da demanda estará o trabalhador, o grupo de trabalhadores ou o próprio sindicato, segundo se identifique na iniciativa dos atos causadores do ilícito criminal ou civil.

4.5.5. A sabotagem

A sabotagem é, naturalmente, uma forma violenta de ação e *per se ipsa* carece de proteção legal. Com efeito, tem-se como origem desta forma de ação a atitude de empregados que, revoltados com a indisposição patronal em acolher suas pretensões, investem contra as instalações empresárias, os equipamentos industriais ou instrumentos de trabalho de que detenham a posse, danificando-os ou os destruindo.

A palavra tem origem francesa e deriva de *sabot* que significa tamanco, calçado comum ao trabalhador industrial até o século XIX e de que se valiam os empregados para prejudicar o andamento do trabalho e emperrar ou danificar as máquinas em que trabalhavam.

A sabotagem é uma ação peculiar à guerra e acatá-la na órbita trabalhista, no campo das relações negociais, seria atribuir a estas um efeito assemelhado àquela classe de conflito, o que sequer pode ser objeto de cogitação.

Qualquer que seja a forma de que se revista: danos às instalações ou edificações; destruição, total ou parcial, de insumos; inutilização do produto final; provocação de excessivo consumo de energia, combustível, embalagens ou praticando, enfim, algum ato com intuito assemelhado, haverá ilícito. Aí já não se cogitará exclusivamente do desrespeito aos deveres do contrato de trabalho, a exemplo da lealdade, mas de violação às regras penais e civis, por representar crime de dano, mesmo que se invoque a pretensão de alcançar algum resultado na relação patrão-empregado, uma vez que a ordem jurídica não chancela tal comportamento.

Se da sabotagem sobrevém dano físico à pessoa, colega ou não do trabalhador que a praticou, terá este que responder pelo seu ato: na órbita trabalhista, com a sanção que possa o empregador adotar e que poderá chegar ao despedimento por justa causa; na seara penal, pela lesão corporal praticada e que possa resultar em sua prisão e, por fim, no campo cível, pelo ressarcimento das perdas que sua atitude haja causado ao colega ou o terceiro.

A utilização de um terceiro, estranho mesmo à relação de emprego ou ao local de trabalho, não significa a liberação da responsabilidade de quem o abordou ou contratou, por iníqua a conduta do empregado que tomou tal iniciativa e, a partir daí, os desdobramentos no mundo do Direito Penal, pela comunhão delituosa, e os reflexos na esfera do Direito Civil.

CAPÍTULO 5

CLÁUSULA DA PAZ

5.1. Limitações ao exercício do direito de greve

O exercício da greve como um direito não pode, em princípio, sofrer restrições externas, na proporção em que a norma constitucional atribui ao trabalhador estabelecer os limites de sua ação e da pretensão a defender.

Posto o tema desta maneira poder-se-ia imaginar aquele de greve como um direito absoluto, o que efetivamente não ocorre. A greve encontra limites, já mesmo a partir do preceito constitucional, quando a situação envolva uma atividade tida como essencial, segundo a norma de hierarquia inferior legitimada a defini-la. Não se inibe o exercício do direito, mas se cobra do titular uma atitude que atente para a necessidade de resguardar aqueles direitos de idêntica estatura e que podem afetar interesses legítimos de quem não disponha de mecanismo de proteção contra um espectro mais amplo resultante da ação grevista.

As possibilidades jurídicas de abstenção do exercício do direito de greve resultam, basicamente, da circunstância de estarmos diante de um direito subjetivo, vale dizer, de uma faculdade de agir cuja ativação carece de dupla atividade e não apenas do seu titular. É que, para exercer a greve, o empregado necessita dispor-se a tanto e, ademais, impõe-se que muitos outros o façam para que, agitando a atividade sindical, obtenha daí o passo inicial para o movimento. Não se pode, entretanto, esquecer que para os trabalhadores não sindicalizados, ou onde e quando não haja organismo sindical estruturado, é possível a greve, a seguir do ordenamento jurídico brasileiro, desde que os trabalhadores de uma dada empresa ou da categoria profissional assim entendam e deliberem (art. 4º, § 2º, da Lei de Greve).

O movimento se mostra necessariamente plural e complexo. Que não sejam todos, mas a maioria dos trabalhadores de uma dada empresa ou da categoria profissional respectiva, como elemento essencial à identificação da greve, ademais da ação coordenadora do sindicato. Na observação de *Mazzoni*[1], com apoio em *Calamandrei,* "se o sindicato proclama a greve, mas nenhum trabalhador a executa, aquela não existe".

Tendo-se a greve como pressuposto de decorrência, em princípio, da frustração, total ou parcial, da negociação coletiva, em que pese o entendimento contrário encontrado na doutrina espanhola, no Brasil não se pode alinhar o passo a tal raciocínio em vista do estatuído no art. 617, da Consolidação das Leis do Trabalho, e pela leitura do seu § 1º, que autorizam concluir, como temos afirmado, o exercício da greve sem o sindicato, em princípio, dentro do clima ou logo a seguir à tentativa de negociação.

---

(1) *Relações coletivas do trabalho.* Tradução de Antonio Lamarca. São Paulo: LTr, 1972, p. 250.

A tolerância, maior ou menor, às circunstâncias do conflito conduzirão ou poderão conduzir ao exercício ou deflagração da greve por uma comissão de negociação. Como o direito de greve não é um direito sindical, este poderá renunciar ao seu patrocínio ou coordenação, o que não se admite em relação ao trabalhador. O fato de não ir à greve não significa renúncia, mas abstenção momentânea ou oportuna de agir. Assim, não padece dúvida que as responsabilidades de um sindicato, por força da greve, somente se manifestam por atos de seus dirigentes ou prepostos, a exemplo do que se vê no direito inglês.

Uma leitura mais atenta do art. 927, parágrafo único, do Código Civil (Lei n. 10.406, de 10.1.2002) corrobora o entendimento sobre a responsabilidade sindical. Com efeito, "a atividade normalmente desenvolvida pelo autor do dano" (parágrafo único), no caso o sindicato não é titular do direito de greve e, não poucas vezes, esta se inicia contra sua expressa manifestação ou se prolonga para além do momento em que convoca a assembléia para retomar as atividades, pondo fim ao movimento. A regra aplicável será a do inciso III, do art. 932, dispositivo que encontra ancestral no art. 1.521, III, do Código Civil recém-revogado, no seguinte teor:

> Art. 932. São também responsáveis pela reparação civil:
>
> (Omissis)
>
> III — o empregador ou comitente, por seus empregados serviçais e prepostos, no exercício do trabalho que lhes competir ou em razão dele; ...

Parece-nos destituído da melhor lógica jurídica pretender-se a imposição, ao sindicato, do dever de responder pelos atos dos integrantes de seu quadro associativo ou, ainda mais grave, daqueles que nunca o foram e, na ação da greve, possam ocasionar danos aos interesses ou patrimônio de terceiros. Com ou sem a titularidade do direito de greve, o sindicato somente pode ser onerado pelos atos praticados por seus legítimos dirigentes ou prepostos. Esta digressão se impôs pela necessidade de ressaltar que somente o participante, agente ou, na melhor expressão, o grevista deve responder pelos atos omissivos ou comissivos adotados durante o movimento.

5.2. A limitação do direito de ir à greve

Existem limitações exógenas, vale dizer, que têm etiologia externa à relação de emprego, necessária à caracterização da greve. A Constituição não nas estabelece, tampouco podendo fazê-lo o legislador ordinário. Ocorre, entretanto, que a greve não se fez um direito absoluto. Há que respeitar limites e o próprio texto constitucional brasileiro preocupou-se em o evidenciar ao dispor no § 2º, do art. 9º, que "Os abusos cometidos sujeitam os responsáveis às penas da lei". Assim, as limitações externas ao titular do direito de greve concernem à natureza da atividade onde se pretenda vê-la deflagrada. Os serviços essenciais e aqueles caracterizados como mínimos inibem o exercício da greve sem que, previamente, se respeitem necessidades ou cuidados que se impõem para que a sobrevivência, a saúde e a segurança da população não periclitem.

Diante de um tal quadro, o empregado pode pretender, no coletivo, ir à greve, mas se vê impelido a praticar certos atos de negociação ou diligência de forma a reduzir os efeitos perniciosos que possam resultar da ação grevista, em prejuízo da comunidade naqueles aspectos básicos mencionados, ademais dos que reportam à necessidade de preservar bens e equipamentos da empresa em condições de garantir-lhe a imediata utilização quando, cessada a greve, as atividades sejam retomadas.

Endógenas serão as circunstâncias que, por ação dos empregados ou, em sua representação legítima, o sindicato observa para não deflagrar uma greve. Neste ponto é que encontramos a *trégua ou paz*, como cláusula negociada ou implícita das convenções coletivas de trabalho.

Quando uma negociação coletiva para estabelecimento de normas e condições de trabalho deságua na convenção coletiva tem-se como ajustado um legítimo pacto, um contrato em essência e forma. A contar desse momento é justo presumir-se que as partes ensarilham armas e se subordinam ao conteúdo normalizado. É, sem dúvida, o *pacta sunt servanda* que escraviza as partes ao objeto da contratação. Com isto se tem como certo que os contraentes não irão desatender ao composto, nem pretender, artificiosamente ou não, inovar na sua leitura e interpretação. Entendem muitos que nasce, aí, um dever implícito de paz, de trégua. Vale dizer, do momento em que a convenção nasce com ela brota a paz pela falta mesma do objeto de luta, já que os negociadores se mostraram satisfeitos com os objetivos alcançados ou, na hipótese mais provável, desistiram, ainda que momentaneamente, de avançar em debates, disputas e lutas, acomodando-se aos termos da composição.

Este instante em que o objetivo se tem como satisfeito ou alcançado, estará representando uma renúncia ao direito de greve? Será isto possível? Qual a posição ou papel do sindicato firmatário da convenção, em relação ao aval que dá de que seus representados não irão à greve ou ao locaute?

5.3. Sentido da trégua ou paz, como cláusula de contrato

Ninguém, em princípio, celebra um contrato, pacto, acordo ou convenção sem que disto se possa ou deva extrair um *dever efeito* de paz ou trégua. É regra de boa-fé que todo contrato seja ajustado para necessária e obrigatoriamente ver-se cumprido ou observado pelos celebrantes que, na pendência de sua execução, se comprometem a manter um nível ausente de disputas, de confrontos. É implícita ou automática a paz, independente de ser inserida cláusula que expressamente o consigne.

A extensão de seu conteúdo ou alcance, entretanto, é coisa distinta. É que há quem afirme que o dever ou cláusula de paz, ainda que implícita, tem uma amplitude ou extensão de alcance que abrangeria ao que não foi objeto da negociação. Tal interpretação empresta uma dimensão que se evidencia inconcebível. Seria uma renúncia absoluta ao pleito de qualquer direito diante do outro contraente sem que para tanto houvesse tal ânimo ou propósito, no momento mesmo que antecede à celebração do acordo ou da convenção. O conteúdo da cláusula de paz não se pode estender a um ponto tão remoto. Para que se perceba, corretamente, o alcance é de ser considerado tão-somente o quanto foi objeto de negociação e resultou pactuado. É que, sob certos aspectos, alguns temas podem ter sido objeto de negociação e, por convir às partes, a matéria foi descartada em benefício da aprovação de alguma outra cláusula de maior ou mais imediato proveito. Assim, o limite da cláusula de paz se restringe, específica e claramente, ao quanto foi objeto da concertação e se pôs no texto do documento. Emprestar-lhe qualquer outra forma de dimensão pode representar, e fatalmente representará, uma traição ao trato ou má-fé, uma atitude de reserva mental incompatível com o resultado atingido.

A orientação constitucional brasileira, em relação aos conflitos coletivos, é de franca pacificação, como se extrai da leitura do § 2º, do art. 114, que estimula e prestigia a negociação. O recurso à greve se oferece fora do contexto de harmonia pretendido. A cláusula de paz, com efeito, se deduz do texto legal quando estabelece que constitui "abuso do direito de greve a inobservância das normas contidas na presente Lei, bem como a manutenção da paralisação após a celebração de acordo, convenção ou decisão da Justiça do Trabalho" (Lei de Greve, art. 14). A regra é, entretanto, relativa na medida em que não exige uma incondicional observância de prazo, nem de condições, e muito menos extravasa para aquilo que não esteve em cogitação na fase negocial.

A disposição legal transcrita contém ressalvas que permitem deduzir o conteúdo relativo da cláusula de paz. Com efeito, se o preceito do *caput* do art. 14, da Lei de Greve, considera que constitui abuso de direito a continuidade do movimento depois de alcançado o acordo ou convenção, também, por sua vez, assegura que a greve se deflagre quando "tenha por objetivo exigir o cumprimento de cláusula ou condição" ou "seja motivada pela superveniência de fato novo ou acontecimento imprevisto que modifique substancialmente a relação de trabalho" (parágrafo único, I e II).

Conquanto seja possível afirmar que a greve é um direito a serviço da negociação, ela também será exercitável quando, alcançada a convenção coletiva, alguma cláusula ou condição deixe de ser respeitada pela entidade patronal. Sob outro prisma, já aqui dentro da teoria da imprevisão, se algo superveniente, capaz de ensejar substancial modificação nas relações trabalhistas ocorre, também será possível o apelo ou recurso à greve. É a cláusula *rebus sic standibus* inserida, por previsão legal, no contexto implícito do instrumento normativo, convencional ou imperativo judicial, pelo prazo que, negociada ou legalmente, esteja estabelecido.

Isto faz da convenção coletiva de trabalho um instrumento de paz social, ainda que relativo, frente aos aspectos que identificamos de limitar seu efeito ao que efetivamente consagra o documento criado pelos interessados, vale dizer, as partes intervenientes e o quanto foi objeto da negociação.

5.4. Renúncia ao direito de greve

Tem sido discutido se a existência, ainda que implícita ou deduzida, da cláusula de paz não representaria uma improvável renúncia ao direito de greve ou ao locaute. No tangente a este, frente ao ordenamento jurídico brasileiro, mostra-se impossível pela expressa vedação legal do recurso à paralisação patronal. Na vertente do empregado, entretanto, impõe-se avaliar dois ângulos da maior importância: o poder e o limite representados pelos atos de renúncia.

O direito de greve é, por si, irrenunciável. Com tal irrenunciabilidade, porém, não se confunde a conveniência e oportunidade de seu exercício. Assim, o trabalhador pode não tomar a iniciativa, não participar ou se retirar da ação que isto jamais poderá ser interpretado como renúncia ao direito de greve, mas observância dos critérios mencionados de lhe convir ou ser oportuno.

A convenção coletiva não representa uma renúncia ao direito, mas um compromisso de abstenção do exercício de tal direito enquanto perdurem os efeitos do pacto. Essa abstenção é perfeitamente compreensível quando se considera que pode perdurar até o momento imediatamente anterior à ocorrência da prescrição. Neste quadro o que se apura é a concordância do trabalhador, verdadeiro titular do direito de greve, a que alguém, em sua representação — no caso o sindicato — efetive uma convenção coletiva de trabalho que o obrigue a respeitar seu conteúdo pelo prazo estabelecido para sua vigência, ressalvadas as hipóteses legalmente cogitadas e outras mais fortes que lhe possam sobrevir.

Ao celebrar a convenção, o sindicato estabelece cláusulas normativas que alteram os contratos individuais de trabalho e cláusulas obrigacionais que o vinculam à entidade ou ao próprio sindicato patronal, quando seja a hipótese. O dever de paz é, inegavelmente, uma cláusula obrigacional. Por esta o sindicato se compromete em não lançar mão de qualquer forma de ação que represente uma greve enquanto vigentes as condições pactuadas. Aqui o sindicato ajusta, em seu nome e em representação dos empregados. Dá-se, entretanto, que no tangente ao trabalhador sua ação vai até onde lhe seja possível bloquear, inibir ou impedir a deflagração do movimento. Como se trata, entretanto, de direito subjetivo do trabalhador, intransferível por sua natureza, não servirá o órgão classista como garantidor de que o fato da greve nunca se dará. É, pois, parcial tal garantia e sob três diferentes acepções pode ser observada. A cláusula é, na essência, limitativa e não proibitiva da greve o que equivale dizer que pode, sim, haver recurso à greve, mas impõe-se que se estabeleçam as condições em que a ação deflagrar-se-á. Noutro aspecto a greve ainda será possível, mas somente ocorrerá, como resulta estabelecido na disciplina da cláusula de paz, depois de exauridos os meios suasórios, vale dizer, perseguida uma solução pelos condutos da conciliação, mediação ou arbitragem. Por último, é de se buscar a própria renúncia ao direito de greve, quer dizer, uma expressa proibição de ir à greve na vigência da convenção coletiva de trabalho. Sob qualquer dos aspectos que seja examinada a cláusula de paz, a natureza obrigacional é que ressai diante da impossibilidade tanto do sindicato garantir que jamais haverá a greve, como do empregador de não ter como grevistas os movimentos que os seus empregados adotem, ainda que sem o patrocínio ou contra expressa e formal vontade do sindicato, mesmo contendo a cláusula qualquer sorte de previsão de sanção disciplinar a impor aos trabalhadores diante do recurso à greve. Tal cogitação é improsperável pela natureza irrenunciável do direito de greve, pelo trabalhador, com isto significando que não é dado ao sindicato assegurar situações que escapem ao seu absoluto dispor.

A execução do contrato individual tange exclusivamente, como devedor da prestação trabalho, ao empregado e por este não pode o sindicato assumir obrigação, seja de dar, fazer ou não fazer como conseqüência da execução do pacto laboral. A representação própria, ou peculiar à vida sindical, objetiva travar ou estabelecer negociações que sejam amplas o bastante para interessar à coletividade, não para responder por situações individuais. Com isto não se está a afirmar que as convenções não obriguem empregados e patrões, mas há direitos ou situações que ao representante não é dado emprestar uma garantia absoluta de realização, de observância, de respeito. A coletividade aqui mencionada não separa entre os que promovem e participam da greve daqueles que não na desejem ou não se disponham a aderir. Em conclusão, a complexidade dos atos que conduzem à greve, exigindo a intervenção de mais de uma pessoa, ademais da imposta participação do sindicato, não permite emprestar a garantia absoluta de sua prática ou observância, ainda que se pretenda a omissão de recorrer à greve.

Mesmo sendo o sindicato, *ope legis,* o gestor da greve, nunca será demais repetir que, no ordenamento jurídico brasileiro, é possível deflagrá-la sem a sua existência, presença ou participação, como já ressaltamos noutros momentos, ademais de poder ocorrer contra expressa vontade de seu quadro diretivo. A observação pode soar paradoxal; contudo, vale repetir que os grupos amorfos de trabalhadores, não organizados em sindicatos ou aos quais este se recuse a patrocinar uma negociação, podem chegar à greve com amparo na legislação. Assim, bem observada, a capacidade gerencial do sindicato, diante da greve, é sempre relativa. Por outro lado, a renúncia, na esfera trabalhista individual é, por princípio, vedada. Antes de estabelecido o vínculo, pela impossibilidade jurídica de produzir efeitos uma renúncia do que não se dispõe. Durante, é permitida quando algum texto legal a legitime ou autorize. Finda a relação jurídica trabalhista, a renúncia poderá se dar, tanto expressamente — na hipótese de desistência de pleito clara e especificamente declarada, como no caso de quitação, dada com transação — ou tacitamente, quando o trabalhador silencia e deixa transcorrer o prazo que conduzirá à prescrição de pleitear judicialmente qualquer sorte de direito e não exerce o direito natural de haver seus créditos. Nesta circunstância derradeira, como não há decadência do direito, este sobrevive para legitimá-lo ou ter como a justo título, quanto venha o trabalhador receber, mesmo ultrapassado o biênio legal de encerrado o contrato de trabalho.

A indagação que se põe é — pode o sindicato renunciar a um direito do seu representado? O preceito da Constituição de 1988 (art. 8º, III) lhe dá poderes de representação, em juízo ou administrativamente, nos interesses coletivos como individuais, sem que isto, todavia, possa invadir o âmbito do direito subjetivo da pessoa que trabalha. É que o mandamento constitucional se reporta a interesses da categoria e avança para referir aos individuais. Ocorre que a atuação sindical somente se pode reportar a quantos lhe sejam filiados. A ser diverso o entendimento, estar-se-iam negando vários princípios da liberdade sindical: *primus*, porque a filiação sindical de igual modo que a desfiliação, constitui uma liberdade assegurada a todo e qualquer trabalhador; *secundum*, porque o interesse do sindicato vai refletir no individual, como desdobramento daquele coletivo; *tertius*, pela circunstância do direito subjetivo do trabalhador não poder ser dele separado quando atue o sindicato, mesmo na suposta defesa de seus interesses, pois a atuação é representativa. Quando cogitamos da representação a definição e os limites são dados pelo Código Civil e este delineia a eficácia da representação aos limites dos poderes (art. 116), sendo certo que não poderão ser presumidos ou tidos como implícitos, fora da previsão legal. A prática de ato, pelo representante, que possa ou venha a significar renúncia exige, como fundamento elementar, a renunciabilidade do direito *pari passu* com a expressa concessão de poder para tanto, pela gravidade de que se reveste, para o representado, abdicar, por ato de gestão do representante, a direito seu.

Maria do Rosário Palma Ramalho[2], referindo-se ao ensinamento de *Monteiro Fernandes,* menciona que

> vindo a propugnar a resolução do problema a partir da delimitação de dois sentidos para o dever de paz social e da distinção entre a renúncia ao direito de greve e a limitação temporária ao seu exercício: num sentido amplo ou absoluto, o dever de paz social impediria o recurso à greve durante a vigência da convenção colectiva, independentemente da motivação e dos objetivos da mesma — o que, consubstanciando uma verdadeira renúncia ao direito, não seria admissível; mas já num sentido estrito ou relativo, o dever de paz social apenas impediria o recurso à greve durante a vigência da convenção ou, na ausência de prazo convencional de vigência, durante o período legal mínimo antes de cujo termo a convenção não pode ser denunciada e relativamente a matérias objeto de acordo nessa convenção — o que, deixando em aberto a possibilidade de decretar a greve por outros motivos, ou mesmo para pressionar o empregador a cumprir a convenção, não consubstancia uma renúncia ao direito mas apenas uma (auto) limitação temporária ao seu exercício.

5.5. A efetividade da cláusula de paz

A cláusula de paz que se proponha a impedir o exercício do direito de greve, vale exclusivamente como propósito ou cláusula programática. Com isto se quer dizer que nem o trabalhador estará impedido de deflagrar a greve, nem o sindicato poderá ser penalizado se esta ocorre, sem sua convocação ou contra sua expressa proposta, rejeitada pela assembléia dos interessados. Quando a cláusula de paz não avance para impossibilitar o direito de greve, a exemplo da exigência de prévia negociação para tentativa de conciliar, busca da mediação ou recurso à arbitragem, tal compromisso é exclusivamente do sindicato e não atua sobre o exercício, pelo trabalhador, do seu direito constitucionalmente assegurado de aderir ou participar da greve.

Como o compromisso do sindicato resulta por limitar sua função no omitir-se de convocar a assembléia para deliberar sobre a greve, já se viu, anteriormente, ser possível a deliberação diante do silêncio ou omissão daquele, a partir da interpretação dos arts. 4º e 5º, da Lei de Greve, e do art. 617 e parágrafos, da Consolidação das Leis do Trabalho.

Além disto, somente se poderá conceber a atuação sindical como esforço para induzir os trabalhadores a que não vão à greve. A ação poderá, assim, iniciar sem

---

(2) *Lei da greve anotada.* Lisboa: Lex, 1994, p. 20.

que se atribua, ao sindicato, a responsabilidade pela violação da cláusula de paz. Discorrendo sobre hipótese de tal natureza, em sede do direito espanhol, *Maria Dolores Gonzalez Molina*[3] entende que

> qualquer sujeito legitimado para promover um conflito coletivo ou convocar uma greve, que instaure o conflito ou deflagre a greve, omitindo o requisito preexistente de atender a um procedimento de mediação, arbitragem ou conciliação ou à própria Comissão Paritária, desobedece às normas aplicáveis e, em conseqüência, é responsável pelo seu descumprimento.

No Brasil, uma situação desta natureza somente se conceberia quando a greve resultasse da ação de uma central sindical. Por ser, até aqui, um órgão estranho à convenção, por não haver formalmente participado da negociação, nem subscrito seus termos, não poderá ser chamada à responsabilidade. Quando, por outro lado, se trate de uma comissão de trabalhadores, por sua natureza amorfa para responder trabalhista ou civilmente, a hipótese não prosperaria posto que, individualmente, os empregados estariam exercendo um direito subjetivo constitucional e na forma estatuída pela legislação ordinária. Uma terceira cogitação apresentar-se-á mais adiante, versando as denominadas categorias diferenciadas.

É sempre de ser notado que somente se pode tomar a cláusula de paz como uma inibição temporária do exercício de greve. Neste sentido pode-se entender que a greve nunca esteja como objeto de renúncia, mas como sobrestamento do seu exercício desde que a entidade patronal não vulnere os termos da convenção ou que não sobrevenha circunstância de fato a alterar, de modo dificilmente suportável, as condições que ditaram, à época, o êxito da negociação coletiva.

Na situação brasileira, de sindicato único para cada categoria de empregado na mesma base territorial, não ocorre, em princípio, a deflagração de greve por sindicato que não o firmatário da convenção coletiva. Existe, entretanto, para nosso ordenamento, um elemento distinto qual seja a denominada categoria diferenciada. Esta vem a ser, como observado em outro local desta obra, a que pode estar presente em diversos tipos de empresas, não sendo integrante do ramo da atividade preponderante da sua exploração econômica. Assim, os motoristas ou condutores rodoviários, os médicos do trabalho, os contadores, o pessoal da área de informática e outros que são vistos a trabalhar nas empresas. Nestes casos o empregador terá que negociar com cada qual dos respectivos sindicatos, o que em verdade raramente ocorre, excetuada a hipótese de ser elevado o número de trabalhadores integrantes de alguma ou várias categorias diferenciadas, numa empresa com avultado número de empregados.

Com efeito, se a empresa conta com quatro a cinco motoristas, um médico do trabalho, um contador e um analista de sistemas dificilmente irá negociar com os respectivos sindicatos as normas e condições de trabalho de que se vale para alcançar os objetivos de uma fábrica de roupas femininas ou de calçados esportivos. O comum é que os preceitos estabelecidos para os trabalhadores da área industrial resultem aplicados a todos os trabalhadores, inclusive aqueles integrantes das categorias diferenciadas. Se, entretanto, algum dos sindicatos dessas categorias abre

---

(3) *La responsabilidad civil de los sindicatos derivada de las acciones colectivas*. Valencia: Tirant Lo Blanch, 2000, p. 164.

negociação com seu correspondente da categoria econômica, e daí emerge a deflagração de uma greve, os integrantes da classe dos motoristas, por exemplo, aderindo ao movimento não estarão violando a cláusula de paz, estabelecida entre o sindicato dos trabalhadores na indústria de confecções de roupas e a respectiva empresa ou o sindicato de sua categoria. A situação é de conflito com outro ramo de atividade que, só por isto, não estava obrigada a guardar observância às restrições resultantes de uma convenção coletiva travada entre terceiros. Neste caso, um sindicato que não seja signatário da convenção estará legitimado a convocar uma greve que afetará empresa que está com cláusula de paz em convenção coletiva vigente.

Invocando, outra vez, o subsídio de *Maria do Rosário Palma Ramalho*[4], em notas ao art. 1º da Lei de Greve portuguesa, lemos que

> Cabe, de qualquer forma, salientar que a natureza convencional e obrigacional do dever relativo de paz social tem como conseqüência a circunscrição dos seus efeitos aos outorgantes da convenção — o que deixa em aberto a possibilidade de desencadeamento da greve por um sindicato que não tenha outorgado a convenção colectiva ou pela assembléia de trabalhadores, verificadas as condições do art. 2º da LG, ainda que sobre matéria objecto da convenção.

Deve ser observado que o art. 606, do recente Código do Trabalho português, não abala tal exegese. Vale ponderar, ademais, que durante a vigência da convenção coletiva de trabalho, novos empregados são contratados e, por óbvio, deve ser entendido que qualquer ato do sindicato que pudesse envolver uma garantia de inocorrência de greve não obrigaria aos recém-admitidos, também aqui por força da interpretação de ser impossível a renúncia de um direito por quem não o possuía. É que tal trabalhador, em que pese ter, sempre, na sua condição, o direito de greve, este não se assegurava contra aquele empregador posto que com ele não mantivesse vínculo trabalhista, que somente passou a ser viável com a sua contratação.

5.6. Efeitos jurídicos para o trabalhador

Como estamos tentando demonstrar, o exercício do direito de greve não pode, sob qualquer pretexto, ser inibido ao seu titular. O respeito ao compromisso assumido pelo sindicato que, em seu nome e representação, celebrou e subscreveu uma convenção coletiva gera um compromisso moral para o trabalhador. Por esse compromisso ele se abstém de agir, fora dos propósitos cogitados no texto da convenção ou dentro da faculdade legal, para romper o compromisso de trégua.

Quid se, no entanto, o trabalhador vai à greve? A vulneração da cláusula de paz não torna a greve ilegal, pois não se estará afrontando a ordem jurídica. É de se ter, sempre, na devida conta que o texto constitucional assegura ao trabalhador a faculdade de ir à greve, quando entenda que há o que defender com sua ação. Se assim age, não gera qualquer ilegalidade passível de sanção judicial. Por outro lado, o aspecto do abusivo não se enquadra na idéia de violação de texto legal, mas de ação que represente o extravasamento do exercício do próprio direito e que venha a representar dano para alguém. Isto exige um pressuposto de pré-constituição da prova de sua ocorrência,

---

(4) *Op. et. loc. cits.*

sob pena de haver um julgamento precipitado do movimento. Em resumo, estar-se-ia diante de uma hipótese de negativa do exercício regular de um direito, a pretexto da greve não atender a inviáveis parâmetros legais que a Constituição não autoriza.

Sobre o tema discorre, com amparo em *A. Baylos Grau* e *F. Duran Lopez*, *Ana de la Puebla Pinilla*[5] que

> a doutrina assinala que em nenhum caso afeta a qualificação que merece a greve. Esta resulta lícita, sem possibilidade de se transferir aos trabalhadores que a ela adiram as conseqüências da violação do pacto de paz. Assegura-se, assim, a imunidade do direito de greve dos trabalhadores, direito que, em hipótese alguma, será atingido nem pela mera existência do compromisso de paz, nem tampouco por seu descumprimento.

O limite da responsabilidade cinge-se, como várias vezes afirmado, aos subscritores da convenção e em tal âmbito se deve solucionar ou compor o impasse. Uma das hipóteses seria legitimar a denúncia parcial da convenção, pela entidade patronal, na parte ou nos pontos que pudessem estar abrigados pela cláusula de paz. O que normalmente se dá é que o conjunto das cláusulas é aquilo que se pretende proteger com a trégua pactuada e resulta bastante difícil identificar quais os danos emergentes da violação, principalmente aqueles que não guardem natureza patrimonial. De qualquer sorte, nunca se poderá atribuir o ônus ao empregado, nem deste cobrar qualquer tipo de reparação, ainda que seja na esfera disciplinar ou administrativa, vale dizer, em prejuízo de sua carreira dentro da empresa. Em sentido contrário é a doutrina de *Santiago Perez del Castillo*[6] para quem, quando seja desrespeitada a cláusula de paz o empregado descumpre o contrato individual.

A responsabilidade ou compromisso do empregado, por outro lado, deve permanecer tratado do mesmo modo quando estivermos diante da ultratividade dos preceitos da convenção. Com efeito, se o prazo transcorre e há previsão de continuidade, das cláusulas ou de grande parte delas ou daquelas garantidas pela cláusula de paz, como se dá em alguns ordenamentos jurídicos, o trabalhador estaria compelido a continuar sem o direito de recorrer à greve?

Não nos parece que assim possa o tema ser tratado. A posição do trabalhador, na ocorrência da ultratividade, não se modifica. Desse modo, quando o direito seja tratado apenas e exclusivamente como tendo seu exercício em estado de inércia, pela falta de objeto de recurso à sua utilização, a situação permanecerá a mesma na seqüência da exigibilidade dos preceitos da convenção coletiva que passe a viger sem determinação temporal.

Em termos finais, aquela de paz constitui uma cláusula estabelecida para obrigar os convenentes e cuja violação representa a satisfação dos ônus estabelecidos, para a hipótese, no contexto do instrumento. A sanção que recai sobre o sindicato não se transfere para os trabalhadores, nem se pode estabelecer cláusula que preveja punição, disciplinar ou administrativa para os empregados, pelo recurso à greve, uma vez que esta é um direito cujo exercício resulta sobrestado, por deliberação exclusiva do obreiro, sem que jamais possa ser tida como renúncia.

---

(5) *La responsabilidad civil del sindicato*. Madrid: La Ley, 2000, p. 485.
(6) *O direito de greve*. Tradução de Maria Stella Penteado G. de Abreu. Revisão técnica de Irany Ferrari. São Paulo: LTr, 1994, p. 303.

CAPÍTULO 6

EFEITOS IMEDIATOS DA GREVE

6.1. Suspensão temporária da prestação do trabalho

A forma mais generalizada de identificação da greve é pela suspensão temporária da prestação laboral. Conquanto se veja a greve, sempre, como abstenção do trabalhador em dar cumprimento à sua obrigação primordial na execução do contrato de trabalho, consideramos que se pode identificar uma greve quando os empregados trabalham com estrita observância da lei ou do regulamento. Diante dessa situação, cede espaço a uma nova concepção a noção de corresponder a greve à suspensão temporária do trabalho.

Alguns países relutam no reconhecimento dessa nova forma de pressão coletiva, desenvolvida pelos empregados, em efetiva presença no ambiente de trabalho e aparente suporte dos interesses patronais, mas sem o dano que efetivamente representa, para terceiros, a paralisação dos trabalhos.

O novo Código do Trabalho português, no art. 597, estabelece que a suspensão do contrato de trabalho dar-se-á em relação aos trabalhadores que a ela aderirem, fazendo expressa menção à retribuição, e congelando os deveres de subordinação e assiduidade, resguardando-se, assim, a antigüidade e a contagem do tempo de serviço. Apesar de ser um documento recente, cuja vigência data de 1º de dezembro de 2003, permanece a idéia da greve com a sistemática e sintomática noção de suspensão da atividade laboral.

Não se vai confundir, neste quadro, uma greve que se caracteriza pelo cumprimento das regras editadas e ditadas pelo regulamento da empresa ou, quando se mostre a hipótese, o regramento do controle legal do exercício profissional, com a greve de ocupação, onde os trabalhadores, empregados ou não daquela empresa, invadem um estabelecimento e não trabalham. Este tipo de invasão da propriedade de terceiro não merece chancela legal. Sua utilização procura encontrar justificativa na circunstância de impedir o trabalho do não grevista ou do fura-greves, em prejuízo do movimento. Sob qualquer argumento, entretanto, a justiça tem protegido os interesses patronais e determinado a desocupação dos espaços, ainda que à força, como forma de amparar o direito de propriedade, não se podendo ver, aí, qualquer afronta ao exercício do direito de greve.

Assim, o conceito de greve condicionado à paralisação das atividades, total ou parcialmente, no âmbito da empresa, constitui um arcaísmo que cede caminho à realidade de novas formas de que se pode revestir o movimento. Vale frisar, ainda que possa parecer prosaico, que a suspensão do trabalho se dá temporariamente, pois a se entender de modo diverso estaríamos diante do rompimento do contrato de trabalho o que não será, sem dúvida, o fito do trabalhador quando se alinhe no movimento.

6.2. Suspensão do contrato de trabalho

Quando a greve é deflagrada conforme os moldes reconhecidamente clássicos, estamos diante da suspensão do contrato de trabalho. Com isto, todos os efeitos que se mostrem possíveis de extração do cumprimento das obrigações contratuais remanescem paralisados o que significa, de início, deduzir-se a existência de prejuízos imediatos para ambas as partes. Ainda que se afirme suspenso o contrato de trabalho, bom é ver que a suspensão motivada por uma greve gera uma espécie de imunidade para que não se sinta o empregador legitimado a despedir o trabalhador por sua ausência ao trabalho. A lei portuguesa mencionada (Código do Trabalho, art. 597, I) tem a cautela de expressamente referir a que a greve suspende o contrato de trabalho "no que respeita aos trabalhadores que a ela aderirem", isto significando dizer que os não grevistas não podem ser alcançados pelas condições excepcionalmente ressalvadas aos participantes da greve. Assim, é de ver-se que a afirmativa de suspensão de todos os efeitos do contrato também deve ser observada com caráter relativo. É que o comportamento do empregado durante o período de greve há que observar padrões mínimos de lealdade, de fidelidade. Se ele adota um comportamento agressivo que atenta contra o patrimônio empresário, poderá ser sancionado, quando se encerre o movimento, até com o despedimento por justa causa. O fato de estar participando de uma greve não autoriza o trabalhador a destruir instalações, sabotar equipamentos, revelar segredo industrial ou violar cláusula de não concorrência.

Nos países que seguem o modelo inglês de tomar como rompido o contrato de trabalho, a observação dos fatos autoriza concluir que a hipótese se evidencia irreal. É que o empregador não se pode privar, abruptamente, de todos os seus empregados e fazê-los substituir, de inopino, para retomar a produção. O que se constata é que, embora tenham como rompido o vínculo, as partes retornam ou retomam o trabalho, cessado o movimento, com ou sem o atendimento das pretensões, com as previsíveis perdas representadas pela ausência ao trabalho. Não se pode ter como inadimplida a obrigação operária de trabalhar, diante da garantia constitucional ou infraconstitucional de abster-se da prestação dos serviços, na forma pactuada.

A medida acauteladora prevista no sempre invocado Código do Trabalho de Portugal veda ao empregador a substituição dos grevistas por pessoas que já não fossem suas empregadas na data em que foi pré-avisado da deflagração da greve (art. 596).

6.2.1. Direitos preserváveis durante a suspensão

Um ponto a analisar concerne à declaração de abusividade ou ilicitude da greve. Neste particular, por força da manifestação jurisdicional, a ausência ao trabalho se mostrou injustificada, o que vale dizer, passível de sanção por parte do empregador. Na sistemática trabalhista brasileira, o trabalhador estaria sujeito à punição por desídia ou por indisciplina, nunca como abandono de emprego. É que a construção doutrinária e jurisprudencial, neste país, entende que tal figura somente se presume pela presença de dois elementos tidos como necessários à sua caracterização: o subjetivo, que corresponde ao desejo do empregado de não continuar com a relação de emprego; um outro, o objetivo, identificado pela ausência continuada por um período superior a trinta dias. Pode ocorrer, e tal entendimento merece ampla chancela doutrinária, mas com escassa resposta jurisprudencial, que o trabalhador adote uma postura claramente identificada com seu ânimo de não mais retornar ao emprego, a exemplo de passar a cumprir obrigações de um outro contrato de trabalho, celebrado no curso do anterior, nos mesmos dias e horários a que se encontrava obrigado para com o empregador primitivo.

Como a ausência, pela greve, tem garantia constitucional este fato gera uma espécie de imunidade contra o despedimento, como identifica *Bernardo Xavier,* e que somente encontra exceção quando se trate de paralisação capaz de causar prejuízos irreversíveis de máquinas ou equipamentos ou deterioração de bens (o que se preserva na regra do art. 600, do CT de Portugal), além de manter em condições mínimas da capacidade de funcionamento o quanto assim seja necessário na seqüência do fim da greve. (Lei de Greve, art. 9º, parágrafo único). Diante da imunidade, o empregador poderá estar legitimado, como observado, a punir o empregado pelo seu comportamento durante o desdobrar do movimento, dentro das hipóteses caracterizadas, mas nunca pela falta ao serviço.

Quando formalmente deliberado ou imposto por sentença, o final da greve com retorno ao trabalho e não o faz o trabalhador, a data estabelecida para o reinício das atividades passa a ser o *dies a quo* para autorizar o empregador à punição do empregado, quando este não ofereça justificativa aceitável para suas faltas. Se, entretanto, o empregado celebrou contrato, sem termo, a termo ou com termo *incertus quando*, com outro empregador, deverá romper o novo contrato para retomar o anterior, com as implicações legais que decorram da ruptura do vínculo estabelecido durante a ação coletiva.

Estes quadros servem para delinear direitos mínimos que sobrevivem durante a suspensão do trabalho determinada pela greve. Aqui se verifica a preservação da autoridade patronal, ante a possibilidade de punir o empregado, uma vez encerrado o movimento e, por seu turno, do empregado de não ser sancionado enquanto participe da greve e não incorra na prática de atos que motivem o exercício do poder disciplinar patronal. A lógica de tal situação se prende a que o fato de estar o contrato suspenso não significa que as obrigações recíprocas desapareçam, mas congelem-se, conforme as circunstâncias, pelo próprio período de duração da suspensão.

É de ser notado, ademais, que o vínculo estabelecido entre o trabalhador e a previdência, seguridade ou segurança social, não desaparece para efeito de protegê-lo ou lhe assegurar benefícios. Certo é que o trabalhador ou a trabalhadora não perderá direito à assistência médica, ao prosseguimento dos tratamentos, à proteção assegurada à gestante.

Quando, todavia, a hipótese seja de acidente ou moléstia que acometam o operário na constância e pela participação na greve não se pode comparar ao infortúnio do trabalho por força mesma da suspensão que se opera das atividades, a ensejar ou caracterizar o direito à proteção. Nestes casos o benefício da assistência dispensada ao empregado será aquele comum aos casos de doença e a que os órgãos previdenciários estejam obrigados a prestar.

O dever patronal de responder pelos efeitos dos acidentes ou moléstias a estes equiparadas e transferidas, por contrato de seguro, à seguridade social, como ocorre no Brasil, estará suspenso para o trabalhador grevista, enquanto perdure a greve com sua ausência do local de trabalho ou, quando tal ocorra, nas chamadas greves de ocupação, por sua flagrante ilicitude; se, entretanto, a greve for aquela dita "pelo regulamento", vale dizer, aquela em que os trabalhadores se apresentam e cumprem as obrigações contratuais, ainda que de modo insatisfatório, os acidentes devem ser tratados como infortúnios no trabalho para efeito de responsabilizar a entidade patronal. Nesta forma de greve o contrato não se pode ter por suspenso, como não o estará para os não grevistas.

6.2.2. Ausência do dever de remunerar

Por definição legal, o salário corresponde ou é a contraprestação do trabalho, que o empregador tem a obrigação de satisfazer, diretamente, ao empregado. Quando este, como ocorre na greve, se abstiver de trabalhar não fará jus à contrapartida. O art. 7º da Lei de Greve estabelece claramente que "a participação em greve suspende o contrato de trabalho", dentro da idéia de afastamento do trabalho e, por outro lado, o art. 457, da Consolidação das Leis do Trabalho, estabelece que a remuneração é o "salário devido e pago diretamente pelo empregador, como contraprestação do serviço". Diante desses pressupostos inexiste, para a entidade patronal, o dever de subsidiar a ausência do trabalhador durante a greve.

Martins Catharino[1], em obra paradigma, observa a inviabilidade de se impor pagamento ao grevista, pelo empregador, enquanto conceitual e materialmente suspensa a execução do contrato, mesmo sendo lícita ou não abusiva a ação, sob pena de se estar a impor ao patrão o financiamento da greve. *Bueno Magano*[2] também convergiu para o entendimento, opondo, entretanto, uma ressalva que seria a celebração de acordo ou decisão da Justiça do Trabalho impondo a paga. Permitimo-nos ver esta derradeira posição como ilógica. Com efeito, se as partes em litígio ajustam os interesses celebrando acordo ou alcançando a convenção, estavam exercitando a capacidade de negociar e estabeleceriam as condições que melhor lhes aprouvesse; na segunda hipótese quer nos parecer que não cabe à Justiça do Trabalho impor o pagamento de salários pelo empregador, mesmo quando reconheça procedente o movimento. É que está suspenso o contrato, *ope legis,* e não excepciona qualquer situação para justificar o pagamento de subsídios, já que, tecnicamente, salário nunca seria pela falta de contraprestação; por outro lado, se não ocorreu a paralisação, mas como já examinamos, a greve pelo regulamento, existiu efetiva prestação do labor a exigir do empresário, aí sim, o pagamento de salário.

Ponto de vista contrário, isto é, entendendo que o pagamento do salário deve sempre ocorrer foi defendido por *Ildélio Martins*[3], enquanto Ministro do Tribunal Superior

---
(1) *Tratado jurídico do salário.* São Paulo: LTr, 1994, p. 113-114 *(Fac-símile).*
(2) *Direito coletivo do trabalho.* 3. ed. São Paulo: LTr, 1993, p. 192.
(3) "Greves atípicas". *Revista do Tribunal Superior do Trabalho.* Brasília, v. 55, p. 33, 1986.

do Trabalho, para quem, sendo a greve um direito, seu exercício não deve acarretar qualquer sorte de perda, não apenas de retribuição direta, como de resto dos demais direitos trabalhistas.

Bernardo Xavier[4] entende que o salário não é devido, frente à ocorrência de suspensão do contrato de trabalho e dos efeitos que, mercê disto, se podem extrair e que liberam o empregador do ônus da retribuição. Já *Monteiro Fernandes*[5] considera que o pagamento não é devido, mas se preserva a antigüidade, circunstância mantida na regra atual do Código de Trabalho (art. 597, 3). Aqui nos permitimos raciocinar de modo divergente deste respeitado mestre português. É que a suspensão do contrato de trabalho representa, inquestionavelmente, a completa paralisação de todos os direitos e deveres das partes durante o período de sua ocorrência. Reconhecer-se a existência da suspensão e, ainda assim, extrair o direito de preservar a antigüidade atenta contra um direito do trabalhador não-grevista, ou seja, daquele que não aderiu ao movimento e se aprestou ao trabalho. Por evidente, seu entendimento está, já agora, consubstanciado na expressa menção legal do código.

Neste caso, respeitada a ressalva expressa do texto legal português, estará sendo punido o trabalhador não-grevista por exercitar um direito ou liberdade, de resto amplamente reconhecido, de trabalhar, já que não existe aquele de não participar da greve, uma vez que perderá o direito de superar a antigüidade do trabalhador grevista, ressalvada a hipótese, sempre provável, de solução que preserve tal direito.

Parece-nos irrelevante o argumento de estar o grevista no exercício de um direito. Há circunstâncias em que o regular exercício de um benefício legal pode trazer, de início, um risco ou gravame para o seu titular e a greve é uma delas. Igualar o direito do grevista ao do não-grevista é dar a um posição identificada com a do outro quando o que moveu as atitudes foi, exatamente, colocarem-se em posição antagônica.

Para a superação da situação contraditória, somente as disposições da convenção coletiva de trabalho podem atuar ressalvando ou resguardando a situação do grevista e sua antigüidade, diante do silêncio da lei brasileira.

Uma alternativa a um só tempo generosa e complexa é aquela oferecida por *Yamaguchi*, citado por *Bernardo Van Der Laat*[6] ministro da Suprema Corte da Costa Rica

> considerando que o vínculo laboral subsiste, e ainda mais, pelas razões de ordem prática, não se deve suspender ao trabalhador o desfrute (por exemplo, a casa de residência) ou a prestação do bem ou serviço que constitui o salário em espécie, mas tem cabimento, em seu lugar, que o patrão lhe cobre uma indenização equivalente a tal vantagem, pois em contrário se lhe estaria obrigando a uma prestação gratuita, e o trabalhador estaria numa situação de enriquecimento sem causa.

---

(4) Loc. cit.
(5) *Direito de greve.* Coimbra: Almedina, 1982, p. 30-31.
(6) *Procedimientos de calificación de la legalidad y efectos de la huelga.* In: HERNÁNDEZ ALVAREZ, Oscar. (coord.) *La huelga:* un estudio internacional. Barquisimeto: UCOLA, 1992, p. 101.

Esta situação apenas busca encontrar uma resposta burocrática e complexa para a ausência de pagamento ou do dever de retribuir, pelo empregador. Com efeito, quando o contrato de trabalho se suspende — e aqui se entende por uma regra de exceção —, a utilidade habitação que está sendo fornecida pelo empregador permanece sendo usufruída pelo empregado, a exemplo do que também se dá quando se ausenta, em razão de férias. Outras utilidades acaso estabelecidas em contrato, ou por força de lei, restarão paralisadas, com o pacto laboral, a exemplo do fornecimento de alimentação, dentro ou fora do local de trabalho, ou de transporte para onde se deva o trabalhador apresentar no cumprimento do contrato.

A jurisprudência brasileira, contrariando os pressupostos legais, costuma deferir ou legitimar a cobrança de *salários* quando a greve não seja qualificada como abusiva. Este comportamento da jurisdição não tem merecido eco quando a greve cessa pela celebração de convenção ou acordo coletivo, ocasião em que o empregador costuma *descontar* os dias de paralisação. Isto equivale dizer que o empregador não efetua o pagamento dos dias parados, mas pode fazê-lo, como é habitual, suprimindo a remuneração de um dia em cada mês subseqüente ao movimento, para que a perda do trabalhador se dilua e não sofra este um prejuízo de conseqüências mais graves como se daria quando não se efetuasse, num mesmo mês, o pagamento ou *desconto* de todo o período da greve.

Não há qualquer dever de remunerar o trabalhador pelo período de afastamento do trabalho em decorrência de participação em greve.

6.3. Substituição dos grevistas

O exercício do direito de greve não deve ser neutralizado por atitude patronal que a inviabilize. A possibilidade, de resto intolerável, de permitir ao empregador a contratação de empregados durante o período de greve, incorreria em impedir a produção dos efeitos naturais à paralisação. Existe expressa vedação da contratação de substitutos (Lei de Greve, art. 9º, parágrafo único), desde que os trabalhadores se comprometam a atuar para que não ocorra qualquer sorte de inexecução capaz de causar prejuízo irremediável à empresa, a exemplo de perda ou inutilização de bens, máquinas ou equipamentos. Impõe-se cuidar da manutenção daqueloutros equipamentos tidos como necessários à retomada da atividade empresarial, tão logo cesse o movimento. Diante de uma situação de desobediência ao preceito, a lei possibilita a contratação direta para realização das tarefas.

Quando a empresa esteja legitimada a contratar empregado, em virtude do descumprimento das obrigações legais, pelo sindicato ou pela comissão de negociação, isto somente poderá se dar em caráter temporário, com termo preestabelecido, mesmo que incerto o momento de cessação do contrato, tendo em conta que isto se vinculará estreitamente ao encerramento da greve. Será um ajuste *incertus quando*.

A segunda exceção é encontrada na regra que comanda o retorno às atividades tão logo se celebre acordo, convenção ou assim o decida a Justiça do Trabalho. É que, no caso, o dispositivo legal já considera que tal atitude se constitui em abuso do exercício do direito de greve. Já aqui, cessado o movimento, a contratação far-se-á sem restrição uma vez que não mais existe o estado de greve e a relutância do trabalhador em retomar os serviços autoriza o empregador a admitir novos trabalhadores e, no caso, não mais se dará se assim preferir o patrão, a substituição temporária, mas a sucessão do empregado.

Nas atividades essenciais, a manutenção dos serviços é cometida, por lei, ao Poder Público. Aqui se vê a necessidade da existência de uma regra de requisição civil para legitimar a presença de muitos dos trabalhadores em greve. O ordenamento jurídico brasileiro não dispõe de tal norma, como adiante veremos.

6.4. Rompimento do contrato de trabalho

Como já foi alvo de consideração, por imposição legal expressa, estando suspenso o contrato de trabalho, não poderá praticar o empregador qualquer direito para, unilateralmente, dá-lo por encerrado.

Uma vez retomadas as atividades, o empregador poderá despedir o operário por qualquer falta grave que acaso haja cometido durante a greve, desde que compatível a imputação com as restrições estabelecidas na Lei de Greve, ou seja, compatíveis com um contrato em suspensão. Aqui não se poderá invocar o princípio da imediatidade para a sanção da falta cometida pelo empregado, tendo em conta que a atitude patronal somente se dará quando do retorno do empregado ao serviço, tão logo se proceda à necessária apuração para definir autoria ou responsabilidade. Vale observar que pode o empregado ter participado de ato que afete a empregador outro que não o seu, e aí estaremos diante da ilegitimidade do ato punitivo pelo seu próprio patrão. É que a justa causa se apura na relação de emprego e não na relação com terceiros, exceto pelo mandamento do art. 482, *j*, da CLT, que condiciona a que o ato de agressão física ou moral a terceiros se dê no local de trabalho, vale dizer, durante a prestação dos serviços. Tal hipótese se inviabiliza face à suspensão do contrato de trabalho.

Apenas os atos que representem quebra dos padrões de comportamento nas relações entre o empregado grevista e seu respectivo empregador é que serão passíveis de punição. As sanções correspondentes à busca da reparação civil, frente a dano que um empregado haja causado, no momento da greve, a uma empresa com a qual não mantenha vínculo empregatício são legitimadas pela regra do art. 15, da Lei de Greve.

O ilícito penal que possa representar um delito de ação privada, somente será passível de punição se houver manifestação pela vítima. Quando de ação pública, o parágrafo único do mesmo art. 15 legitima o Ministério Público para agir, a partir de mero indício, diligência que, de resto, soa-nos dispensável perante as prerrogativas da Promotoria de Justiça. Não pode esta, todavia, adotar qualquer providência que afete a relação entre patrão e empregado, fora da hipótese de delito que cobre sua intervenção.

CAPÍTULO 7

A TITULARIDADE DO DIREITO DE GREVE

7.1. O direito subjetivo de greve

A titularidade do direito de greve tem encontrado vasto campo para discussão e construção doutrinárias, quando não o seja em alguma jurisprudência. Há os que entendem, com a teoria orgânica ou objetiva, que a greve foi concebida como um direito ou uma liberdade coletiva de que dispõe o sindicato; neste campo estar-se-iam reconhecendo princípios que se referem à liberdade de organização do sindicato, à liberdade para entabular negociações coletivas e, por último, aquela de conduzir ou deflagrar a greve.

Esta teoria orgânica, assim entendida por *Ruth Ben-Israel*[1], caracteriza-se pela proposta de que os empregados, individualmente considerados, valem-se do sindicato como instrumento para pô-los em pé de igualdade com o empregador, durante o processo de negociação. Assim, a greve resultaria num instrumento necessário sem o qual o equilíbrio nas relações trabalhistas não se poderia dar.

É o que se encontra na Alemanha (Constituição, art. 9º, 3), onde *Manfred Weiss*[2], professor da Universidade J. W. Goethe, em Frankfurt, pontua que

> o direito de greve na Alemanha é, em realidade, um direito sindical, não um direito individual. Mesmo sendo exclusivamente o sindicato quem possa deflagrar uma greve, os não integrantes de sindicato e que trabalhem no estabelecimento atingido por ela estão legitimados a participar da greve. Atualmente é prática normal que trabalhadores não sindicalizados participem extensamente.

Na Polônia a Lei dos Conflitos Coletivos, 23 de maio de 1991, em vigor desde 26 de julho daquele ano,

> reconhece o direito de greve como uma liberdade fundamental que pode ser exercida pelos trabalhadores de modo a pressionar um empregador no que se refira aos termos e condições de trabalho, benefícios contratuais, segurança social, direitos e liberdades sindicais. A liberdade de greve deriva do direito de associação, reunião, e de expressão individual em matéria econômica, profissional, social, assim como interesse político de operários e empregados. Entretanto, a liberdade de greve é uma conseqüência natural do empregado à competente representação, pelo sindicato dentro do regime da exclusividade da representação sindical, conforme o direito coletivo do trabalho polonês.

---

(1) *Introduction to strikes and lock-outs:* a comparative perspective. In: BLANPAIN, Roger (Ed.). *Strikes and lock-outs in industrialized market economies.* Boston: Kluwer and Law Taxation, 1994, p. 6.
(2) *Op. cit.,* p. 68.

É assim concebido como um direito subjetivo coletivo tão-só quanto ao seu exercício, mas não quanto ao seu titular. Como poder-se-á observar, no desdobramento da abordagem, o entendimento da professora da Universidade de Tel Aviv, já encontrara análise bastante assemelhada no entendimento da existência de três correntes sobre a titularidade do direito de greve, na construção de *Mazzoni,* citada por *Ari Possidônio Beltran,* entendendo que

a) para a primeira, os sindicatos são os exclusivos titulares de tal direito, pelo que é a proclamação da greve que produz a suspensão do contrato de trabalho; b) a segunda considera o direito de greve como direito individual de adesão àquela proclamada pela associação sindical; c) a terceira considera titular o trabalhador individualmente considerado, ou seja, um direito individual acordado para a defesa de um interesse coletivo e, 'portanto, suscetível de ser exercitado unicamente através da associação sindical'. É assim concebido como um direito subjetivo coletivo tão só quanto ao seu exercício, mas não quanto ao seu titular.[3]

Nesta linha de raciocínio, ou seja, na corrente que entende ser o sindicato o titular do direito de greve, encontramos *Octávio Bueno Magano*[4] para quem a titularidade é das entidades sindicais, com exclusão dos grupos sem organização, sendo cada trabalhador responsável individualmente pela sua participação no movimento grevista. Este entendimento o autor o preserva, mesmo após a vigência da Constituição de 1988, contemporizando, no geral, em que "a greve é direito coletivo cuja titularidade pertence primacialmente ao grupo profissional". Mas, reportando-se à situação nacional assevera que na legislação brasileira, a titularidade da greve pertence concomitantemente ao grupo previamente dimensionado como entidade sindical e ao indivíduo, nunca ao grupo constituído *ad hoc*, para efeito de a deflagrar, por que isto seria incompatível com a regra do art. 8º, VI". Firmando, definitivamente, o entendimento de que "a titularidade do direito de greve é, no Brasil, atribuída às entidades sindicais, com exclusão dos grupos não organizados e com banimento, portanto, das greves selvagens".

Amauri Mascaro Nascimento[5] referindo-se ao que denomina de "Fundamentos Constitucionais do Direito Brasileiro" de greve, identifica, no sétimo fundamento, "o direito de greve como uma atuação legítima das forças sindicais", levando a crer que alinha o seu ao pensamento exposto de *Magano* e autorizando deduzir certa contradição em seu pensamento quando afirma que "A greve, como direito, funda-se na liberdade de trabalho" uma vez que, em se reconhecendo ao sindicato a titularidade do direito de greve, não se lhe pode atribuir a faculdade de suspender um contrato de trabalho, como o impõe a lei, por óbvio que o sindicato não trabalha.

Na mesma linha de entendimento caminha o profesor argentino *Mario E. Ackerman*[6] para quem *"el sindicato con personería gremial, llevó a que la doctrina y la jurisprudencia mayoritarias se inclinaran por reconocer sólo a este la titularidad para la declaración de la huelga"*.

---

(3) MAZZONI *apud* BELTRAN, *op. cit.,* p. 228.
(4) *Op. cit.,* 1993, p. 196.
(5) *Iniciação ao direito do trabalho.* 28. ed. São Paulo: LTr, 2002, p. 524-581.
(6) In: COSMÓPOLIS, Mario Pasco (Coord.). *La huelga en iberoamérica.* Lima: AELE, 1996, p. 12.

Outra não é a diretriz do pensamento do professor e ex-ministro do Trabalho panamenho *Rolando Murgas Torrazza*[7] para quem na greve o

> titular é o grupo ou a organização sindical, não o trabalhador individualmente considerado. Os interesses que se tutelam são coletivos e se busca sua defesa também por atos coletivos, de deliberação e de execução, ainda que em ambos seja necessária a convergência de vontades provenientes de diversos trabalhadores.

Analisando os arts. 370 e seguintes do Código de Trabalho do Chile, também entende *Emilio Morgado Valenzuela*[8], que

> se ambas as faculdades debilitam o exercício do direito de greve, não o transformam num direito individual, porquanto uma e outra faculdade somente podem ter aplicação na área do direito coletivo, sempre que concorram os requisitos e condições que a legislação estabelece.

Identifica-se, a seguir, uma doutrina individualista[9] que entende o direito ou liberdade de greve como um direito individual do trabalhador, garantido pela lei ordinária ou por preceito constitucional. Aqui o exemplo vem da França (Preâmbulo da Constituição de 1946, repetido naquele da 5ª República — 1958), como se viu, depois, na Constituição italiana, de 1º de janeiro de 1948, no art. 40; na portuguesa de 1976 (art. 59); na Constituição espanhola de 1978, no art. 28, 2; e na brasileira de 1988 (art. 9º).

Na análise do preceito constitucional e da Lei de Greve de seu país, preservado pela norma do art. 592, do atual Código do Trabalho, vale sopesar o entendimento do consagrado jurista *António Monteiro Fernandes*[10] quando diz que

> A decisão da greve pertence, em regra, às associações profissionais (n.1 do art. 2º), e, nesse quadro, há-de obedecer às regras estatutárias respeitantes a processos deliberativos desta natureza. A prioridade atribuída ao sindicato como sede do projecto de paralisação colectiva não tem, contudo, o alcance da consagração de um monopólio sindical desse domínio; quebra-se, desde logo, neste ponto o paralelismo

entre os modos de expressão da autonomia e de autotutela colectivas: o ordenamento português, como efeito, reserva, em exclusivo, ao sindicato a capacidade negocial colectiva (n. 3 do art. 57 da Constituição, n. 1 do art. 3º do Decreto-lei n. 519-C1/79, de 29/12). Ora, a decisão de fazer uma greve pode ser também assumida por uma assembléia, de trabalhadores, mediante votação secreta, quando, numa empresa, a maioria dos trabalhadores não esteja sindicalizada (n. 2 do art. 2º da Lei n. 65/77).

Noutro ponto do mesmo trabalho refere: "o direito de greve é um direito de titularidade individual e não coletiva ou sindical." (p. 57)

---

(7) *Id., ibid.*, p. 166.
(8) *Id., ibid.*, p. 60
(9) BEN-ISRAEL, loc. cit.
(10) *As Greves atípicas. Revista do Tribunal Regional do Trabalho da 5ª Região.* Salvador, Ano 15, n. 6, p. 55, 1987.

Em sua monografia, Direito de Greve[11] espanca qualquer dúvida que se ofereça relutante, afirmando que "a decisão do sindicato constitui mera 'condição' do exercício desse direito, não é um ato vinculativo para o trabalhador singular, que conserva a liberdade de pender para a abstenção de trabalho ou para a não-adesão à greve projectada".

Em Espanha, o direito de greve é reconhecidamente do empregado, pelo que se depreende da redação do identificado dispositivo constitucional, assim redigido: "é reconhecido o direito à greve dos trabalhadores para defesa de seus interesses. A lei que regule o exercício deste direito estabelecerá as garantias necessárias para assegurar a manutenção dos serviços essenciais da comunidade."

Mattia Persiani[12], à vista da legislação e da doutrina italianas, afirma que "o direito de greve respeita a todos os trabalhadores subordinados, aí incluídos os servidores públicos", apontando uma exceção que seria a dos marítimos, enquanto em navegação.

A mesma linha de raciocínio é defendida por *Luisa Galantino*[13], professora da Universidade de *Modena* e *Reggio Emilia*, para quem, sem a exceção concebida por *Persiani*, "é opinião atualmente dominante na doutrina e na jurisprudência que a titularidade do direito de greve se reconheça exclusivamente ao trabalhador e não aos sindicatos ou a outros grupos" e avança, para enfatizar que "se a greve é um direito de titularidade individual, o seu exercício é coletivo na medida em que se refira à tutela de um interesse coletivo", sendo interessante pinçar do seu pensamento que "a afirmação deve ser entendida no sentido de que a greve é ato coletivo na deliberação, mas não necessariamente na atuação".

Em obra do professor da Universidade de Paris II, *Bernard Teyssié*[14] constata-se seu entendimento de ser o direito de greve exclusivamente dos assalariados, sendo todos seus titulares, embora evidenciando ser um exercício coletivo, e negando ao sindicato — a exemplo do que ocorre na Alemanha — a titularidade do direito de greve.

Mesmo com o peso dos ilustres pensadores que entendem a titularidade do sindicato para o exercício do direito de greve, o texto constitucional assegura tal direito aos trabalhadores firmando-lhes o poder de decisão e a definição da oportunidade e dos interesses a defender.

7.2. O direito de greve do empregado

A norma que disciplina o direito (Lei n. 7.783, de 28 de junho de 1989 — Lei de Greve), caracteriza a greve, inda que de maneira antiquada, como a "suspensão coletiva, temporária e pacífica, total ou parcial, de prestação pessoal de serviços a empregador". Com isto há que ser ressaltado que o movimento se refere à ação pessoal do trabalhador e enseja a suspensão do trabalho (art. 2º) e do contrato (art.7º) que não é,

---

(11) Loc. cit.
(12) PERSIANI, Mattia. *Diritto sindacale*, 3. ed. Padova: CEDAM, 1992, p. 121.
(13) *Op. cit.*, p. 189.
(14) *La grève*. Paris: Dalloz, 1994, p. 7.

naturalmente, o instrumento que una sindicato a empregador, salvo se se emprestar à noção de convenção o sentido de contrato cogitado na lei em exame, o que não nos parece razoável.

Para ser mais cristalina, a Lei de Greve estabelece que, na falta do sindicato, a decisão será adotada pela assembléia geral dos trabalhadores e daí se extraindo ou formando uma comissão de negociação. Por esta via percebe-se, sem vacilações, que aos empregados cabe a decisão sobre a greve e, no caso da comissão de negociação a representação dos integrantes da categoria inclusive para efeitos de celebração de convenção, de acordo ou para postulação ante a Justiça do Trabalho.

Ao definir responsabilidade pelos atos praticados, o art. 15 da Lei de Greve incursiona pelos ilícitos ou crimes que se apurem segundo as legislações trabalhista, civil e criminal. Responder por ilícitos trabalhistas tem-se como evidente que somente se poderá dar, em sede de contrato individual de trabalho, pelos empregados e não pelos sindicatos, pois estes celebram convenção coletiva de trabalho em representação dos trabalhadores e somente irão responder pelos atos que signifiquem violação das cláusulas contratuais e não aquelas normativas. Se ocorrer dano, o sindicato será responsabilizado pelos atos praticados pelos seus dirigentes ou prepostos, quando se constate que hajam sido estes os autores. Se um empregado provoca dano patrimonial a empregador, que poderá ser o seu ou de outrem, durante a greve, cabe-lhe responder pela conduta, nunca ao sindicato que coordenou a greve e, muito menos, à comissão de negociação, entidade amorfa, sem definição na dogmática jurídica capaz de projetar sua vida para além do instante de cessação da greve, qualquer que seja sua causa determinante. Na esfera do Direito Penal a situação se mostra definitivamente incontornável em face da inexistência, no ordenamento jurídico brasileiro, de preceito que legitime punir, penalmente, em princípio, a pessoa jurídica, salvo em caso excepcional.

Vale atentar para algumas peculiaridades da legislação brasileira. Assim é que, pelo art. 617 e parágrafos, da Consolidação das Leis do Trabalho, os

> empregados de uma ou mais empresas que decidirem celebrar Acordo Coletivo de Trabalho com as respectivas empresas darão ciência de sua resolução, por escrito, ao Sindicato representativo da categoria profissional que terá o prazo de 8 (oito) dias para assumir a direção dos entendimentos entre os interessados, devendo igual procedimento ser observado pelas empresas interessadas com relação ao Sindicato da respectiva categoria econômica.

Quid se o sindicato se abstém de iniciar as negociações? O dispositivo legal avança para afirmar que se, em oito dias, o sindicato não se desincumbe do encargo poderão os interessados percorrer, verticalmente, a pirâmide sindical e silenciando a federação e a confederação, lhes é assegurado "prosseguir diretamente na negociação até final (§ 1º)". De nada valerá o dispositivo se não for garantido, concomitantemente, o recurso ao instrumento de pressão dos empregados. A coalizão que se pode formar e, diante do quadro, realmente ocorre e se fortalece com a possibilidade, definida na Lei de Greve, de decidir pela greve e, efetivamente, deflagrá-la.

O mandamento constitucional se reporta aos trabalhadores e o sindicato é o elemento catalisador do processo uma vez que a greve é direito individual que depende de manifestação da coletividade dos interessados para poder desdobrar-se. Sendo o sindicato o elemento de aglutinação dos trabalhadores que se identificam pela categoria, nada mais natural que ele se invista do dever de patrocinar o movimento.

7.3. O sindicato na prática da greve

A lei brasileira deixa ao sindicato definir suas funções, o papel a desempenhar e fixar tais disposições no seu estatuto. Este, por sua vez, pode ser silente quanto à greve uma vez que a norma constitucional o obriga a participar, necessariamente, da negociação coletiva. Sendo esta, entretanto, uma obrigação de fazer, cogitou o mesmo legislador de criar a possibilidade da ação isolada dos trabalhadores abandonados pelo órgão representativo da classe.

Existem aspectos lógicos que se não podem apartar da avaliação do papel do sindicato na deflagração da greve. Com efeito, o sindicato não mantém corpo associativo integrado pela totalidade dos profissionais de sua categoria. Melhor dito, os sindicatos incorporam ao seu quadro social, no Brasil, menos de 23,58% da população economicamente ativa (PEA). Em 2001 cerca de 12% dos sindicatos brasileiros contavam 100 ou menos associados e 29% contavam mais de 1.000 associados, segundo dados do Instituto Brasileiro de Geografia e Estatística (IBGE), divulgados em 2 de outubro de 2002[15]. A greve, para ser iniciada, necessita da manifestação favorável, em assembléia, da maioria dos trabalhadores daquele ramo de atividade, embora seja certo que isto se evidencia inviável o que resulta dizer que a maioria circunstancial é que dirá sobre a conveniência, a oportunidade e os interesses a defender. Só que, diante de tal situação, podem dar-se inúmeras variáveis, a saber:

a) a direção sindical é favorável à greve e, em conseqüência, convoca a assembléia geral;

b) à assembléia acodem os trabalhadores, com maioria de associados, e decide pela greve e esta se deflagrará;

c) os trabalhadores, com a participação ainda de maioria de associados, delibera contra a greve e, obviamente, esta não ocorrerá;

d) a presença, já agora, é de maioria não associada e, apesar do voto desfavorável dos associados, decide pelo movimento e este se instalará;

e) no mesmo quadro de minoria associada, aqueles que não integram o quadro associativo decidem pela continuidade da negociação, sem paralisação e esta não se dará;

f) o sindicato, pela sua diretoria, decide não encampar o movimento dos associados e não convoca a assembléia, havendo igual omissão dos demais órgãos da estrutura sindical, os trabalhadores, sindicalizados ou não, realizam assembléia e esta conclui pela greve;

g) nas circunstâncias descritas na hipótese anterior, a assembléia decide pela a idéia da greve.

---

(15) Instituto Brasileiro de Geografia e Estatística. [Notícias]. Disponível em: <http://www.ibge.gov.br/home/presidência/noticias/02102002.sindicatos.shtm> Acesso em: 18 mai. 2007.

São estas variáveis que demonstram a possibilidade de, legalmente, ocorrer a greve independente da ação sindical, de se deflagrar o movimento mesmo contra a posição da diretoria do sindicato, de agir a assembléia em contrário ao corpo social que é quem, em último caso, elege e dá suporte à direção do sindicato; enfim, evidencia-se que não há domínio, predomínio ou controle do órgão classista sobre o fato ou o ato da greve. Assim como para iniciar, também se poderá verificar idêntica situação para o encerramento. Pode dar-se, e não é rara a hipótese, de ser a greve esvaziada, mesmo contra a vontade do sindicato e da votação majoritária da assembléia convocada para avaliar sua continuidade, quando os trabalhadores, paulatinamente, vão retornando ao serviço. Numa tal hipótese, a vingar o entendimento de que a lei confere ao sindicato o monopólio da greve, os empregadores não poderiam aceitar os trabalhadores de volta ao serviço sob pena de estarem violando a lei que afirma suspenso o contrato individual de trabalho, durante a greve licitamente deflagrada. Esta, por óbvio, é uma hipótese fora de cogitação, principalmente por ser o contrato celebrado com as pessoas físicas, os homens e mulheres que trabalham de modo subordinado.

Por outro lado, quando a lei põe à margem a participação sindical diante da realidade de sua omissão ou diante da sua inexistência, uma vez que em tal sentido é que se deve interpretar a regra do § 2º, do art. 4º, da Lei de Greve, a negociação dar-se-á por uma comissão para tal fim formada, enquanto se entabulem as negociações, pelo menos para efeito de mediação. Com isto, estar-se-á reconhecendo a presença do Estado a legitimar um movimento que poderá culminar numa greve, sem que a entidade sindical seja identificada como presença essencial.

A comissão de negociação está legitimada a recorrer à Justiça do Trabalho, suscitando ou sendo suscitada no dissídio coletivo que acaso se instaure — para arrepio dos processualistas, — mas tendo seus atos válidos, os ajustes corretos e as conseqüências acatadas. Tudo sem a presença do sindicato que é, repetimos, o elemento catalisador do exercício, pela coletividade, de um direito constitucionalmente assegurado à greve. A se entender que o direito de greve somente se poderia exercer pela ação sindical, os dispositivos que estivemos a examinar mostrar-se-iam colidentes com o preceito constitucional e disto jamais houve cogitação, seja doutrinária, seja jurisprudencial.

A terceira corrente reporta-se a aspectos conjuntos das teorias orgânica e individualista, a partir do entendimento de ser uma associação não mais que a soma das individualidades que o exercício é essencialmente coletivo e como tal há que ser considerado.

7.4. A titularidade compartilhada

Seria de se considerar, no caso, que os direitos são distintos e a distinção residiria basicamente em que o direito coletivo é sindical ao passo que o individual, por sua vez, seria o direito de aderir, ou não, à greve. A greve seria, então, a união ou unidade de dois direitos. *Jesús Lahera Forteza*[16], professor da Universidade Complutense, entende que os direitos existentes no direito de greve ensejam uma dupla titularidade:

---

(16) *La titularidad de los derechos colectivos de los trabajadores y funcionarios*. Madrid: Consejo Económico y Social, 2000, p. 98-99.

a coletiva, como meio de pressão na defesa dos interesses coletivos e de exclusiva titularidade do sindicato e que compreende o poder de deflagrar a greve, a escolha de sua modalidade, o estabelecimento das reivindicações, sua publicidade, a negociação durante o conflito e o encerramento do movimento com ou sem acordo. A representação legal dos trabalhadores também se poderá dar por um comitê *ad hoc*. Já a titularidade individual se manifesta pela adesão ou não à greve, participação voluntária nos trabalhos de organização ou desdobramento da greve ou mesmo o de abandoná-la e que corresponde ao empregado.

A origem de tal interpretação, conquanto não seja recente, é tomada por *Ben-Israel*[17] a partir de manifestação da Suprema Corte do Canadá, no que é conhecido como *Trilogia do Trabalho* pela qual, a atividade da pessoa jurídica, sindicato no caso, tem que guardar as mesmas características de conduta legal que o indivíduo isoladamente deve observar. Em realidade, a trilogia do trabalho consiste numa série de três julgamentos da Suprema Corte canadense, versando respectivamente: num primeiro caso, a província de Alberta que impôs novas proibições legais à atividade grevista no setor público; no segundo, o governo federal impôs restrições tributárias que eliminaram o recurso à greve pelos servidores públicos e outros empregados federais durante o período de restrição; no terceiro caso temos a província de Saskatchewan que elaborou uma legislação especial para superar uma pendência de paralisação de trabalho na sua indústria leiteira. Nos três julgamentos a maioria da Suprema Corte estabeleceu que a liberdade de associação não envolve o direito de greve ou mesmo o direito de negociação coletiva, valendo dizer que a liberdade de associação foi tomada como sendo a proteção à liberdade das pessoas se associarem para atividades que sejam legais quando exercidas individualmente[18].

O art. 28 da Constituição japonesa de 1947 assegura o direito de greve que veio a alcançar um sentido mais amplo de participar de disputas, obviamente na seara trabalhista. A Lei Sindical, de 1949, art. 1º, exclui o sindicato de responsabilidade criminal quando de "negociações coletivas e atos outros que lhe sejam peculiares"e o art. 7º veda ao empregador discriminar o empregado por sua participação na vida sindical, além de assegurar que o sindicato não responde civilmente por danos que o empregador haja sofrido por força de sua ação nas negociações ou disputas[19].

Esta parece ser a terceira situação, na linha de pensamento de *G. Manzoni* e reproduzida por *R. Ben-Israel*, que congemina as noções de greve como um direito individual e da necessidade da existência de uma associação ou organismo aglutinador a legitimar seu exercício, como titular do coletivo.

Existem circunstâncias estreitamente vinculadas à greve e à sua titularidade que não merecem qualquer espécie de contemplação pelo ordenamento jurídico brasileiro mas que nem por isto carecem de relevância.

---

(17) *Op. cit.*, p. 7
(18) CARTER, Donald D. Canada. In: BLANPAIN, Roger (Ed.). *Strikes and lock-outs in industrialized market economies*. Deventer: Kluwer and Law Taxation, 1994, p. 41.
(19) SUGERO, Kazuo. *Japan:* legal framework and issues. In: BLANPAIN, Roger (Ed). *Strikes and lock-outs in industrialized market economies*. Boston: Kluwer and Law Taxation, 1994, p. 105-106.

Num primeiro aspecto, vale considerar a possibilidade de, em sendo a greve um direito sindical, como agrada a muitos, a que título estaria esse organismo representando os trabalhadores não sindicalizados? Seria uma hipótese de usurpação da representação?

7.5. A greve do trabalhador não sindicalizado

Ter-se-ia como legítima a representação, se o trabalhador pelo fato mesmo de não se haver filiado ao sindicato, demonstrasse desinteresse em se ver por ele representado ou como seu integrante?

A resposta brasileira não deixa dúvida, uma vez que o art. 8º, III, da Constituição atribui ao sindicato "a defesa dos direitos e interesses coletivos ou individuais da categoria, inclusive em questões individuais ou administrativas". Com isto se afirma que o trabalhador, sindicalizado ou não, estará legitimamente representado pelo seu sindicato, vale dizer, pelo sindicato da categoria que integra, na noção que o direito sindical brasileiro estabelece para categoria, independentemente de outorga ou manifestação de vontade. Esta parece ser uma postura de proteção ao trabalhador e fortalecimento do sindicato, mas é inegável que se contrapõe à regra do inciso V, do mesmo art. 8º, que assegura: "ninguém será obrigado a filiar-se ou a manter-se filiado a sindicato." Com efeito, esta regra, em verdade, guarda apenas a forma de liberdade sindical. É que, vinculado ou não a sindicato, o trabalhador beneficia de todas as vantagens obtidas pelo órgão de classe, independente de outorga, manifestação de vontade ou alienação. A bem explicar, as vantagens obtidas pela intercessão sindical o trabalhador somente as perde se, em se lhe sendo possível, o que se mostra improvável, a elas renunciar.

Do exposto, perante uma situação de greve o trabalhador a ela adere, ou não, independente de ser sindicalizado. Sua recusa em aderir, colocando-o na condição de não grevista, é irrelevante, salvo por motivos estatísticos. É que estará ele a tirar proveito do quanto alcance o movimento em ganho dos seus associados.

A situação em verdade não foi, sempre, esta. As regras dos arts. 868 a 871 da Consolidação das Leis do Trabalho cogitam de uma situação que se mostra ultrapassada. É que as decisões adotadas para compor os conflitos coletivos de trabalho não se estendiam para todos os trabalhadores, automaticamente, mas dependia da manifestação das entidades patronais, dos sindicatos de empregados ou dos próprios trabalhadores (art. 870). Estas regras caíram em desuso por conseqüência de todos os trabalhadores estarem abrigados nas decisões adotadas nos dissídios coletivos.

Por outro lado, na pendência da greve nenhuma conseqüência advirá para o trabalhador sindicalizado se a abandona, por força de lei. Resta ao sindicato, quando haja previsão estatutária, definir a atitude a adotar se tiver o intento da represália. Vale ponderar, entretanto, diante do preceito constitucional acima mencionado (art. 8º, V) que de nada adiantaria uma expulsão, por exemplo, pois lhe estaria, igualmente, assegurado o direito de filiação, quando o desejasse, uma vez que, a nosso entender, nenhuma disposição de estatuto sindical pode vedar o direito, a quem assim o deseje, de filiar-se a um sindicato.

Não se tem notícia, pelo menos com alguma repercussão no próprio meio sindical, da expulsão de um trabalhador sindicalizado que haja optado por trabalhar, durante a greve, ou que haja abandonado o movimento para antecipar-se aos demais no retorno ao trabalho.

Como afirmado nenhum seria o prejuízo para o trabalhador com sua expulsão, mesmo pelo fato de haver abandonado a greve. Ele será alcançado pelos resultados, quaisquer que estes sejam, para si como integrante da categoria.

CAPÍTULO 8

A Atribuição da Responsabilidade pelo Dano

8.1. A responsabilidade segundo a natureza do ato

O dano a ser cogitado corresponde, pela natureza, àqueles incidentes sobre o bem material e, por mais grave, o pessoal. A greve, por si é um movimento que tende à exacerbação de ânimos. De um lado, os trabalhadores que desejam exteriorizar o mecanismo de força de que dispõem como forma de compelir o patrão no atendimento de suas pretensões insatisfeitas, basicamente nas greves de cunho econômico, que costumam ser a expressiva maioria dessas manifestações. De outro lado podem estar tanto os companheiros que não querem participar ou aderir ao movimento, como ações patronais que tendam ao confronto e, por fim, uma indesejável, mas bastante provável atitude estatal, em algumas espécies de movimentos.

Essas disputas podem se dar entre os empregados grevistas e os não grevistas, da mesma empresa, como podem ocorrer entre empregados de distintos estabelecimentos, mas integrantes da mesma categoria. Aí se poderia cogitar do confronto entre empregados de uma empresa concorrente e os daquela atingida, porque os seus não pretendam participar do movimento. Não importa, num primeiro momento, alcançar a identidade de quem praticou o ato, nem quem os incitou à atitude. Vai-se, naquele instante, buscar reduzir ao mínimo efeito o dano que se esteja praticando, como forma de evitar maiores prejuízos. A posterior caracterização do ato como doloso ou resultante das vias de fato, alcançar-se a identificação dos autores e, quando for a hipótese, se havia por trás deles algum delegado ou dirigente sindical, são todos momentos de um mesmo e único fato cujos efeitos e desdobramentos interessam ao direito, como interessam ao exercício do direito de greve e seu estudo.

Quando se cogita de dano pessoal ou físico, nem por isso as implicações são menores. Já aqui o desforço entre grevistas, não grevistas e terceiros pode acarretar lesões das mais diversas acepções da expressão e a reparação do dano físico ou pessoal refoge do trato meramente trabalhista para repercutir nas esferas penal e cível.

8.2. A titularidade do agente

Trata-se de avaliar, aqui, quem será, efetivamente, o responsável pelo dano. É que, na doutrina, os pensamentos se manifestam com grande diversidade de abordagem. Como vimos, a titularidade do direito de greve encontra avaliação ou classificação em três tendências que se encaminham para o orgânico, o individual e um *tertius genus* que congemina as duas situações anteriores.

Conquanto haja esta tríplice identidade perseguida ou atribuída ao titular do direito de greve, na hipótese da responsabilidade, somente duas delas hão que ser consideradas: a individual ou do empregado, e a sindical. A depender da natureza e do alcance do dano a se avaliar, os efeitos poderão divergir, a exemplo do ilícito penal por lesões corporais.

8.2.1. A situação do empregado

Embora considerando que muitos doutrinadores brasileiros, dentre os mais credenciados, tendem a defender o sindicato como titular do direito de greve, entendemos ser ao empregado, trabalhador subordinado, que se deve reconhecer tal titularidade. Isto, entretanto, não impede que dirigente ou delegado sindical, pretendendo agir em nome do titular ou *dono* da greve, pratique atos que ocasionem danos materiais ou físicos a outrem e se deverá identificar a quem responsabilizar seja na esfera trabalhista, como na cível ou penal.

Quando o empregado grevista provoca dano patrimonial ou material a alguém, este pode ser o seu empregador, o empregador de um seu colega grevista, como se pode dar com relação a terceiro que não guarde a condição de grevista, não grevista, nem empregador. Será um circunstante, alguém que se veja enredado na trama sem qualquer sorte de contribuição para o evento, salvo aquela de estar no local errado, no momento indevido.

Se a hipótese é de um dano ao patrimônio patronal haverá que ser responsabilizado quem provocou os efeitos que de seu ato se possam extrair. Assim, pela regra do § 1º, do art. 462, da CLT, em caso "de dano causado pelo empregado o desconto será lícito, desde que esta hipótese tenha sido acordada ou na ocorrência de dolo do empregado". A norma, em que pese suspenso o contrato de trabalho, mercê da greve, tem ampla aplicação uma vez que a paralisação dos efeitos do pacto laboral não legitima qualquer atitude do empregado que possa representar dano ao patrimônio da empresa, sob pena da greve se transformar em instrumento de impunidade a serviço do vandalismo.

Entendemos, por outro lado, que estando o empregado passível de sanção à conta do contrato de emprego, não cabe lugar para cobrança da reparação civil do dano. Quando mais não fosse, vale dizer, por já se haver precatado o empregador com a possibilidade de pagamento dentro das cláusulas contratuais, a regra do art.160 do Código Civil de 1917, no inciso I, excluía a ilicitude do ato para efeito de reparação quando "no exercício regular de um direito reconhecido". A regra da Lei n. 10.416, de 10 de janeiro de 2002, atual Código Civil, estabelece, no art. 187, responsabilidade pelos excessos que se cometam "quanto aos limites impostos pelo seu fim econômico ou social, pela boa-fé ou pelos bons costumes". O preceito do antigo Código Civil é repetido, literalmente, nos incisos I e II, do art. 188 do Código em vigor. Em verdade, a greve é um desses direitos reconhecidos, mas o dano que em seu nome seja causado resultará, obviamente, do abusivo exercício de tal direito, mesmo porque, segundo a regra do Código (art. 188, II) somente se admite destruição de coisa alheia quando seja para remover perigo iminente.

Aí, ainda que se trate de empregado grevista ante o patrimônio do seu ou do empregador de outrem, não resultará em qualquer indenização, ressalvadas as hipóteses já identificadas do Código Civil, nem poderá o empregador valer-se da norma consolidada para cobrança do dano. Como observa *Marc Moreau*[1]

> mostra-se impossível a admissão, como fundamento da responsabilidade civil do grevista o exercício de um direito que a Constituição reconhece e garante. O fundamento da responsabilidade deve ser buscado nos comportamentos que não se adequem ao regular exercício do direito de greve. O exercício abusivo do direito ou o caráter ilícito do comportamento abrem ao terceiro as portas da responsabilidade civil

Independente da possibilidade de haver reparação diretamente do empregado e, óbvio, nada mais poder postular contra este ou todos os empregados quantos se apurem responsáveis pelos danos, poderá o empregador demandar a reparação quando sofrido por grevista empregado de terceiro ou — admita-se a hipótese — de um terceiro estranho ao movimento, mas, que a ele se juntou para efeito de danificar patrimônio de outrem ou dele se apropriar.

Convém alertar para a circunstância de que não é a partir do entendimento de ser a greve um movimento coletivo, a cobrança da reparação ser dirigida a todos os empregados que estiveram, ativamente, nela intervindo. É essencial o estabelecimento de um nexo causal entre o autor ou autores para que a cobrança ou sanção somente se efetive contra quem se apure responsável. Independente de responder segundo as regras do Direito do Trabalho e do Direito Civil, como exposto, o empregado grevista que causar dano a patrimônio do empregador, em razão mesmo do movimento, estará passível de responder por crime de dano (Código Penal, art.163) e que resulta em agravar a sanção quando se mostre egoístico o motivo, ou seja, considerável o prejuízo do empregador. A punição, assim, não guarda qualquer correlação com os efeitos da obrigação de reparar pelo ilícito civil.

Quando se trate de dano praticado contra trabalhador não grevista, há que se ter em conta que a ação do grevista objetiva, como pressuposto, beneficiar todos os integrantes da categoria; assim, se a argüição da ocorrência de dano se refere à perda de salários ou alguma vantagem decorrente da possibilidade de comparecer ao ambiente de trabalho, não poderá prosperar a pretensão da suposta vítima. Trata-se de circunstância própria da greve tentar o grevista, sem uso da violência — verbal ou física —, inibir a presença dos que não aderiram ao movimento, para fortalecer a ação. A doutrina e a jurisprudência francesas admitem a reparabilidade de qualquer dano que o não grevista evidencie ter sofrido pela ação natural de participante ou participantes da greve. *Gérard Lyon-Caen, Jean Pélissier* e *Alain Supiot* observam que

> se os grevistas ocupam o local de trabalho vedando-lhes o acesso aos não grevistas a questão que se põe é se podem eles ser responsabilizados pela perda de salário dos últimos. A ação não põe o empregador contra o sindicato, mas um trabalhador contra outro. Isto será possível se o seu comportamento é, em si mesmo, faltoso

---

(1) *Op. cit.*, p. 94.

(atenta contra a liberdade de trabalho) e este comportamento seja a causa eficiente do não pagamento do salário pelo empregador. Este ponto é difícil de definir pois o empregador somente se exonera da obrigação quando comprove a ocorrência de força maior. Trata-se do fato de um terceiro que deve ser imprevisível e insuperável para ter valor liberatório. Na espécie esta responsabilidade individual do grevista existe e mesmo uma condenação *in solidum* pode ser proferida contra eles e em benefício dos companheiros não grevistas.[2]

Se, por outro lado, ocasiona o grevista um dano patrimonial ou físico ao colega de profissão, trabalhador da mesma ou de outra empresa, pouco importa, será responsabilizado pelos seus atos. Assim, responderá pelo dano físico ou patrimonial, com reparação do prejuízo que possa representar a impossibilidade de trabalhar, ainda que em greve, uma vez que nada obsta a qualquer trabalhador, em princípio, dedicar-se a uma outra relação de emprego ou ao exercício cumulativo de outra profissão. Quando seja patrimonial a perda, a reparação far-se-á na proporção do valor representado pelo bem atingido por ação ou omissão do grevista, sem prejuízo da sanção penal, quando o ato revista aspecto criminoso, a exemplo de lesões corporais leves (Código Penal, art. 129) ou graves (§§ 1º e 2º, do art. 129) ou do crime de participação em rixa (Código Penal, art. 137).

Quando se trate de danos causados a terceiros, vale dizer, a quem não guarde a condição de trabalhador grevista, mas atingido circunstancialmente por ato dos participantes da greve, evidencia-se a responsabilidade e emerge a possibilidade da sanção nas esferas cíveis e penais, abstraída qualquer possibilidade de invocação de norma trabalhista, pois não teria guarida a hipótese do art. 482, *j,* da CLT, pois não se trata de empregado em serviço.

8.3. A responsabilidade do sindicato

As responsabilidades civis, contratuais ou delituosas, como a identificam os franceses, exigem a avaliação do ato para apurar se corresponde a violação de disposição contratual, expressa ou implícita, ou se se trata da vulneração de princípio legal básico ou genérico, que as partes não poderiam ignorar; na primeira hipótese será uma falta contratual; na segunda, conforme classificação preferida pela doutrina francófona, uma falta delituosa ou quase-delituosa, se não foi intencional. Ambas são faltas civis, de direito privado.

É pré-requisito essencial, para responsabilizar civilmente o sindicato, que a greve seja tida como abusiva, em decisão judicial específica.

Na hipótese de greve legal ou não abusiva, nenhum será o dever de indenizar, mesmo a terceiros, diante da situação tratar de exercício regular do direito de coordenar e conduzir a greve. O prejuízo, por sua vez, é imperioso à qualificação do ato. Se de sua prática não decorreu perda ou dano de qualquer natureza, é impossível falar-se de violação prejudicial do contrato ou convenção capaz de gerar o direito à reparação.

---

(2) *Droit du travail.* 18. ed. Paris: Dalloz, 1996, p. 966.

Não se pode ter como prejuízo reparável por desrespeito à obrigação contratual ou legal, aquele que resulte em perda econômica como conseqüência da paralisação do trabalho, do pagamento de salários aos trabalhadores não grevistas, custos de manutenção dos equipamentos e assim por diante. A exigência da reparação não objetiva punir ou sancionar o trabalhador ou o sindicato pela sua participação no ato, mas para compensar as perdas dele decorrentes, não de reparação disciplinar, de resto incabível, como dito, pela natureza da obrigação. O nexo causal, como terceiro elemento a considerar, versa a estreita relação que se impõe fazer entre o ato praticado e o prejuízo ou dano sofrido e não apenas pela existência da ação e da perda. Inexiste a responsabilidade automática, presumida. É mais que necessário efetivar a prova da existência desse nexo causal.

A responsabilidade delituosa (em relação aos prejuízos causados ao empregador por uma greve ilegal, assim como os danos causados a terceiros, nas mesmas circunstâncias) e a responsabilidade contratual exigem a apuração da natureza da obrigação, a exemplo do desrespeito à cláusula de paz existente numa convenção ainda em vigor, pelo sindicato que convoca uma greve; vale dizer da necessidade de se constatar a presença de condições de existência do regime delituoso ou infringente de responsabilidade. A imputabilidade do sindicato, direta e por seus agentes ou delegados, haverá que ser reconhecida e proclamada por manifestação judicial, ainda que seja na ação declaratória da existência ou não do dever de, nas circunstâncias, preservar a obediência da cláusula da paz.

Quando o dano ocorra diretamente sobre o patrimônio de terceiro, mostra-se irrelevante estabelecer qualquer nexo causal entre o sindicato e o terceiro. É que, na greve, o liame somente pode ou deve ser apurado na relação entidade patronal *versus* sindicato para que este possa ser responsabilizado. O sindicato somente responderá pelo dano patrimonial a terceiro quando, por qualquer dos seus agentes, dirigentes ou prepostos, se constate que tenham sido os autores materiais pessoas físicas a ele por algum modo vinculadas, excluída a hipótese de ser mero associado ou integrante da categoria.

À vista do quanto constatado na realidade brasileira com a sanção imposta pelo Tribunal Superior do Trabalho aos Sindicatos dos Petroleiros e que culminou por inviabilizar-lhes a sobrevivência, importa definir um limite de responsabilidade para tais sindicatos, quando seja cabível impor-lhes alguma espécie de sanção. Um sindicato não tem finalidade lucrativa, não tem estrutura ou cunho empresarial, daí a limitação de sua receita que deriva, basicamente, dos aportes gerados pela aplicação da lei brasileira, através da contribuição sindical, dos valores estabelecidos em estatutos dos sindicatos e exigíveis apenas dos seus associados ou nas convenções coletivas de trabalho. A norma belga[3], atenta a esta característica, não admite que o sindicato seja demandado para responder por indenização. No tangente ao trabalhador que participe de greve ilegal, poderá ser despedido por justa causa, considerando-se que inadimpliu dever contratual sem prévio aviso, mas não se cogita da hipótese de responder civilmente por eventuais prejuízos.

---

(3) BLANPAIN, Roger. Belgium (Ed.). In: *Strikes and lock-outs in industrialized market economies*. Deventer: Kluwer Law and Taxation, 1994, p. 35.

Com efeito, no episódio dos Sindicatos dos Petroleiros, o Tribunal Superior do Trabalho, ao declarar abusiva a greve, sancionou vinte e um sindicatos vinculados à atividade petroleira, além da Federação Única dos Petroleiros, com o pagamento de pesadíssima multa por dia de prosseguimento da paralisação, como pleiteado pela empresa, tendo em conta que a Lei de Greve considera (art. 10, I) essencial a atividade ligada à produção de gás e combustíveis. Os trabalhadores deveriam retornar ao trabalho, em todo o vasto território nacional, até ao meio-dia do dia seguinte ao julgamento, medida que se mostrava inviável pela necessidade de arregimentação desses trabalhadores, sendo certo que quase um terço dos empregados em turnos de revezamento ficou retido pois a empresa não os deixou sair ao final do turno, do local de trabalho, durante toda a greve, a evidenciar que o mínimo de atividades, como o exige a lei, estava sendo respeitado.

O julgamento considerou, ademais de não provada a falta de prestação dos serviços mínimos essenciais, como o exige a lei, que houve a comunicação prévia com a antecedência exigida, tanto à comunidade como à empresa — esta por escrito —, tendo a greve sido deflagrada basicamente pelo descumprimento, pela empregadora — Petrobrás, empresa então monopolizadora da extração de petróleo, no país — de protocolo estabelecido entre os empregados e o Ministério de Minas e Energia a que ela se subordinava. Sobre o tema *Octavio Bueno Magano*[4] se manifestou censurando o julgamento do Tribunal Superior do Trabalho posto que este não poderia ignorar a existência do acordo, pois o

> argumento de que não teria sido assinado pela direção da Empresa mostra-se irrelevante, porque o fato foi, na ocasião, amplamente divulgado e, se a direção da Empresa não o impugnou, entende-se que, pelo menos tacitamente, concordou com os termos respectivos e avança para dizer que se o acordo não atendeu à burocracia imposta pela legislação, vale dizer, não atentou para o aspecto formal, a decisão desconsidera "a regra do art. 8º, I, da Constituição vigente, que proíbe qualquer intervenção do Poder Público na vida sindical.

Faz coro com o comentário de *Bueno Magano,* o advogado *Roberto Pinto Ribeiro* observando que o "Poder Público utiliza-se do Judiciário trabalhista para intervir nos Sindicatos, acabar com as greves e desrespeitar as salvaguardas constitucionais"[5].

A repercussão do caso alcançou o Comitê de Liberdade Sindical, da Organização Internacional do Trabalho (Caso 1.839), que acusou o Brasil de descumprimento da Convenção n. 98, sobre o direito de sindicalização e de negociação coletiva, exatamente pelo desrespeito do pacto ajustado entre a Federação Única dos Trabalhadores, o presidente da Central Única dos Trabalhadores (CUT), pelos empregados, e o Presidente da República (Sr. Itamar Franco), e os ministros do Trabalho, da Fazenda e das Minas e Energia.

A declaração de abusividade da greve resultou no imediato despedimento de cinqüenta e nove trabalhadores, dentre eles dirigentes sindicais. A defesa do governo

---

(4) *Política do trabalho*: Os petroleiros e o TST. São Paulo: LTr, 1997, v. 3, p. 105.
(5) RIBEIRO, Roberto Pinto. *TST x petroleiros.* Gênesis, v. 6, n. 31, p. 33, jul. 1995.

brasileiro não foi suficiente para evitar a crítica da Organização Internacional do Trabalho, externada nas recomendações adotadas e dirigidas, pelo Conselho de Administração, dentre outros aspectos, para que a submissão dos conflitos coletivos de interesses somente chegassem à instância judiciária por solicitação de ambos os interessados, excetuada a hipótese de serviços essenciais, assim considerados aqueles que possam afetar à vida, à segurança ou à saúde da pessoa em toda ou parte da população; para incentivar o uso da negociação coletiva e que as convenções sejam respeitadas e, no caso específico dos petroleiros, que se promovessem meios de facilitar a reintegração daqueles trabalhadores despedidos, por força da greve.

O Congresso brasileiro aprovou projeto de lei anistiando os sindicatos da multa imposta, mas os trabalhadores despedidos ainda lutam pela reintegração, através de dois projetos de lei oriundos, respectivamente, da Câmara dos Deputados (de autoria do Dep. Jair Meneghelli) e outro do Senado (autor o Sen. José Eduardo Dutra que, em momento posterior, veio a tornar-se o presidente da Petrobrás).

Como se vê, o exemplo brasileiro não encontra amparo em qualquer doutrina que enseje o reconhecimento da perspectiva de indenização. Esta surgirá e se balizará exclusivamente porquanto se relacione, direta e estreitamente, por efeito da greve, seja paralisando as atividades, seja reduzindo-as de modo a ocasionar patente prejuízo ao destinatário do movimento. Assim, a perda de matéria-prima, produtos em fase de elaboração, preservação de bens de curta duração já elaborados, gastos com a comunicação ou participação, aos clientes, das ocorrências que impeçam o cumprimento do pactuado e se pode estender a reparação aos lucros cessantes quando, mercê do retardamento da retomada das atividades, decorra de omissão de diligência atribuível, por lei ou convenção, ao sindicato. De qualquer forma, o recurso à instância jurisdicional somente se dará para, caracterizando a ocorrência do prejuízo e estabelecido que o sindicato foi sua causa eficiente, obter sentença que comine a reparação. A hipótese dos petroleiros, a pretexto de estar impondo a *astreinte* pelo descumprimento da decisão, resultou na imposição de um excessivo ônus ao sindicato sem aferir da proporção do dano e que parte dele seria passível de ressarcimento. No particular, a Justiça atendeu ao que foi pedido pela empresa na suscitação da instância, num empirismo surpreendente e inusitado.

A doutrina francesa considera a responsabilidade, dentro da teoria individualista, como sendo do trabalhador e não do sindicato, por ser este um mero organizador do movimento, mesmo dele resultando prática ilegal ou ilícita.

Os adeptos da teoria orgânica ou objetiva atribuem a responsabilidade pelos danos tanto ao sindicato quanto aos trabalhadores que dela participaram e incidentalmente possam ser sancionados por violação do pacto laboral, a exemplo da Inglaterra, onde a greve significa o rompimento do contrato.

Para inibir ou minimizar os efeitos da responsabilidade, alguns ordenamentos têm estabelecido salvaguardas, imunidades ou exceções, ou ambas as hipóteses, por força de lei ou da própria convenção. O fundamento reside em que, pelo sindicato ou pelo trabalhador, a organização, patrocínio ou participação na greve representa o regular exercício de um direito e não pode fundamentar uma ação de perdas e danos, a responsabilidade civil. A salvaguarda ou imunidade pode ser parcial ou total. Quando parcial significa dizer que sob certos aspectos haverá ou recairá ônus sobre o sindicato, os empregados ou sobre ambos. Vale ressalvar que, segundo *Bob Hepple*[6], somente a partir de 1982 se estabeleceu, no Reino Unido, a possibilidade do sindicato responder pelo ressarcimento ou reparação de prejuízos por greve que haja conduzido ou avalizado e isto se considera existente se praticado o ato de apoio por membro da direção sindical ou qualquer dos seus empregados ou mesmo quem não o seja, mas aja em nome do sindicato, segundo seus estatutos.

Gordon Anderson[7] menciona a hipótese da Nova Zelândia onde o art. 230 da Lei de Relações Trabalhistas, de 1987, dispõe sobre as condutas capazes de gerar a responsabilidade civil, a exemplo de atos de conspiração, intimidação, induzimento à violação do contrato e interferência, por meios ilegítimos, nos negócios, no comércio ou no emprego. Estas regras valem tanto para a hipótese de greve, quanto para a ocorrência de locaute. Quando se trate de dano que alcance a terceiros, as Cortes podem legitimar a cobrança em circunstâncias fora dos limites restritivos da lei.

A ilegalidade de comportamento durante a greve, como já vimos em outra oportunidade, também pode contribuir para a cobrança das perdas e danos. Um típico exemplo dessa atitude consiste na produção de obstáculos para que a empresa receba ou expeça mercadorias ou produtos industriais. Não se pode comparar a esta a situação em que o empregado não quer permitir o ingresso de um seu colega que tem o intuito de furar a greve. Já aqui vimos o nível da responsabilidade daquele que excede do poder que a lei lhe assegura de fazer o piquete, valendo-se da violência ou de ameaça ilegítima à integridade física tanto do não grevista quanto do fura-greve.

Jacques Rojot[8] menciona que, na França, somente um grave desvio de comportamento do grevista, em função do exercício do seu direito, poderá levá-lo à responsabilidade civil, a exemplo de greve ilegal ou abuso do exercício do direito de greve, segundo a regra do art. 1.382 do Código de Napoleão. A hipótese também poderá alcançar o sindicato, quando convoca ou lidera uma greve tida como ilegal.

A situação se reverte quando, na Suécia, nenhuma responsabilidade pode ser extraída pela participação na greve, deflagrada pelo sindicato, ainda que ilegal, salvo quando se trate de greve selvagem. Na hipótese de uma condenação, por responder pela indenização, esta terá um valor efetivamente pequeno. *Reinhold Fahlbeck*[9] reporta que, ao ser estabelecido o valor máximo da indenização, em 1928, equivalia a um mês de salário de um trabalhador na indústria e hoje equivale a três ou quatro horas de trabalho (200 SKE ou USD 30).

Em Israel, a Suprema Corte considera que a greve é uma liberdade e, em conseqüência, pelo seu exercício nenhum trabalhador pode ser sancionado. Isto, entretanto, não impediu, segundo *Menachem Goldberg*[10], que esta mesma Corte viesse

---

(6) The United Kingdom. In: BLANPAIN, Roger (Ed.). *Strikes and lock-outs in industrialized market economies*. Boston: Kluwer and Law Taxation, 1994, p. 191-193.
(7) New Zealand. In: BLANPAIN, Roger (Ed.). *Strikes and lock-outs in industrialized market economies*. Boston: Kluwer and Law Taxation, 1994, p. 133-135.
(8) France. *Ibid.* p. 61-62
(9) The Swedish experience. In: BLANPAIN, Roger (Ed.). *Strikes and lock-outs in industrialized market economies*. Deventer : Kluwer and Law Taxation, 1994, p. 172-173.
(10) Israel. *Ibid.*, p. 91-92.

a impor o dever de reparar danos ao Sindicato dos Marítimos e aos trabalhadores pelo inadequado uso da liberdade, capaz de causar prejuízo ao interesse de terceiros, quando se recusou a remover navios do cais para o porto e com isto impediu barcos estrangeiros de carregarem e descarregarem mercadorias.

Na Alemanha, a situação ganha peculiaridade quando o sindicato e a entidade patronal negociam limites da responsabilidade sindical, ainda que se constate certa relutância da parte dos empregadores para aceitarem tais propostas e, quando ocorre, apresentam-se perante a Corte para haver a definição da responsabilidade, não para buscar reparações financeiras pelo sindicato. Na Espanha, *Francisca Maria Ferrando Garcia*[11], pretendendo amparar-se em julgamento do Juízo Social n. 12, de Madrid, em 1990, afirma que evidenciada a ilegalidade da greve, as perdas serão indenizáveis, mas devendo-se ter em conta um limite por tais indenizações, a exemplo do que, na Inglaterra, preconiza o art. 22 da *Trade Union and Labour Relations Consolidation Act*, de 1992, para que não seja vulnerada a liberdade sindical e pelo dever de proteger o patrimônio necessário à continuidade do desenvolvimento de suas atividades.

O Tribunal Constitucional espanhol, segundo a mesma fonte[12], avalia o surgimento do dever de indenizar em virtude de greve abusiva, a partir do princípio da equivalência das perdas. Assim, se o empregado perde por não haver remuneração no período da greve, o empregador há que sofrer perdas numa certa proporção que preserve o equilíbrio entre eles. Quando, então, a greve se deflagra em abuso do exercício do direito há violação ao princípio ou dever de boa-fé e é o excesso que a conduta pode representar, por abuso na prática, a geradora do dever de reparar.

Como a greve é um direito com garantia ou nível constitucional, não se pode presumir a abusividade, mas se devem respeitar os parâmetros razoáveis para sua deflagração, seja pela existência de preceito normativo, a exemplo do que ocorre nas legislações brasileira e espanhola, seja pelas disposições convencionais, como na presença da sempre citada cláusula da paz ou, por fim, em circunstâncias que evidenciam seu caráter abusivo — já aí segundo o prudente arbítrio judicial — para evidenciar a existência de dano indenizável. Assim, a possibilidade de indenizar não decorre da perda aritmética do equilíbrio, mas daquela jurídica, pela gravidade com que se evidencie a manifestação.

Em que pese o bem elaborado raciocínio, firmado em sede de equidade, não abala o entendimento de que o prejuízo do trabalhador, por força de participação em greve abusiva, há que ser jurídico. Entenda-se que não existe perda patrimonial pelo fato de não perceber remuneração durante o período, frente à necessidade da prestação prévia do labor, para haver salário. Se não há trabalho, inexiste fato gerador do seu pagamento. As conseqüências emergentes do desdobramento da greve operam no jurídico, nunca no patrimônio se não indiretamente, como visto.

Daí também se deve extrair que o sindicato não estará alcançado para o efeito de buscar-se o ressarcimento pelos danos ocorridos, mercê da greve evidenciada abusiva, coerente com o entendimento de não ser o sindicato o titular do direito, ressalvadas as hipóteses, de resto já examinadas, de responder pelos atos de seus prepostos.

---

(11) *Responsabilidad civil por daños ocasionados durante la huelga.* Valencia: Tirant Lo Blanch, 2001, p. 32.
(12) *Id., ibid.,* p. 42.

CAPÍTULO 9

EFEITOS JURÍDICOS E ECONÔMICOS DA GREVE

9.1. As perdas jurídicas e econômicas dos parceiros sociais

O lugar comum da noção de greve é a ocorrência de perdas. Tal concepção se direciona, num momento inicial, contra o empresário empregador dos grevistas. Em realidade, a noção se oferece correta. Dá-se, entretanto, que não apenas o empregador sofre os efeitos da manifestação dos trabalhadores. O ônus, o custo do movimento tem um efeito irradiado para diversos segmentos e acarreta ou, mais especificamente, pode acarretar danos e perdas tanto para quem está longe do centro sísmico, em que a greve se pode transformar, como para o colega ao lado, o próprio trabalhador grevista ou sua família o que, soa-nos razoável imaginar, não estar no campo de suas cogitações imediatas.

Goñi Sein[1] observa que se pode afirmar como parte do conteúdo essencial do direito de greve ocasionar prejuízo ao seu destinatário, sendo mesmo condição de eficácia do exercício desse direito. O prejuízo mais se legitima quando não se dê conduta ilícita ou abusiva, por qualquer forma. Quando o dano emerge de uma causa justificável não se pode falar em ressarcimento, tendo-se na devida conta que não há excesso e se guarda a estrita obediência legal.

Os efeitos da greve não se mostram exclusivamente no domínio do econômico, já por si demasiado importante, mas desviam-se para alcançar obrigações, contratos, direitos individuais e interesses públicos quando impedem o cumprimento de prazos, a entrega de bens ou serviços, na data agendada; podem retardar a fruição de benefícios previdenciários ou prejudicar a receita pública, dentre outros ponderáveis aspectos.

Ainda que soe paradoxal, o Estado legitima uma conduta que lhe contraria os interesses ou prejudica àqueles da comunidade, cuja proteção lhe toca. Ocorre que a existência de grupos de pressão, dentro da comunidade, é parte essencial ao desdobramento do jogo democrático. Os trabalhadores são um grupo social de elevado peso e inegável relevância. O sindicato é a forma estruturada em que melhor se exibe essa pressão. O trabalhador, vivificador do sindicalismo, é que dá alma a tal grupo e o faz legitimado no direito que lhe reconhece o Poder constituído, no desdobramento do denominado diálogo social. A greve, como vimos em capítulo anterior, é o resultado de muitas lutas e sucessivas conquistas, antes mesmo do reconhecimento e legitimação da vida sindical formal. Daí se entender a greve como direito individual do trabalhador cujo exercício, entretanto, somente se dará coletivamente, na origem, no momento de deflagração, para que sua destinação se alcance.

---

(1) *Apud* FERRANDO GARCIA, *op. cit.*, p. 26.

As perdas jurídicas e econômicas se apresentam em variados ramos do direito e, na dogmática jurídica, a justificação de tais perdas nem sempre se faz acompanhar de medidas que permitam sua reparação ou recuperação. Os direitos que se exercem sem abuso, dentro dos limites ditados pela ordem jurídica, ainda que transtornem a sociedade e a economia, não podem sofrer censuras que escapem à ética.

A legitimação ou autorização da prática do ato não sujeita o agente à ação neutralizadora de qualquer etiologia, desde que, como afirmado, não extrapole os limites do razoável jurídico, o que vale dizer, não exercer o direito de forma abusiva, como expressamente previsto no Código Civil brasileiro (arts. 187 e 188, I, da Lei n. 10.406, de 10 de janeiro de 2002).

A análise que a seguir procedemos observa tão-somente os aspectos mais genéricos, excetuados aqueles que diretamente dizem com o Direito do Trabalho e a legislação previdenciária, pelo próprio escopo da obra, sob pena de transformar-se num trabalho de pesquisa do dano e de seus efeitos na vida jurídica. Pretendemos promover uma análise dos atos e seus reflexos na vida do trabalhador, mas não podemos abandonar a idéia de que tais atos e reflexos se espraiam pela vida de terceiros e do próprio Estado.

9.2. Aspectos genéricos do problema

A garantia constitucional do exercício da greve não criou um improvável direito absoluto. Embora haja atribuído aos trabalhadores a possibilidade de serem árbitros de suas razões quando lhes deixou o poder de decisão "sobre a oportunidade de exercê-lo e sobre os interesses que devam por meio dele defender" (Constituição Federal, art. 9º, *in fine*), isto não significa dizer que se torna ilimitado, irrestrito o direito, mormente quando no § 2º, desse mesmo artigo, se lê que os "abusos cometidos sujeitam os responsáveis às penas da lei". Com isto e pela regra do § 1º, o Constituinte restringiu a prática da greve, quando se trate de serviços ou atividades consideradas essenciais, permitindo que a lei disponha sobre o atendimento às necessidades inadiáveis da comunidade, ainda que sem definir sobre a natureza de tais necessidades, o que pode, *ultima ratio*, conduzir o legislador infraconstitucional a criar um extenso elenco de supostos serviços ou atividades essenciais.

Em oportunidade adequada estaremos abordando essas atividades e os desdobramentos que apresenta. Vale, entretanto, desde logo, atentar para que sua prática conduz, sempre, a demasiados ônus para os indivíduos e para a comunidade. Com efeito, são essenciais os serviços que servem à integridade, à segurança e à saúde das pessoas. Apenas para identificá-los, previamente, vale recordar que se falta a segurança, toda a sociedade estará permanentemente ameaçada, seu patrimônio sob risco, as empresas estarão inseguras para realização de suas atividades normais, o próprio Estado sentir-se-á desaparelhado para preservar o império da lei e manter a ordem. Se a greve atinge os serviços de saúde, menor não se oferece o reflexo. É que, se na segurança o risco se potencializa, é virtual, na saúde é ele, sempre, efetivo. Pessoas doentes, carentes de assistência médica, de atendimentos ambulatoriais, a exigir emergências, idosas ou infantes, estranhas ou familiares do próprio empregado grevista, resultarão alcançadas pelos efeitos da greve, nocivos neste aspecto. Ademais, existe também o risco de contaminação, de alastramento de epidemia, as fraturas que ocorrem desde em acidentes domésticos até as ocorrências viárias. Vê-se, assim, que é vasto o raio de alcance dos efeitos de uma greve na área ou serviço de saúde.

Os prejuízos que de greves com tais características podem advir não se estimam com alguma razoável margem de acerto. Além de indiscutível tal ocorrência, o alcance terá variáveis somente capazes de definição pela característica com que alguém se veja alcançado. Por outro lado, á impossível ao legislador ordinário, infraconstitucional, impedir o exercício do direito de greve do trabalhador. Em verdade, para que o Estado possa atingir ou desempenhar o seu papel de guardião da segurança pública, patrimonial e pessoal da população, e velar pela saúde coletiva e individual, terá que encontrar meios que, de um lado não impeça ao trabalhador o acesso ao direito de greve e, por outra face, proteja e defenda os interesses da população, sempre e quando se vejam ameaçados. Este dilema tem sido superado, em muitos ordenamentos jurídicos, pelo recurso à requisição civil, que alguns apodam de militarização da greve.

Com a requisição civil será possível convocar para atender à emergência criada pela greve em atividade essencial qualquer trabalhador, inclusive aqueles da própria empresa atingida pelo movimento, mas como um dever cívico a que todos estão comprometidos a atender quando haja o chamamento pelo Estado. No momento adequado, o tema será abordado com maior aprofundamento. Embora possa a solução soar eufemística, vale como um apelo ao senso de solidariedade e, para os recalcitrantes, uma imposição de sua prática.

Para o Estado é inegável o prejuízo — se é razoável falar de prejuízo para o Poder Público —, mas são elevados os ônus que decorrem do exercício da requisição, sem que para tanto se possa permitir um limite.

9.3. No Direito do Trabalho

Como norma protetora, por excelência, dos interesses do trabalhador subordinado, o Direito do Trabalho na medida em que tutela o exercício do direito de greve gera perdas que se mostram insuperáveis, seja nas relações com o empregador, seja com a segurança social, seja em relação à sua vida funcional, vale dizer, não exclusivamente patrimonial.

O primeiro ponto, que toca mais imediatamente aos interesses do empregado, versa a sua remuneração. Com efeito, como já observamos, quando a greve é deflagrada dá-se, *ope legis*, a suspensão legal do contrato de trabalho. Na ocorrência da suspensão, permanecem paralisados todos os direitos e benefícios que derivem de sua efetiva execução, para assegurar, basicamente, a incolumidade do vínculo. Se não há labor não pode surgir o dever de contraprestação pelo pagamento de salário. Em suma, sem trabalho não há salário.

Deve-se, ademais, ter em conta que se a duração da greve for inferior a uma semana, a remuneração do repouso semanal estará sacrificada por injustificada a falta, conforme o imperativo legal. O prolongamento, por outro lado, por período superior a cinco dias, importará na redução dos dias de duração das férias e, superando os trinta e dois dias, haverá perda do período aquisitivo. O prejuízo cumulativo se expressa pelos subsídios perdidos.

Ademais do salário, quaisquer outros benefícios que sejam assegurados ao trabalhador por força do contrato individual ou de disposições normativas estarão, como ele, suspensos e não poderão ser exigidos. Assim, se o empregador propicia pagamento ou complemento dos gastos com educação dos filhos ou com medicamentos de familiares ou despesas com transportes, o empregado não poderá cobrar da entidade patronal a satisfação de tais partes do pacto, pois elas decorrem, obviamente, da própria execução da obrigação de cumprir sua parte do contrato.

Quando, se a hipótese se configurar, um acordo ou nova convenção sobrevenha à greve e no instrumento se assegure o pagamento dos dias de paralisação, como ocorre em freqüentes situações, no Brasil, disto resultará que tanto os estipêndios correspondentes aos salários, quanto as demais obrigações que componham a remuneração do trabalhador estarão asseguradas. Se, entretanto, não se configura a garantia de pagamento daqueles dias, a satisfação das obrigações poderá se dar *pro rata tempore,* uma vez que a continuidade da prestação é um substrato básico da integralidade dos benefícios que dela decorrem e, em sendo a hipótese de suspensão, pelo período em que esta perdure não se pode assegurar benefício de qualquer natureza que valha representar ônus sem causa para o empregador. Ressalva-se a situação de ser o pagamento devido mercê de expressa menção no instrumento que o instituiu ou resultante dos termos da convenção, acordo ou decisão normativa que ponha fim à greve.

Os benefícios assegurados aos empregados, ademais daqueles contratuais, de origem individual ou coletiva, são também os estatuídos na legislação previdenciária. Para a situação brasileira em que o acidente do trabalho e a moléstia profissional a ele equiparada mesmo sendo de responsabilidade patronal, têm no órgão estatal de previdência o segurador, há freqüente confusão em termos de definição e classificação dos benefícios. Por uma face ou por outra, o empregado estará sendo assistido, quando àqueles faça jus.

Assim, se o trabalhador sofre, durante a greve, algum acidente devemos considerá-lo sob diversos ângulos:

a) se participa diretamente da greve com efetiva paralisação dos serviços, o empregado nunca poderá ter tal acidente caracterizado como de trabalho uma vez que não se encontra, sequer, à disposição do empregador como o considera a legislação. Numa hipótese como esta será liberado beneficiário do auxílio-doença, pela previdência social; se o afastamento é inferior a dezesseis dias, nenhum subsídio ou provento ser-lhe-á atribuído uma vez que, sendo de exclusiva responsabilidade do empregador o pagamento da quinzena inicial do benefício, este será liberado por força dos efeitos extraídos da ausência do empregado ao trabalho, para participar da greve;

b) se participa diretamente da greve; entretanto, esta não se caracteriza pela paralisação e sim daquelas que se realizam pelo regulamento, vale dizer, há greve pela natureza com que a atividade se desdobra, mas não ocorre a suspensão do contrato, como cogita genericamente a Lei de Greve. Neste passo, o empregado estará a serviço e em atividade, ainda que o empregador não resulte satisfeito com a maneira como ela se desdobra e, em conseqüência, o acidente que venha a sofrer, mesmo que de percurso, como o assegura a legislação nacional, será tido como de trabalho;

c) participa ativamente da greve, mas atende à orientação do sindicato para velar pela permanência de máquinas ou equipamentos em condições de uso imediato, tão logo a greve se encerre ou, em sendo a hipótese, cuida de bens que possam sofrer dano irreparável. Em quaisquer de tais circunstâncias, o empregado estará protegido pela regra previdenciária, mas apenas e tão-somente enquanto se desloque para e do trabalho ou nele regularmente permaneça;

d) é um não-grevista e, dirigindo-se para trabalhar, é impedido pelo piquete constituído de colegas seus e trabalhadores de outras companhias, de empresas distintas. A lesão que lhe possa ocasionar qualquer atitude dos grevistas será, no mínimo, tida como acidente de percurso, se se evidencia claramente que intentava alcançar o local de trabalho, uma vez que a legislação, como já mencionado, abrange o itinerário. Impõe-se certa cautela, nesta averiguação, para que não resulte beneficiado quem, em verdade, participando de modo ativo do movimento, se apresente como vítima. O fato é que, constatada a circunstância de ser vítima e não partícipe ou agente terá reconhecido seu direito.

Benefícios de outra natureza que decorrem da relação de emprego e da participação do empregado não resultam prejudicados pela greve, excetuado o prazo mínimo de contribuição para aquisição de tais direitos, a exemplo da aposentadoria e ao benefício maternidade. Se a hipótese é de alta médica do empregado que se encontrava afastado por doença ou acidente no trabalho, de mãe que encerrou o tempo de licença ou outras situações que se assemelhem ou identifiquem, e assim o empregado esteja, por força da paralisação, impedido de se apresentar e, como decorrência, venha a ser tratado como grevista, sendo-lhe exigido comprovar qualquer atitude capaz de gerar seu direito à percepção dos subsídios durante a greve, o empregador estará agindo ao arrepio da lei se não tinha o trabalhador, por exemplo, como romper um piquete ou o estabelecimento se encontrava fechado. A presunção de não grevista milita em favor do empregado, mercê do seu direito ou garantia de trabalhar, ressalvada a hipótese de ser identificado como efetivo participante do movimento. Neste caso, toca ao empregador comprovar a situação que alegue para eximir-se da obrigação.

Um outro aspecto que a greve afeta respeita à noção de tempo de serviço. A importância desse tempo de serviço é aqui referida dentro da empresa e na sua relação com o empregado. A suspensão do contrato de trabalho representa para o trabalhador uma perda na contagem do seu tempo de serviço, de sua antigüidade. Ocorrendo que algum seu colega, concorrente nesta mesma noção de tempo de serviço funcional, não participa da greve e tem computada sua presença efetiva, a perda manifestar-se-á tendo em conta que poderá representar prejuízo em obter a promoção ou uma equiparação salarial. Se ambos participam, é evidente que nenhum prejuízo comparativo poderá se registrar, porque a perda será simultânea, conjunta.

Prejuízos pecuniários se podem dar, por outro lado, quando a empresa, por força de disposição normativa ou política de pessoal, contempla a antigüidade com premiação ou concede benefício que represente acréscimo ou elevação salarial. A participação na greve e o tempo de persistência desta acarretarão um necessário retardamento à integração do período mínimo necessário à concessão da vantagem.

No campo do Direito do Trabalho, grosso modo, assim se apresentam os prejuízos que podem acometer o trabalhador por sua participação na greve, sem superação da perda dos dias paralisados. Quando, como repetidas vezes mencionado, resultarem subsidiados tais dias, não importa a forma: espontânea, negociada ou imposta pela decisão normativa, tem-se como inexistente a falta e, em conseqüência, nenhuma será a perda do empregado.

9.4. Nas obrigações civis e mercantis

Aqui já nos encontramos na seara das perdas patronais, dos prejuízos empresariais. Os negócios jurídicos celebrados pela empresa se travam por diversas maneiras e é cediço que nelas ocorra estipulação de prazo para execução ou entrega. Tais prazos se fixam e têm em conta os interesses e possibilidades de ambos os contratantes, sempre tratados com rigor máximo e a impor sanções pesadas pelo descumprimento.

A deflagração de uma greve acarreta, sempre, uma perda do tempo de produção. Os prazos, se a paralisação se prolonga, resultam descumpridos e trazem consigo pesados encargos para o empresário que inadimpliu a obrigação. Por vezes, em sendo de curta duração, é possível recuperar boa parte do tempo perdido; de outras, pode-se alcançar o beneplácito, pelo credor, de uma prorrogação do prazo para o cumprimento do quanto pactuado.

Quando os prazos são desatendidos numa relação civil ou mercantil, os interesses em conflitos cingem-se aos pactuantes, mas seus efeitos podem ultrapassar os limites de um negócio privado para atingir a comunidade. Com efeito, o atraso na produção ou entrega de bens ou de serviços pode acarretar graves problemas de desabastecimento e isto pode se dar tanto na esfera de produtos suntuários como naqueles essenciais ou estratégicos, medicamentos, produtos hospitalares, alimentação infantil e em numerosas outras situações que evidenciam a possibilidade de risco grave da saúde e da segurança públicas.

O desabastecimento traz, quase sempre, como conseqüência imediata, elevação de preços no mercado do que resultam onerados os adquirentes, intermediários ou finais, e se não causa prejuízo ao empregador atingido pela greve, acarreta perdas para quem não era o destinatário dos efeitos da greve e a elevação do ônus representa prejuízo, interferindo na esfera do domínio econômico, a partir da prática ou exercício regular de um direito. As perdas, conseqüentemente, não se cingem ao empregador dos grevistas.

Outro momento da greve determina, pelo fechamento do estabelecimento, uma paralisação das vendas de bens da mais variada natureza. Assim é que, mesmo tendo o sindicato escalado empregados para cuidar de gêneros perecíveis, por exemplo, outros existirão cuja validade se vence em curtíssimo prazo e, quando do reinício das atividades, não se prestarão para o fim a que se destinavam. Aí, efetivamente, o prejuízo será patronal, mesmo com a participação cautelar legalmente prevista, dos empregados que, por óbvio, não podem impedir o transcurso dos prazos de validade.

A Lei de Greve se refere à responsabilidade civil por atos praticados durante o movimento. Trata-se, naturalmente, de perquirir da ocorrência de danos que possam afetar o patrimônio empresarial e que devam ser satisfeitos pelo empregado. Aqui a hipótese não se pode restringir aos empregados daquela empresa, mas de todos quantos, por deliberada ação ou omissão, ocasionarem perdas ou danos capazes de encontrar reparação na esfera civil. Ocorre que a reparação somente pode se identificar quando se configure o ilícito. Assim, se o empregado exerce com as cautelas que se espera de um *bonus pater familiae* o seu direito de greve, nenhuma será a reparação devida, pouco importando a gravidade ou extensão da perda. Se, entretanto, era dever seu agir e se omitiu, participou de ato que resultou em dano ou destruição de instalações ou equipamentos, como o contrato de trabalho estava suspenso, será dever seu repará-lo como ocorre a qualquer pessoa, inclusive quando se trate de dano ao empregador. O que se deve ter na exata proporção e conta é que o sindicato, não sendo titular de direito referente à greve, não pode, nem deve ser onerado, sob qualquer forma, pelos efeitos de uma greve, ainda que abusiva, em contrário do quanto entendeu a mais alta corte trabalhista do país e dos desdobramentos internacionais alcançados pela medida que culminou por inviabilizar sindicatos, como tivemos oportunidade de examinar.

9.5. No Direito Administrativo

A greve no serviço público não se rege, no Brasil, pelas regras da Lei n. 7.783/89, conforme expressamente ali se consigna com expressa referência ao art. 37, VII, da Constituição Federal de 1988, redação dada pela Emenda Constitucional n. 19, de 4 de junho de 1998, embora se apure, de momento, a tendência do Supremo Tribunal Federal de determinar a aplicação da Lei de Greve à manifestação do servidor público, enquanto o Poder Legislativo não dê cumprimento ao mandamento constitucional.

As greves no serviço público, entretanto, têm sido freqüentes sem que o Estado cuide da competente regulamentação. A Medida Provisória expedida pelos excessos cometidos contra o regular exercício da greve pelos servidores públicos, encontrou forte reação no Congresso Nacional e resultou não sendo reeditada, o que restringiu sua validade por um período de apenas trinta dias. Por sua vez, o Supremo Tribunal Federal tem enfatizado a necessidade da expedição do necessário diploma regulamentador, a exemplo do julgamento do Mandado de Injunção n. 20-4, de 12 de maio de 1994, que concita o Poder Executivo a adotar as providências. Em muitos momentos tem a justiça ordinária recorrido à mesma Lei de Greve que disciplina as relações privadas, como fonte subsidiária. Diante das circunstâncias, tem o Estado enfrentado greves que se prolongam por enormes períodos, contrariando o que é comum na iniciativa privada onde as paralisações dificilmente perduram por mais de uma semana. Vale observar que, durante a greve no serviço público, os funcionários são subsidiados uma vez que o governo reluta na suspensão do pagamento dos salários, contribuindo para a maior duração do movimento.

Atento apenas aos efeitos jurídicos e econômicos da greve, na esfera administrativa, impõe-se restringir o conceito de econômico ao que possa representar obtenção de receita tributária, parafiscal ou contribuições, uma vez que o Estado, quando explora atividade econômica o faz através das sociedades de economia mista, das empresas públicas e das fundações com destinação econômica e, neste caso, como reza o art. 173, § 1º, VII, da Constituição Federal de 1988, haverá "sujeição ao regime jurídico próprio das empresas privadas, inclusive quanto às obrigações civis, comerciais, trabalhistas e tributárias", o que equivale dizer que tais empresas estatais e suas subsidiárias sujeitam-se ao regime geral da Lei de Greve.

Sem enveredar pelo exame dos serviços essenciais públicos, concedidos ou privados, vale atentar que a greve no serviço público pode envolver os serviços de segurança e haverá risco para a propriedade privada, para a integridade física da população, para as manifestações coletivas a exemplo de espetáculos, competições, festejos e outros onde mais se exija presente o Estado pelos seus órgãos de segurança pública. Já quando a greve alcança as empresas de segurança privada o risco não se mostra tão evidente, pois estas, em que pese o elevadíssimo número de seu efetivo, não substituem, nem poderia ser diferente, o efetivo da segurança pública que o Estado se obriga a promover.

Em episódios relativamente recentes, verificaram-se greves com duração excessivamente prolongada e com graves perdas para a organização da educação nas universidades públicas, resultando no sacrifício de um semestre, ante a recusa dos professores em retornar à atividade. Com isto, o trabalho dos funcionários da burocracia universitária ficou bastante reduzido; estudantes em nível de graduação, especialização e pós-graduação tiveram que alterar planos de vida quando deixaram de prestar concursos, perderam propostas de emprego com exigência de dada qualificação profissional ou técnica. As perdas econômicas atingem terceiros, que não o Estado, quando estudantes sem renda de trabalho são obrigados a permanecer na expectativa do final da greve e sustentados por pais sem maiores recursos ou se valendo de crédito para financiamento dos estudos, desembolsados sem retorno imediato.

Num outro ponto, a segurança pública também periclita quando a polícia aquartelada ou ausente das delegacias persegue melhorias profissionais enquanto a população se expõe a riscos, muitos destes resultantes de confrontos entre policiais grevistas e aqueloutros que não aderiram ao movimento ou à inusitada presença das forças armadas regulares, a gerar um clima de guerra que intranqüiliza, desassossega e agita a população, sem solucionar os graves problemas tendo em conta que as forças armadas não estão adestradas para o atendimento ao público nas circunstâncias que provocam a presença policial específica.

A atividade de fiscalização e controle de aeroportos e fronteiras também resulta desguarnecida e acarreta, para todo o Estado, o risco de ingresso de armas, drogas, produtos proibidos e pessoas impedidas ou indesejadas. Pode se dar, ademais, a entrada de produtos alimentícios sem controle e dele carentes, para a segurança da saúde da população. A simples divulgação da redução ou paralisação da vigilância nesses pontos pode mobilizar o deslocamento, rápido e fácil, de pessoas que se aprestem a tais atividades.

Existe, ainda, a possibilidade das greves em atividades em que o Estado exercita o poder de polícia sanitária e, já aí, não se cogita apenas do ingresso de produtos indesejáveis ou prejudiciais; agora estamos diante da situação de ser um produto nacional, aqui elaborado, extraído e comercializado sem as condições de controle de qualidade sanitária, de higiene e impróprio para o consumo humano ou animal e que, mercê da ausência dos servidores incumbidos da tarefa de impedir que tal aconteça causam graves danos à saúde da população. A essencialidade de serviço de tal natureza impõe uma ação mais lógica do Estado que a abstenção de criação da norma legal necessária, para jogar com a possibilidade de pressionar, valendo-se da intimidação pelo recurso à Justiça.

As greves no serviço público resultam tratadas por equidade. Tal se observa quando, impossibilitado de buscar ou encontrar solução pela negociação coletiva, amarrado como se encontra o Estado à necessidade de preexistência de lei para legitimar gastos e a vinculação de tais gastos à indicação prévia da fonte de receita, resulta no imobilismo que aparenta omissão, desinteresse, o que não se apura real. Por outro lado, quando recorre à Justiça para lhe buscar uma superação do impasse, esta ou se fixa na inexistência de lei, apesar da previsão constitucional, ou se vale dos preceitos que elege aplicáveis da vigente Lei de Greve, invocando a mencionada equidade.

9.6. No Direito Tributário

Uma greve no setor tributário ou de arrecadação do Estado traz inegáveis prejuízos, e não apenas para si. Com efeito, pelo sistema tributário do país, a União se incumbe de fiscalizar e arrecadar numerosos tributos e, em seguida, repassá-los aos Estados-membros e aos Municípios. Deflagrada uma greve que afete a receita tributária, os seus órgãos de fiscalização e cobrança, o desdobramento do problema inibe ou reduz, consideravelmente, a arrecadação.

A perda da receita ou o atraso no seu recebimento resulta no desatendimento aos custos condicionados como pagamento a fornecedores, a empreiteiros de obras públicas, ao subsídio dos programas sociais, ao fornecimento da alimentação escolar e todos os problemas que daí resultem.

Do ponto de vista dos credores do Estado, quando seja este o único ou principal destinatário das atividades dos fornecedores ou empreiteiros, repercute na suspensão de compras no comércio dos insumos com que trabalhem, deixam de pagar os salários completos ou inviabilizam, integralmente, tais pagamentos. Na seqüência, os empregados deixam de honrar seus compromissos, tornam-se inadimplentes e culminam com a elevação de seus custos, em sacrifício do valor nominal dos salários, para renegociar dívidas, normalmente com elevada carga de juros, além das multas contratuais.

A indisponibilidade de recursos, pelos trabalhadores, para realizar compras, o corte de aquisição de insumos ou produtos essenciais à atividade empresária, redunda na diminuição das operações mercantis, fatos geradores dos tributos, a receita pública passa a ter valores reduzidos e já aí, ademais da ineficácia do sistema de arrecadação, reduz-se o seu *quantum*.

Este problema pode se manifestar, também, quando ocorre paralisação da atividade no setor bancário, tendo em conta que é ele que se ocupa do recebimento dos tributos, na maioria das localidades e pelo maior número deles.

9.7. No Direito Penal

O desdobramento da greve pode, por vezes, adquirir características violentas sob os mais variados matizes. Assim é que podem ser constatadas violências contra bens e pessoas. No intuito de assegurar o êxito do movimento, os mais exaltados participantes chegam ao limite da intolerância e são capazes de investir contra colegas de emprego ou integrantes da categoria profissional para forçá-los a aderir ao movimento, ou impedi-los de alcançar o local de trabalho.

Os excessos que são praticados pelos trabalhadores e que podem redundar em agressões físicas a colegas, companheiros, circunstantes ou agentes da ordem pública por vezes tipificam delito. Tomando-se a ocorrência com a menor extensão de gravidade, um ato de violência contra a pessoa pode resultar em lesão corporal (Código Penal, art. 129) de natureza leve tendo como conseqüência a perda do trabalho, uma vez cessada a greve, por período inferior a trinta dias. Quando isto ocorre, o empregado grevista autor do delito estará, a um só tempo, sujeito à sanção penal (detenção de três meses a um ano), sem prejuízo da reparação civil do dano ocasionado ao seu colega de atividade. É que a lesão pode acarretar perda de dias de trabalho e da conseqüente remuneração e com isto vêm os prejuízos na redução das férias do não grevista, no retardamento da antigüidade, na aquisição de adicionais, no atraso da aposentadoria, se resultar afastamento com suspensão do contrato, enfim, também poderão desdobrar-se as perdas em receitas de outra fonte a que se dedique aquela pessoa. Em relação ao empregador, entretanto, nada pode ocorrer. É que os fatos se desenrolaram enquanto suspenso o contrato de trabalho, mercê da greve, o que não legitima qualquer atitude patronal, sob pena de contradição insuperável de comportamento, frente ao comando legal.

A regra do art. 15, da Lei de Greve, no que se refere à esfera trabalhista, tem a ver com a ação ou omissão do empregado que se encontra compelido à prestação de trabalho para evitar perecimento ou dano irreparável de bens ou equipamentos, além da manutenção daqueles indispensáveis à imediata retomada da atividade, uma vez cessada a greve.

No tangente aos interesses empresários, há perdas que se não evidenciam exclusivamente pela suspensão ou retardamento do trabalho. Atos dos grevistas podem ocasionar lesões patrimoniais e danos físicos a superiores hierárquicos ou ao próprio empregador pessoa física. Quando a hipótese for esta, o dano avaliar-se-á segundo a sua gravidade, conforme a norma penal já invocada e as sanções apresentar-se-ão na mesma extensão e gravidade. No que tange às obrigações trabalhistas, entretanto, o empregado autor do ato delituoso estará passível de despedimento por justa causa, a teor da regra do art. 482, *k,* da Consolidação das Leis do Trabalho, uma vez que o comando ali estatuído visa proteger empregador e superior hierárquico do empregado em qualquer ambiente, tempo ou circunstância, mesmo estando suspenso o contrato de trabalho — "ato lesivo da honra e da boa fama ou ofensas físicas praticadas contra o empregador e superiores hierárquicos, salvo em caso de legítima defesa própria ou de outrem".

Ação do próprio empregado ou de outrem, vale dizer de empresa também atingida pelo movimento, durante a greve, pode resultar na necessidade ou no atraso da retomada dos serviços em virtude do dano por ele provocado, assim como pode acontecer que este se evidencie irreparável e acarrete retardamento da substituição do equipamento, com graves prejuízos para o funcionamento do estabelecimento e tendo como desdobramento a impossibilidade de cumprir prazos contratuais, incidindo em multas pesadas. Uma conduta destas não encontra amparo legal, na equivocada alegação de exercício do direito de greve. É inegável que aí se constata o excesso ou abuso do exercício do direito, como visto.

Os danos patrimoniais que o empregado cometer terão que ser ressarcidos e aqui não pode ter aplicação o limite estabelecido na regra do art. 480, da CLT, uma vez que ali está em disputa a indenização pelo rompimento antecipado e injustificado do contrato de trabalho a termo. Cogita-se, neste ponto, da invocação da parte final do § 1º, do art. 462, da mesma fonte legal e entendemos presumido o dolo uma vez que a presença do trabalhador no ambiente de trabalho ou em instalações da empresa, durante o período de greve, sem que seja para executar seu contrato de trabalho, legitima entender-se que houve a má-fé reveladora do intuito de causar o prejuízo a tipificar o dolo. Se, no entanto, a greve se dá pela observância do regulamento empresário ou profissional, tal presunção não se pode extrair e, sem comprovação do dolo, os descontos somente poderão ocorrer estando pré-ajustada a hipótese.

Se o empregado, terminada a greve, não se reapresentar para trabalhar e se demitir tacitamente ou incorrer no abandono de emprego, o empregador estará legitimado a buscar em juízo, a reparação cabível. Por força da regra do art. 114, da Constituição Política de 5 de outubro de 1988, resulta indubitável que tal ação se ajuizará perante a Justiça do Trabalho por se tratar de dano emergente da relação de emprego. A solução, entretanto, será diversa se o dano decorrer de ato de trabalhador empregado de outra empresa, também envolvida no movimento, uma vez que aquele não mantém, com a firma prejudicada, qualquer liame trabalhista.

A responsabilidade penal do empregado, próprio ou de terceiro, poderá ser judicialmente exigida pelo empregador, ainda com o abandono do emprego ou a demissão tácita, obviamente fora do âmbito da Justiça do Trabalho. Tal responsabilidade, em se tratando de empregado, não se vincula com o contrato de trabalho, vale dizer, somente será motivador do rompimento do trabalho, por justa causa, excluídas as hipóteses já invocadas da agressão, moral ou física a empregador ou superior hierárquico, quando ocorrer a impossibilidade de execução das obrigações contratuais, pelo empregado, em virtude de ter que cumprir sentença condenatória resultante de tal processo (CLT, art. 482, d).

Por fim, parece-nos que não haverá possibilidade do empregador A obter qualquer sorte de punição, pelo empregador B, por ato praticado pelo empregado deste e que atinja interesses daquele. Não há amparo legal para um tal *consilium sanctionis,* na esfera trabalhista. A responsabilidade civil ou aquela penal, como examinado, pode decorrer de ato de quem sofreu os efeitos da ação ou da omissão.

CAPÍTULO 10

SERVIÇOS PÚBLICOS E SERVIÇOS ESSENCIAIS

10.1. Continuidade do serviço público

Um ponto inconciliável se evidencia, desde o início, a tornar incompatível a noção de greve com aquela de continuidade do serviço público. Com efeito, é princípio de Direito Administrativo a continuidade, a permanência ou o ininterrupto do serviço público considerando a finalidade da sua prestação e a permanente necessidade do seu destinatário. Não bastassem estes aspectos, o próprio Estado ressalta-o pela importância de sua presença.

Quando o tema recai sobre as áreas de proteção à saúde, à vida e à segurança de pessoas e bens é mais fácil a compreensão dessa necessidade. Se nos reportarmos à presença do Estado nos serviços de defesa interna e externa, de garantia ou proteção do próprio Estado, podemos intuir a extensão e gravidade do problema.

Ocorre, entretanto, que o próprio texto constitucional assegurou o direito de greve ao servidor público, ainda que criando exceções. Ao definir a possibilidade do exercício do direito de greve para seus servidores, mesmo remetendo sua regulamentação à normativa infraconstitucional, estabeleceu ou permitiu a convivência — em verdade inconciliável, na aparência — entre serviço público e sua continuidade e o exercício do direito de greve. Com isto, o Estado admitiu que se pudesse contra ele estabelecer momento de pressão e que tal momento coincidisse com a suspensão ou redução dos serviços, nas perspectivas que temos avaliado.

As garantias fundamentais de saúde, segurança e vida não são postas de lado para assegurar o exercício do direito à greve. Impõe-se, pela natural gradação das prioridades não apenas jurídicas, mas do bom senso, que não se irá priorizar o direito de greve a quaisquer desses outros, o que se busca é, ainda que a greve esteja assegurada por preceito da mesma fonte, seu exercício se condiciona à existência de garantia suficiente da proteção ampla aqueloutros direitos também constitucionalmente assegurados.

10.2. A greve do servidor público

O trabalho no serviço público constitui a participação do trabalhador numa atividade de que se ocupe o Poder Público. A noção de Poder Público, de serviço público, concerne ao Direito Administrativo; todavia, a presença do trabalhador, aqui qualificado como servidor ou funcionário, em nada difere daquela do empregado na iniciativa privada: efetividade de um labor.

Deve ser ressalvado, de início, que o direito de greve não se reconhece aos servidores militares, assim identificados no art. 42 da Constituição Federal. Esta é uma realidade encontrada na expressiva maioria dos países, sendo raras as legislações que o permitem, diante de instituições baseadas na hierarquia e na disciplina. Há, no Brasil como em alguns outros poucos países, uma Polícia Militar que não se confunde com aquela existente no corpo das forças armadas, mas se ocupa do policiamento ostensivo e operações destinadas a conter agitações de rua, motins e assemelhados. Também a estes se veda o direito à greve, por mandamento constitucional, por serem consideradas atividades paramilitares.

O objetivo da presença do servidor público é o atendimento a alguma finalidade do Estado, através do seu labor. Os aspectos estruturais da seleção, do recrutamento, da funcionalidade, da retribuição, da continuidade, da extinção são definidos por diplomas específicos, de elaboração do próprio empregador — União, Estado-membro, município, Distrito Federal — contudo, disciplinam, como observado, o trabalho humano e as carências do trabalhador.

O Estado, entretanto, não cumpre suas finalidades exclusivamente pelos denominados órgãos da administração direta. Existem aqueles que contribuem para a ampliação ou melhoria do atendimento às finalidades do Poder Público. Quando a hipótese escapa do regime das autarquias ocorre a criação ou preservação de instituições com natureza híbrida, na formação; porém, de regime de direito privado na execução de suas atividades, a exemplo das sociedades de economia mista, das empresas públicas e das fundações que exploram atividades econômicas. Por mandamento constitucional, estas são regidas, nas relações com seus empregados, pela legislação trabalhista (Constituição, art. 173, § 1º, II).

O exercício do direito de greve está assegurado pela Constituição, para os servidores públicos (art. 37, VII, com a redação da Emenda Constitucional n. 19, de 4 de junho de 1998), quanto para os empregados na iniciativa privada (art. 9º). Ocorre que, para estes, o legislador aprestou-se a expedir o competente documento disciplinador do seu exercício (Lei n. 7.783/1989), não o fazendo, entretanto, até o instante, em relação aos funcionários do Estado.

Estamos diante de hipóteses, a merecer uma séria consideração pela gravidade que representa para o cidadão, ante a própria ordem jurídica, exercer ou não, determinado direito só pela ausência de vontade política do Estado no elaborar um diploma que, sob todos os aspectos, alcançá-lo-á. Um projeto encaminhado pela presidência da República à Câmara dos Deputados teve merecido e justo repúdio, pois intentava inibir o exercício do direito de greve, legitimava a substituição de qualquer ou de todos os grevistas e resultava por lhes impor sanções num conjunto de inovações que nossa sistemática jurídica jamais encontrou, mesmo nos momentos em que a democracia esteve hostilizada em qualquer regime ditatorial.

O certo, a nosso entender, é que se aplique a legislação que rege o trabalhador da iniciativa privada e que alcança o Estado quando este com ela concorra pelas suas empresas (economia mista ou pública, ademais das fundações identificadas com a atividade econômica), enquanto não se edita lei específica para os funcionários públicos. Este parece ser o entendimento do Supremo Tribunal Federal, embora não definido em julgamento dos mandados de injunção que pendem de seu exame, conforme já referimos. É que o texto constitucional substituído pela Constituição de 1988, que proibia a prática da greve pelos servidores públicos *stricto sensu,* há que ser interpretado como possibilidade de seu exercício. A circunstância de haver, no novo texto, a exigência da elaboração de lei específica resultou por deixar ao talante do governo, vale dizer, da vontade política do Estado, a expedição de um diploma que o atinge diretamente e numa seara em que o Brasil está inovando, ademais de impor a necessidade de negociar a quem, confundindo o interesse do Estado com o do governante, receia ou teme pela sua autoridade, de resto emanada do povo que inclui, por óbvio, os funcionários públicos.

Conquanto não seja este o entendimento do Supremo Tribunal Federal, as instâncias inferiores estão flexibilizando na admissão da aplicação da Lei de Greve aos movimentos que envolvem os servidores públicos; e estes, por sua vez, não deixam de utilizar o movimento à falta de regramento jurídico da hipótese.

10.3. Distinção dos serviços essenciais

Em que pese o pressuposto de essencialidade do serviço público, existe marcante distinção a ser feita com o que se denomina de serviços essenciais.

Quando se cogita de serviço público, existem numerosos deles de inegável essencialidade pelo conteúdo e pela destinação, basicamente quando se constituem em dever do Estado, por ele assumido ou por imposição constitucional. Os serviços nas áreas de polícia ambiental, segurança de tráfego rodoviário, de estímulo à produção rural, dentre numerosos outros, mostram-se essenciais para que o Estado cumpra suas múltiplas finalidades, mas não se cogita, frente à comunidade, como daquelas capazes de representar uma ameaça à segurança, à saúde ou à vida, como se observa nas relações trabalhistas privadas e que encontra preocupação, inclusive, nas legislações de numerosos países, quando se atenta para o exercício do direito de greve.

Os serviços, assim, serão tidos como essenciais sempre e quando, interrompidos, venham a representar grave ameaça ou perigo à vida, à segurança ou à saúde de qualquer pessoa, de parte ou de toda a população. Este entendimento básico pode ser ampliado quando a greve, num segmento originariamente excluído das perspectivas apontadas, se prolongue ou ganhe uma extensão maior que as circunstâncias identificadas. Neste caso, aquilo que estaria excluído do conceito de essencialidade não perde tal característica, mas passa a merecer tratamento idêntico àquele que se dispensa a uma greve em atividade essencial, como forma de reduzir os seus efeitos ao mínimo tolerável, sem representar ameaça, de qualquer sorte, ao regular exercício do direito de greve.

10.4. Identificação ou caracterização da existência do serviço

Não existe um procedimento convergente em derredor da idéia do que seja um serviço essencial. Resulta daí que, em diversas legislações, não se encontram previamente definidos tais serviços. Os critérios para estabelecer as características podem tomar como base o papel do sindicato e sua relevância, a natureza da entidade patronal e sua função na sociedade, o tipo de serviço que a greve paralisa, a espécie de transtorno e a alternativa que se pode oferecer para minimizar seus efeitos, dentre vários outros fatores.

Quando se cogita do papel do sindicato e sua relevância pode-se atentar, por exemplo, para os que envolvem os transportes públicos regulares. Se, numa dada comunidade, há oferta suficiente de meios alternativos de deslocamento da população, uma greve de transportadores rodoviários, por exemplo, pode ser parcialmente suprida pelo ferroviário metropolitano. Evidencia-se maior dificuldade para a movimentação dos usuários, mas não significa a absoluta supressão do serviço. O mesmo se dará quando invertida a situação, vale dizer, se a greve afeta os transportes ferroviários e há bom ou razoável atendimento pelos veículos rodoviários, não se irá caracterizar, no caso, a essencialidade para efeito de avaliação da greve, separadamente, de um ou de outro dos sindicatos, excepcionada a hipótese de equivalência na oferta dos serviços.

A natureza da entidade patronal ganha relevância, na sociedade, quando o principal ou algum dos seus serviços mais importantes é afetado pela greve; quando seja a hipótese de um empregador ter contra seu empreendimento deflagrada uma greve, a exemplo de um hospital privado, embora o trabalho na saúde seja tido, e efetivamente o é, como essencial. Se, todavia, há outros hospitais, na localidade, capazes de atender à demanda da população, não se pode exigir, só pela circunstância da greve, que seja considerada como desenvolvida em condições de essencialidade do serviço. Por outro ângulo, se no mesmo hospital existe uma determinada especialidade ou equipamento que não encontra concorrente, na comunidade, ou os concorrentes não bastam à quantidade da procura, há que se ter como essenciais os serviços, para efeito de extrair daí as conseqüências previstas em lei.

Quanto ao tipo de serviço que a greve paralisa podemos invocar os empregados em estabelecimentos prisionais. Se a paralisação ou outra forma de exercitar a greve afeta os empregados dedicados exclusivamente aos serviços administrativos, vale dizer, burocráticos, a greve não poderá ser tida como em atividade essencial. Situação reversa constatar-se-á se a paralisação ocorrer com o pessoal encarregado do suprimento das refeições. No que tange aos agentes de segurança dos presídios é possível avaliar-se as utilizações alternativas da polícia, civil ou militarizada, para suprir o afastamento dos empregados. Assim, o sindicato pode envolver todos os empregados do estabelecimento; porém, não alcança a totalidade dos serviços desde que o objetivo esteja limitado a certos setores.

Quando não se quiser valer do exemplo invocado, pela circunstância de serem servidores públicos os trabalhadores em estabelecimentos daquela natureza, podemos nos valer de uma empresa de serviços funerários quando os vendedores de tais serviços recorram à greve. É que a produção das urnas funerárias, o encaminhamento e a execução dos serviços não são tarefas que dependam daqueles empregados e poderão ser substituídos, na execução das tarefas, por outros trabalhadores da empresa ou pelos próprios empregadores, segundo a dimensão da empresa.

Sob estes vários aspectos, pode se concluir que os serviços essenciais não se enquadram numa bitola preestabelecida e apta à utilização, em qualquer circunstância, para tipificar as hipóteses.

10.5. A noção de essencialidade

Vimos alguns dos aspectos pelos quais é possível contornar a idéia preconcebida de essencialidade e capaz de frustrar o exercício regular do direito. Para que se possa alcançar, com segurança, a noção e a certeza da essencialidade de um serviço ou atividade, a partir do quanto recomenda, por verbete de comitê específico da Organização Internacional do Trabalho, impõe-se que haja efetivo perigo que possa afetar a vida, a segurança ou a saúde da população, parte dela ou do indivíduo *uti singuli*, pela interrupção da prestação ou do fornecimento do serviço.

Vale relevar que tais preceitos servem à proteção, inclusive, do trabalhador e de seus familiares. O perfil brasileiro, para a noção de essencialidade, considera a ocorrência das greves sempre pelo conjunto dos integrantes da categoria profissional, tal como legalmente definida, em face dos empregadores da atividade econômica predominante, assemelhada ou conexa.

Quando a greve se deflagrar por uma parte dos profissionais contra um ou alguns dos empresários, restará, naturalmente, a possibilidade das necessidades da população estarem sendo atendidas pelos que não foram alcançados pelo movimento e, mostra-se evidente, ainda que a atividade é tida como essencial, para efeito de tipicidade legal, que não se deverá proceder a tal invocação, pois as necessidades da comunidade estarão satisfeitas, excetuada a hipótese, a ser constatada, de grave insuficiência.

É bem de ver que a essencialidade não concerne à qualidade do serviço ou atividade. Assim, quando se apurar que a greve não afetou a totalidade das empresas ou dos serviços destas, não se há que invocar a essencialidade tendo como fundo de alegação a qualidade desses mesmos serviços. A qualidade é algo de desejável em qualquer serviço, essencial ou não, mas o objetivo da lei é assegurar o serviço, ainda que de qualidade sofrível, contudo, o bastante para suprir a falta capaz de causar prejuízo, irreparável à população.

10.5.1. O interesse geral a proteger

A visão do interesse não se centra com exclusividade nas referências restritivas fixadas pela Organização Internacional do Trabalho. A Espanha tem desenvolvido a preocupação consistente na determinação, pelas autoridades governantes, das prestações de serviços alternativos que devem continuar sendo disponibilizados durante a greve com o "objetivo de que o exercício dos direitos fundamentais e as liberdades públicas ou o gozo dos bens constitucionalmente protegidos aos quais satisfaz, permaneçam abertos para os seus usuários"[1]. Há uma preocupação, pela

---

(1) GÁRATE CASTRO, Javier. *Direito de greve e serviços essenciais na Espanha.* In: ROMITA, Arion Sayão. *A Greve no setor público e nos serviços essenciais.* Curitiba: Gênesis, 1997, p. 57.

Corte Constitucional daquele país, que põe em relevo que a greve não autoriza a imposição de sacrifício aos legítimos interesses dos destinatários dos serviços essenciais. Assim, inexistindo regra que discipline as atividades essenciais, serão estas delimitadas pela autoridade governante o que tem propiciado a caracterização, como essenciais, dos serviços de saúde pública, as distintas modalidades de transportes, suprimento de água, abastecimento e condução de gás liquefeito, refinarias de petróleo e atividades conexas, abastecimento e distribuição de combustíveis, meios públicos de comunicação e serviço telefônico, ensino público, serviços de correios e telecomunicação, administração de justiça, prisões, dentre outros, sendo seu ato passível de controle jurisdicional, valendo-se a Justiça, melhor dito, a Corte Constitucional, da premissa de que, mesmo sendo uma garantia constitucional, o direito de greve não pode prejudicar outros direitos que lhe estejam no mesmo nível.

Na Itália, com a Lei n. 146, de 12 de junho de 1990, prevaleceu o traço característico como noção peculiar do serviço essencial a tutela da expectativa do usuário enquanto cidadão titular de direito constitucional, na observação de *Francesco Santone*[2].

Observa *José João Abrantes* que a

noção de serviços essenciais é um conceito flexível e adaptável à realidade concreta da greve, sua extensão e alcance, que não pode todavia funcionar como uma válvula que permita o esvaziamento do sentido útil da garantia constitucional deste direito.[3]

O Código de Trabalho de Portugal, no art. 599, reparte entre o "ministro responsável pela área laboral e do ministro responsável pelo sector da actividade" (art. 599.3) e registra no que tange à Comissão Permanente de Concertação Social (art. 570) a definição dos serviços mínimos e os meios para seu atendimento "quando sejam serviços da administração directa do Estado, ou de empresa que se inclua no sector empresarial do Estado" (art. 599, 4), sempre que um acordo não seja alcançado até o terceiro dia do prazo de dez dias estabelecido para as atividades essenciais constantes do elenco do art. 598, 2.

Para conter as observações em limites mais estreitos, vale consignar que a caracterização dos serviços faz-se, predominantemente, através das leis, nada impedindo, todavia, que alguns países optem pela definição através de atos governamentais, ainda que susceptíveis de avaliação ou controle jurisdicional, além da hipótese encontrada em países como Alemanha, Áustria e Suíça que atribuem o mister ao próprio sindicato e, por fim, como acontece com a Bélgica e países escandinavos, a cargo de comissões mistas[4].

10.5.2. Os prejuízos dos usuários

A Lei de Greve estabelece, no art. 10, quais os serviços ou atividades essenciais. O cerne da qualificação está na presença ou viabilidade de decorrer grave e irremovível

---

(2) *Lo sciopero*. 5. ed. Napoli: Jovene, 2001, p. 113.
(3) *Direito de greve e serviços essenciais em Portugal*. In: ROMITA, Arion Sayão (Coord). *A greve no setor público e nos serviços essenciais*. Curitiba: Gênesis, 1997, p. 102.
(4) *Id., ibid.*, p. 105.

prejuízo para os usuários, uma vez deflagrada a greve. Com efeito, o sistema *de tratamento e de abastecimento de água* representa não apenas o desconforto de reduzir o consumo, por ser contornável com várias medidas restritivas, a exemplo do que ocorre em épocas de seca. O tratamento da água é condição estratégica e de extrema segurança para o Estado e que não soe exagerada a assertiva, tendo-se na devida conta os riscos de contaminação e a repercussão na saúde coletiva e os desdobramentos que se possam extrair da situação. O tratamento, mesmo que de qualidade desejável, é indispensável e insubstituível por qualquer outra atividade; para ele inexistem alternativas, daí a certeza de que deve ser tida como serviço essencial. O abastecimento, infelizmente, não ocorre de maneira correta ou adequada em todos os quadrantes do país. São incontáveis as áreas onde ele é feito de modo precário, insuficiente ou primitivo pela coleta de água da chuva para atender à comunidade. Diante de tal realidade, considerar-se essencial o serviço, pode soar paradoxal, quando o próprio poder público não garante o regular suprimento à população. Ocorre, entretanto, que onde existe a atividade pode repercutir, pela supressão de seu fornecimento, na saúde, na higiene, na alimentação, na sobrevivência mesma da população. Cabe ao Estado prover toda a comunidade com o necessário suprimento de água potável e, uma vez existente o serviço, a greve não pode alcançá-lo sem a garantia dos serviços mínimos, uma vez que as alternativas de obtenção da água por poços artesianos, pela coleta em rios ou nascentes próximas às localidades não estarão ao alcance de todos.

No aspecto de *produção e distribuição de energia elétrica, gás e combustíveis* há que ser posto em exame o que refere à possibilidade de geração de eletricidade por pequenas usinas hidro ou termoelétricas, que constituem a expressiva maioria das fontes geradoras de tal energia, nas localidades onde existam outras de maior porte e a presença delas seja capaz de afetar, sensivelmente, a população. Não há porquê impor as restrições da essencialidade do serviço quando a limitação do consumo da energia gerada pelas usinas maiores seja capaz de oferecer alternativa para superar as dificuldades criadas pela greve. O gás, por sua vez, é canalizado em pouquíssimas áreas do país. Seu suprimento depende muito mais do transporte em botijões e que se dá por via terrestre, marítima, lacustre ou fluvial. Só por aí bem se pode avaliar que vastas regiões do território nacional necessitam e se valem de alternativas para a falta do gás e, no caso, a comercialização de cada botijão é que suprirá as necessidades locais. Já se permite avaliar que a distribuição de gás, a ser verdadeira a qualificação de serviço essencial, pode ser afetada pela greve de transportes — nas várias formas apontadas —, na comercialização, enfim, na ponta da sua cadeia de circulação. A possibilidade também afeta a distribuição de outros combustíveis, por caminhões, barcos ou em barris, a supor as mesmas dificuldades encontradas para a distribuição e comercialização do gás. Quando não se oferece alternativa, aferível como uma realidade, a greve em atividade realmente essencial não perde tal característica.

Pelos aspectos considerados, pode-se bem avaliar que a qualidade ou natureza de essencial, não deve ser empiricamente estabelecida, mas ponderada diante do oferecimento, ou não, de alternativa eficaz, da natureza da zona alcançada e dos destinatários dos seus efeitos.

No que tange à *assistência médica e hospitalar* será possível, de igual maneira, avaliar o oferecimento de outras vias. É que existindo o serviço público paralelo ao particular, pode a greve afetar um dos segmentos ou uma parte deles, vale dizer a greve ser particularizada ou reduzida a uma expressão menor. Assim, se a rede hospitalar privada entra em greve, resta à população o recurso ao serviço público, ainda que apodado deficiente, insatisfatório em qualidade ou quantidade, mas não se pode afirmá-lo inexistente. Menor ainda o sacrifício quando seja a greve de uma parcela — maior ou menor, não importa, mas sempre uma parcela — da rede privada. Restaria, ainda, a alternativa do remanescente ativo do serviço particular e, assim, aquela greve não poderá enquadrar-se nas restrições dos serviços essenciais. É importante considerar que, para se ter como tal, o movimento há que afetar os empregadores do ramo ou atividade econômica, ou seja, quando a paralisação completa ou redução considerável se manifeste por iniciativa, por exemplo, dos profissionais médicos autônomos, sequer se poderá qualificar o ato como grevista. É essencial que tais médicos guardem a condição de empregados, para que se tenha qualificada a ocorrência de greve. A situação não se altera quando a greve for do serviço público de saúde, no todo ou em parte, pelos mesmos fundamentos aqui invocados.

A *distribuição e comercialização de medicamentos e alimentos*, erigida à condição de serviços essenciais, peca pela generalização. Com efeito, soa elementar afirmar-se que há medicamentos e medicamentos, como há alimentos e alimentos. Quando se avalia que nem todo medicamento tem a característica de essencial, no sentido de urgente ou emergencial, é por haver alternativa entre distintas marcas, de um mesmo princípio ativo, ademais dos produtos genéricos. Assim, quando a greve atinge a distribuição dos medicamentos ou movimento destinado a boicotar a distribuição de um medicamento específico, existindo alternativa não se pode asseverar ser o serviço essencial. A greve num laboratório industrial ou na empresa que lhe distribua os produtos não será tida, necessariamente, como ocorrente em atividade essencial. No que tange aos alimentos, acreditamos que a ameaça ou prejuízo que se oferece à comunidade versa basicamente os gêneros de primeira necessidade, assim, a inespecífica referência a alimentos dá uma extensão ilógica à restrição da greve. As lojas que vendem artigos refinados, de escasso consumo pela maioria da população, se enfrentam uma greve não poderão ser consideradas como desenvolvendo atividade essencial. Cumpre atentar, ainda, para que a greve pode alcançar determinada rede, alguns ou apenas um estabelecimento comercial de gêneros alimentícios e isto se mostra, obviamente, incapaz de qualificar como essencial o serviço, desde que não se cogite da única padaria da cidade. No tangente à distribuição a norma peca por uma inusitada extensão ou amplitude. Com efeito, a distribuição, aí, diversamente do que se encontra na geração de energia, pode se dar pelo próprio fabricante, pelas empresas de transportes aéreos, terrestres, marítimos, fluviais ou lacustres encarregadas da movimentação dos produtos; também pode ocorrer que existam empresas intermediárias, incumbidas de tal distribuição e sejam estas alcançadas pela greve. Como não se imagina que sejam tanto as transportadoras quanto as distribuidoras detentoras de monopólio ou exclusividade, não se pode ter como greve em atividade essencial aquela ocorrida num segmento que se destina à distribuição de gêneros ou medicamentos, sempre diante da possibilidade da alternativa para atender às necessidades e reduzir ou eliminar os prejuízos que possam recair sobre a população ou parte dela.

Quando a lei cogita de considerar atividade essencial os *serviços funerários,* uma vez mais peca pela generalização. Com efeito, dentro da idéia de serviços funerários se encontram atividades que começam com os vendedores, os transportadores, os que se dedicam à elaboração do féretro e, nos cemitérios, preparam os túmulos e ultimam o sepultamento. Em quais destes segmentos se pode afirmar presente a atividade essencial? A comercialização de urnas funerárias é uma atividade competitiva, mesmo quando e onde existam serviços públicos para fornecimento aos desamparados. Por seu turno, o ato de inumação comporta maior cuidado ao observar que é a hipótese de uma pequena comunidade; nestas, entretanto, o cemitério deve ser o único e restrito o número de empregados dedicados a tal mister capaz de criar um sindicato ou de deflagrar uma greve, sem grave risco de retaliação. Quando se cogita de cidades maiores, a alternativa de mais de um cemitério retira a possibilidade de se ter como essencial o serviço, excetuada a circunstância da greve atingir a todos os cemitérios. A situação da legislação brasileira parece-nos de difícil cotejo no Direito Comparado.

O *transporte coletivo* já mereceu um exame antecipado, quando tratamos, em tese, da alternativa como fator de desqualificação da essencialidade do serviço ou da atividade. A lei não estabelece distinção entre transporte coletivo urbano, interurbano, interestadual nem internacional, tampouco se reportando a que sejam aéreos, como os helicópteros, ferroviários, aquáticos, rodoviários ou em tração animal. Tal como se põe, deverá ser tida em atividade essencial qualquer greve que afete transporte coletivo, e isto não é real. A Corte Constitucional espanhola já teve como greve em atividade essencial e, em conseqüência, capaz de impor restrições à sua extensão, aquela de transporte aéreo deflagrada quando das proximidades da Semana Santa por importar em grande constrangimento para o usuário e sua família que se programaram para viajar naquele período, o mesmo ocorrendo quando a greve se manifesta num período de início de férias em geral[5]. Vale registrar que se a greve atingir uma empresa de transporte coletivo rodoviário urbano e não se tratando de monopólio, haverá, sempre, a alternativa de uso pela população. Esta situação mostra-se, ademais, aplicável a qualquer das hipóteses de transporte coletivo que, como posto o texto legal, acaba por atentar contra o direito constitucional de greve e abuso do Estado em generalizar na definição, sem outorgar à autoridade administrativa local a possibilidade de estabelecer os lindes da situação.

A *captação e tratamento de esgotos e lixo* traduzem uma tentativa de somar quantidades heterogêneas. Com efeito, esgoto significa a drenagem de efluentes, dejetos, rejeitos que merecem tratamento, quando for a hipótese, para que a população ou parte dela não resulte atingida nos seus efeitos maléficos ou possa ser alcançada por uma epidemia. Quando se trata de lixo e sua coleta a situação já não se apresenta com a mesma característica. A operação de recolher lixo pode ser diária, ocorrer em dias alternados, como se pode dar semanalmente. Esta circunstância não depende da dimensão da cidade, mas do tipo de organização ou estrutura dada ao serviço. Quando a coleta se efetiva por mais de uma empresa, pode ocorrer a alternativa de utilizar, a pleno emprego, aquela que não foi alcançada pela paralisação; quando a coleta se dê por semana não significa dizer que toda a cidade somente tenha recolhido o lixo se-

---

(5) GÁRATE CASTRO, *op. cit.,* p. 45.

manalmente, a divisão por áreas é que ensejará, em cada setor, uma visita a cada sete dias. A greve, assim, atingirá toda a comunidade, cada parte a seu tempo. Vale considerar, entretanto, que estando os lixos corretamente acondicionados, mínimo será o efeito imediato da greve, mas acabará por representar um risco, quando se prolongue o movimento e os *containers* esgotem seus limites de capacidade. Há, pois, que atentar para os múltiplos aspectos antes da autoridade — e que deve, sempre, ser a administrativa — apelar para a qualificação de um serviço como essencial.

Tal como posto, o dispositivo que identifica como atividade essencial as *telecomunicações* ignora ou desconhece as múltiplas maneiras como, hoje, elas se desenvolvem. Com efeito, uma greve dos serviços oficiais de correios encontra alternativa nas atividades privadas ocupadas no mesmo mister; quando se trate de telégrafos ou telex são serviços em desuso e que foram substituídos pelas mensagens eletrônicas, de facílimo acesso seja pelas cabinas públicas de fac-símile, seja pelos *cyber* cafés onde o uso da *Internet* viabiliza comunicação instantânea e segura, sem intervenção de empregado para prática dos atos de telecomunicação. O telefone encontra alternativa pela telefonia celular ou móvel, quando ocorrre a paralisação dos serviços no fixo e vice-versa; ainda pela utilização da *Internet* através do ICQ, forma verbalizada da expressão inglesa *I seek you,* ou pelo mais recente sistema ou método do IP (VOIP ou SKYPE) quando o diálogo se estabelece, em tempo real, pela utilização do envio imediato de mensagem escrita e obtenção simultânea da resposta, num sistema que se está generalizando em uso e que pode e tem sido utilizado, inclusive, para as relações negociais. É este o setor que tem experimentado maior desenvolvimento, mercê do amplo recurso à informática. Se houver alternativa eficaz e generalizada no uso para a atividade em greve, não pode nem deve esta ser tida como essencial, para os efeitos restritivos da legislação.

Numa flagrante confusão entre causa e efeito, a legislação brasileira incluiu entre as atividades essenciais a *guarda, uso e controle de substâncias radioativas, equipamentos e materiais nucleares.* Com efeito, quem trabalha com tais equipamentos ou lhes detém a guarda enfrenta o risco da radioatividade, o que faz perigosa a função, mas o fato — apesar de grave — de cuidar de substâncias radioativas ou materiais nucleares ou velar pela respectiva guarda não torna a atividade em essencial. O risco à vida ou saúde de pessoas ou da própria população está preservado pelos próprios métodos de trabalho que cercam a manipulação e uso dos produtos. Se ocorrer uma greve, por óbvio, cessará a atividade e a guarda, no sentido de vigilância dos locais, pode oferecer alternativas, mas no mínimo soa razoável que ninguém, em consciência sadia, vá afrontar o risco de violar tais lugares ou tentar utilizar, sem deter a técnica, o quanto lá se encontre. O risco de vida e a ameaça à saúde é para quem lá trabalhe e se deflagram uma greve — desde que não seja esta de ocupação — afastam-se da possibilidade enquanto perdure a paralisação. Afinal, os acidentes nucleares acontecem por que os homens lidam com os equipamentos e não por se afastarem de suas instalações. Atente-se, ademais, para a circunstância de afrontarem os graves riscos quem reside ou vive nas cercanias das usinas ou estabelecimentos que lidam com os materiais nucleares. Com estes, como age o Estado?

O pouco ou nenhum conhecimento do legislador sobre processamento de dados e o distanciamento do raciocínio lógico fizeram-no afastar-se do razoável. Com efeito, considerar como atividade essencial o *processamento de dados ligados a serviços essenciais* significa dizer que, quando qualquer atividade tida como essencial decretar uma greve, os serviços de processamento de dados encontrar-se-ão dentro das restrições impostas pela lei. Basta ver que, se essencial é o serviço, o conjunto do quanto nele existe está envolvido na restrição e não por ser de processamento de dados, o mesmo se dará com o motorista, se opera transporte próprio ou com o condutor de um carro mortuário, com o inspetor de linha de transmissão elétrica. O que, ainda mais logicamente, não se pode alcançar é o trabalhador em empresa de processamento de dados contratada para prestar serviços àquelas cujas atividades sejam tidas como essenciais, vale dizer, na utilização dos serviços terceirizados. Neste caso, a continuidade dos serviços dar-se-á e conforme à demanda, uma vez que não será aquela a estar em greve. De tudo e por tudo, o dispositivo mostra-se vazio de conformação e destino. A verdade que reside por sob o suposto equívoco do legislador está por baixo da norma que considera serviço essencial a *compensação bancária* que se vale, e muito, do processamento de dados e o serviço, por não ser da atividade-fim dos bancos, é alvo de contratação com terceiros *(outsourcing)* e aí, ainda uma vez, vale a observação de que não guarda relação, quando seja o serviço de terceiros, se o terceiro não estiver em greve ele mesmo. Esta vinculação está, agora, a oferecer alternativa quando o sistema bancário introduziu a automação direta nas transações bancárias entre particulares de modo a permitir que as transferências de crédito e os pagamentos, a partir de determinado valor, possam ser feitos, em tempo real, entre os interessados, sem necessidade de movimentação do pessoal em atividade nos bancos, mas pelo uso da *Internet* e dos recursos da informática que independem da participação de terceiros, vale dizer, as empresas de processamento de dados, salvo no instante de elaborar o programa, para a execução dos serviços.

Quando a atividade bancária paralisa, não sendo ela essencial, como justificar a utilização do processamento de dados? Cerradas as portas, mercê da greve da categoria, não há movimento bancário e se este não se verificar, onde surgem os documentos que ensejam a compensação? Em que prejudica ou onde se mostra a essencialidade de tais serviços, para movimentar o processamento de dados?

Por último, no que concerne ao *tráfego aéreo* é inegável se tratar de uma atividade essencial com um serviço de alta qualificação do pessoal e que representa a necessidade de sua preservação, ainda que resguardado o mínimo tolerável ou admissível, para que não periclitem vidas, equipamentos e instalações.

O zelo do legislador, para prevenir os prejuízos que os usuários podem sofrer, como visto, ao estabelecer um elenco de serviços ou atividades, excedeu-se, injustificada e canhestramente. A fixação, pelo caminho da lei, das limitações resulta em que se vejam rapidamente ultrapassados os conceitos e permitem que surjam à margem do comando legal, outras que bem poderiam estar assim tratadas e não o são. É que há uma dificuldade óbvia de alterar a legislação, a cada momento que a situação de fato se alterar, tanto mais no campo das relações trabalhistas onde a criatividade desenvolvida nas convenções coletivas, é maior e mais dinâmica.

CAPÍTULO 11

OS SERVIÇOS MÍNIMOS

11.1. Serviços mínimos

A noção primeira a se extrair do conceito de serviços mínimos é de que a greve não é, e nem deve ser, sistematicamente interpretada como uma paralisação coletiva de trabalho. Além do aspecto da greve de zelo, no Brasil também identificada como operação "tartaruga", quando ela envolve os essenciais impõe que haja um mínimo de funcionamento de tais serviços.

A preocupação inicial de definir ou caracterizar o que sejam os serviços mínimos não encontra fácil resposta. É que, como vimos, são várias as atividades tidas como essenciais e, em conseqüência, as situações de greve hão que ser especificamente analisadas para não resultar frustrado o regular exercício de um direito constitucionalmente assegurado, pela ação de organismo de qualquer natureza que exija a preservação de um mínimo de serviços, para atendimento à população, quando não se esteja diante da necessidade de permanência de um grupo de trabalhadores para manter em condições básicas de imediata operação fábricas e seus equipamentos, quando assim se mostre necessário, e para evitar graves prejuízos.

A greve, conquanto garantida pela Constituição, deve, no que concerne aos serviços essenciais, respeitar as garantias constitucionais de natureza a assegurar o direito à vida, à saúde e à segurança da pessoa, inclusive do próprio grevista que, no particular, mostrar-se-á imprevidente quando não cogitar da existência desses serviços mínimos.

Esses serviços mínimos necessitam definição clara, mas não o podem ser previamente, com caráter de generalidade, uma vez que sendo de natureza vária, cabe analisar, em cada hipótese, como operar o serviço em condições que, mesmo precárias, possam atender às carências básicas da comunidade ou da empresa.

Monteiro Fernandes[1] louva-se em pareceres da Procuradoria Geral da República portuguesa para considerar que a delimitação dos serviços mínimos se deve adotar em relação às empresas e estabelecimentos cuja

> *actividade se proponha facultar aos membros da comunidade aquilo que, sendo essencial ao desenvolvimento da vida individual ou coletiva, envolvendo, portanto, uma necessidade primária, careça de imediata utilização ou aproveitamento, sob pena de irremediável prejuízo daquela.* (grifado no original)

A idéia de estabelecimento de uma hierarquia de interesses sociais, partindo do geral para o particular, no dizer do consagrado jurista, resulta em que

---

(1) *Direito do trabalho*, 1999, p. 898-899.

os interesses e bens geralmente protegidos pela Constituição, no quadro do estatuto da personalidade e da cidadania, prevalecem, por princípio, sobre os interesses de âmbito pessoal mais restrito, como são os de ordem colectiva e sócio-profissional[2].

Os lindes externos do exercício do direito de greve se estabelecem onde e quando os direitos à vida, à saúde e à segurança possam passar por alguma sorte de ameaça. O interesse do trabalhador e do seu aglomerado profissional (coalizão, sindicato, comissão de negociação) não se pode, como já referimos, impor às necessidades que se apuram presentes na sociedade e que se evidenciam impostergáveis mercê da presteza com que as possa invocar ou exercer.

Juan Carlos Cassagne[3] observa que o ato determinante das prestações indispensáveis a serem ministradas à população — dentro do que entende ser um novo conceito jurídico: os *serviços mínimos* — deve ser restritivamente interpretado, neste ponto em linha de colisão com o entendimento do Tribunal Constitucional espanhol, por não se poder admitir que uma norma impositiva de restrição grave ao exercício do direito de greve seja interpretada de forma contrária à sua finalidade.

O mínimo não se define pela quantidade de pessoas a utilizar, mas no perfil que se desenha para o atendimento das necessidades sempre, onde e quando se apresentem.

Numa estação de serviços ou posto de abastecimento de combustível, por exemplo, o movimento pode restringir-se à presença de um único operador uma vez que nada impede que o consumidor realize os atos que atendam à sua carência. Não seria inusitado, nos pequenos postos, encontrarmos apenas um trabalhador na função e, em tal caso, seu afastamento mostrar-se-á improvável, pela imposição de sua presença para atender a quantos não se saibam servir ou a tanto estejam impossibilitados. Atente-se para a circunstância, no exemplo invocado, da existência de norma proibitiva da automação de venda de combustíveis nos postos de abastecimento, mas não a redução do pessoal utilizado.

A dificuldade não pode, entretanto, tão facilmente ser superada quando se tratar, por exemplo, do atendimento emergencial, na área de saúde, onde uma cirurgia não poderá, evidentemente, ser realizada exclusivamente por um único médico, frente à exigência de toda uma equipe para que isto se faça. Neste caso, mesmo que o hospital disponha de várias salas no centro cirúrgico, não será razoável exigir que esteja disponível uma equipe para cada qual. Vale atentar, ademais, que se deve verificar qual a prevalência de demanda para identificar que nível e qualificação de profissionais atende aos serviços mínimos.

Os serviços mínimos constituem a expressão menor, mais reduzida, de uma atividade que se entenda imprescindível, quando uma greve alcance empresas ou órgãos públicos, vale dizer, da administração pública, direta ou indireta, imprescindíveis, repetimos, ao equilíbrio razoável entre o exercício do direito de greve e aqueles direitos

---

(2) Loc. cit.
(3) *La huelga en los servicios esenciales*. Madrid: Civitas, 1993, p. 93-94.

fundamentais que se reportam à vida, à saúde e à segurança das pessoas. A quebra de tal equilíbrio fará periclitarem tais direitos. É de notar, também, que não se poderá estender ou ampliar a noção de serviço mínimo, dar-lhe um entendimento tão amplo que acabe por inibir o exercício do direito de greve.

11.2. Caracterização das necessidades

Tal como ocorre na estipulação ou delineamento da natureza essencial do serviço, impõe-se a definição de quem deve ser o responsável pela caracterização dos serviços mínimos durante um conflito coletivo de trabalho.

A autotutela aparenta ser a melhor das hipóteses, num exame aligeirado, porque permite aos próprios profissionais delimitar o conteúdo básico dessas atividades ou serviços, dentro da perspectiva de efetivo melhor conhecimento da realidade e modos que permitam compatibilizar o exercício do direito de greve sem grave ocorrência de prejuízo da sociedade.

Dois aspectos, entretanto, devem ser sopesados: a existência de greve com abrangência geral dos profissionais e o interesse ou ânimo de causar perdas mais graves aos empregadores e que resultem em sérios prejuízos a terceiros, no caso, o interesse comunitário.

Com efeito, quando se trata de uma greve dirigida contra uma empresa ou órgão não monopolista, o que permite à concorrência o exercício regular de suas atividades, há mínima repercussão sobre os interesses da cidadania e que devem ser tutelados. Quando for geral a greve, entretanto, o deixar aos efetivos interessados o poder de decidir ou estabelecer quais os segmentos, em que quantidade e momento os serviços mínimos devem estar disponíveis, escalando quais trabalhadores estarão participando do esforço comum de preservação das atividades, pode resultar inócuo, pela falta de hierarquia ou ascendência entre os trabalhadores integrantes da categoria entre si ou destes com o sindicato. Há impossibilidade da atuação interna dessa espécie de autotutela.

Quando o ânimo for, inequivocamente, de onerar de maneira excessiva às empresas, ausente a consciência cívica da existência de um interesse mais elevado a respeitar, nada poderá ser feito, salvo a oportunidade, estabelecida em lei, do Poder Público intervir, administrativamente, para buscar uma solução. Neste caso, sem prévio estabelecimento ou definição de critérios, pode se dar o reverso, vale dizer, uma intervenção que acabe por frustrar o exercício do direito de greve.

A competência para estabelecer ou impor os serviços mínimos pode, também, ser atribuída ao Poder Público sem prejuízo do exercício do poder regulamentar do próprio sindicato. Esta, pelo menos, é a solução encontrada na Lei n. 146, de 13 de junho de 1990, modificada pela Lei n. 83, de 11 de abril de 2000, na Itália. Ali, quando a greve tem alcance local, a lei concede às autoridades administrativas do lugar poder para editar uma resolução motivada, a fim de garantir as prestações indispensáveis e impõe ao órgão público ou à empresa as medidas adequadas para garantir nível de funcionamento do serviço e com isto se conciliando o exercício do direito de greve com o gozo dos direitos da pessoa, assegurados pela Constituição. Quando se trata de conflito coletivo de extensão nacional e de relevo, as partes podem ser convocadas a uma audiência de conciliação e não se logrando estas serão instadas a postergar o início da ação, para que possa ocorrer tentativa de mediação, impondo-se advertências e restrições para evitar que se dê tentativa repetida, em curto prazo, sem observância de pré-aviso ou de intervalo mínimo razoável (arts. 8,2 e 13, 1, c, d da Lei n. 146, de 1990, com a redação da Lei n. 83, de 2000).

O art. 2º, da Lei n. 146 mencionada, criou uma Comissão de Garantia que tem poderes claramente estabelecidos para dispor sobre os serviços essenciais, enquanto tenta compor o conflito. Os múltiplos aspectos de atuação da Comissão são disciplinados, ao longo do texto legal, para que se estruture e atue conforme o nível de conflito desde aqueles mais amplos, nacionais ou gerais, até os regionais, provinciais ou locais. Por este aspecto, se vê que os órgãos sindicais, quando não logrem, por sua própria disposição ou iniciativa, assegurar a prestação mínima das atividades essenciais, o Estado pode se valer de organismo diverso e, ademais, praticar, onde não se possa sentir a atuação da Comissão, ato da autoridade pública — desde o prefeito até o Primeiro-Ministro ou ministro a quem este delegue a atribuição — ainda que passível de avaliação ou controle por tribunal administrativo.

A lei francesa (Código de Trabalho, art. 541-4-1) delibera sobre serviços mínimos nas áreas de saúde, economia e social e atribui poder ao Conselho de Estado, instância máxima de julgamento, no país, a necessária competência para fixar a modalidade de aplicação das disposições referentes aos serviços mínimos, tendo a faculdade de definir atividades e categorias de trabalhadores indispensáveis à execução das obrigações mínimas e, aí reside o aspecto inovador, para designar as autoridades responsáveis para pôr em prática as decisões administrativas.

Ao diretor de um hospital toca, melhor que ninguém, saber como compor uma equipe mínima de trabalho, durante uma greve, atentando para a natureza prevalente da demanda dos serviços, nos dias e turnos em que ela cresce ou se reduz. Se uma autoridade, distante e alheia a esta realidade, avoca a fixação de tais números fatalmente estará atuando sem vivenciar a realidade e o empirismo conduzirá à insatisfação das reais necessidades dos usuários ou atentará contra o exercício do direito de greve.

O serviço deverá ser prestado pelo pessoal estritamente necessário à execução do mínimo, suficiente este apenas à continuidade da satisfação das demandas essenciais seja dos usuários, seja do serviço público, sendo certo que o mínimo não poderá ser tido como um serviço normal.

O sistema argentino guarda alguma semelhança com o brasileiro quando atribui aos parceiros sociais o dever de encontrar a harmonia para superar a necessidade de atender aos serviços mínimos, mas, quando isto não ocorre, apenas a autoridade do Ministério do Trabalho (art. 5º, do Decreto n. 2.185, de 1990) estará legitimada para estabelecê-los; de igual modo proceder-se-á, quando observar a autoridade que o ajuste estabelecido entre sindicato e patrões é insuficiente ou inadequado. Em realidade o que se apura é a criação de mecanismos de restrição ao exercício do direito de greve, com o objetivo de estabelecer maior proteção aos direitos da população, pela combinação dos procedimentos de prevenção e conciliação. É, em suma, a prevalência do exercício das liberdades (Constituição, art. 14) sobre o direito de greve, também reconhecido pelo art. 14 *bis,* da Constituição.

A presença exclusiva do Poder Público na disciplina de estabelecimento da estrutura e funcionamento dos serviços essenciais oferece, sempre, o risco do cerceio ao exercício regular do direito de greve. A preocupação do Estado em assegurar o funcionamento das atividades que lhe sejam exclusivas ou garantir um mínimo num ideal máximo de padrão ou quantidade, pode redundar na frustração do direito de greve.

Soa-nos imperativo que haja motivação do ato da Administração que delibere sobre tais serviços mínimos das atividades essenciais, para que não se vulnere o art. 9º, § 1º, da Constituição de 1988, sob o pretexto de estar dando aplicação à regra do art. 12, da Lei de Greve, que atribui ao Poder Público garantir a prestação dos serviços indispensáveis, sempre e quando não o logrem fazer o sindicato ou os trabalhadores, por iniciativa própria.

O sistema brasileiro comete ao sindicato, aos trabalhadores e aos órgãos patronais a obrigação de, numa ação conjunta, assegurar a prestação dos serviços indispensáveis, durante a greve, "para atender as necessidades inadiáveis da comunidade" estabelecendo quais são elas (Lei n. 7783, de 28.06.1989, art. 11 e parágrafo único).

Constata-se que, ao simples anúncio da greve, os empresários acorrem aos pretórios para postular a fixação de uma quantidade mínima de um terço dos trabalhadores para atender aos serviços. Não poucas vezes, os tribunais se aprestam a determinar que 40% a 50% e já constatamos hipóteses de 70%, 80% e, o máximo do absurdo, 100% dos empregados sejam disponibilizados para atender aos serviços essenciais, o que representa dizer que nem mesmo a metade dos trabalhadores poderá estar em greve e, quando não for greve geral da categoria, o percentual pode ser reduzido a uma expressão bem menor, quase insignificante. Neste momento os tribunais agem como sendo o Poder Público de que cogita a lei. A grande desvantagem encontrada em tal sistema não advém apenas dos aspectos referidos, mas da circunstância de a eles tocar o controle jurisdicional dos atos que praticam.

Quando a atividade em greve for daquelas a exigir turnos de revezamento, ao longo das 24 horas do dia, não surpreende que a empresa se sinta no direito de impor aos trabalhadores do turno cessante a permanência no posto de serviço, ante a recusa em adentrar o local de trabalho, daqueles que os renderiam. O labor excessivo, a redução do efetivo para ensejar um escasso repouso durante o horário, sujeita os trabalhadores a acidentes, coloca-os em atrito e pode representar um risco para a operação de equipamentos que exijam concentração permanente como forma de evitar conseqüências mais danosas. Esse regime de verdadeiro cárcere privado é executado em nome do cumprimento de mandado judicial, quando na realidade se trata de ato de gestão, exercido em nome do Estado, pelo Poder Judiciário a quem se cometerá, em seguida, o "julgamento" do impasse.

Fácil de ver que a situação brasileira é bem peculiar. A instância judicial é que ainda detém o papel de compor os conflitos — tanto econômicos, quanto jurídicos —

e não surpreende que confunda, sistematicamente, o papel de quase-legislador na denominada *sentença normativa*, onde a composição do litígio, pela edição de norma no comando expedido sob a forma de sentença, é fruto do contributo dos julgadores para a pacificação da disputa, com o exercício de sua função jurisdicional.

Com efeito, fácil, muito fácil é notar que a sentença normativa não restaura direitos, nem impõe sanções a quem haja, em ato pretérito e ora posto em juízo, violado as regras de direito. O que se apresta o julgador a fazer é editar preceito que irá regular as relações das categorias em disputa, daí a imposição da lei de que a manifestação da justiça significa o dever de encerramento da greve, sob pena de tê-la como abusiva, a contar de então.

Não há norma preexistente que possa ser violada, pela ação ou omissão de qualquer dos parceiros sociais, capaz de exigir, no conflito coletivo, um julgamento numa instância judicial. Quando tenha ele natureza jurídica, a interpretação que se pronuncia é, esta sim, típica sentença judicial, de natureza declaratória, que diz da vontade dos contraentes como, de resto, pode ocorrer fora das relações trabalhistas.

Quando o tribunal expede uma sentença normativa está, em realidade, praticando um ato de arbitragem. Em essência, tal sentença mais não será que um laudo, mas diante da fonte de onde dimana, tem tal laudo um tratamento jurisdicional completo a complicar as situações e, estranhamente, ensejar que uma instância inferior possa no futuro manifestar-se sobre o seu conteúdo, dando-lhe ou negando cumprimento, conforme seu entendimento, pois não estará diante da coisa julgada para lhe proporcionar execução. São momentos distintos de uma única realidade: o conflito coletivo de natureza econômica deve encontrar solução na convenção, na conciliação, na mediação ou, *in extremis,* na arbitragem. Trata-se de típica relação negocial que toca aos interessados dar-lhe conteúdo e forma, sem ofensa à lei. A greve é um instrumento de equilíbrio de forças que, como fato, ao Estado resta acompanhá-lo para intervir quando convocado por qualquer das partes; porém, para restaurar o direito, não para impor soluções, pois nesse instante cessa qualquer sentido negocial para resultar impositiva a "solução" que se venha a encontrar.

Pela organização judiciária o controle jurisdicional dos atos administrativos que, em sede de contencioso coletivo do trabalho, venha qualquer tribunal a adotar, a exemplo da determinação quantitativa de trabalhadores a ser convocado ao trabalho nas atividades essenciais, somente ao próprio tribunal incumbe fazer. A deformação do sistema brasileiro resulta em que o ato administrativo praticado por qualquer Corte competente em matéria de dissídio coletivo somente pode ser controlado pela mesma ou por Corte superior, no caso e quando seja a hipótese, o Tribunal Superior do Trabalho.

A possibilidade, num Estado de direito democrático, de controle dos atos administrativos pelos órgãos da jurisdição há que ser amplo para garantia de sua transparência e legitimidade. O conceito de serviços mínimos é um conceito jurídico indeterminado e é exatamente aí que os juízes não podem renunciar ao poder de examinar, plena e completamente, os atos de arbítrio ou oportunidade que a Administração pratica, por força de lei, para lhes aferir da razoabilidade e velar para que não se viole o exercício de um direito assegurado pela Constituição, em nome dos interesses ou da política dessa Administração.

Quando, em nome da Administração, o juiz pratica o ato, confundindo-o com o da própria jurisdição, há um rompimento do equilíbrio jurídico que se pretende com a independência e harmonia entre os poderes do Estado.

11.2.1. Segurança do estabelecimento

Os serviços mínimos, por outro lado, podem apresentar-se sob uma perspectiva diversa daquela até aqui examinada. Tal acontece quando a segurança se imponha ao estabelecimento. Já aqui a essencialidade do serviço se evidencia pela necessidade de preservação do patrimônio empresarial, ou do Poder Público, mercê da natureza dos serviços executados naquela atividade, dos equipamentos de que se utiliza ou da preservação de um mínimo de sua capacidade operacional.

Assim, a segurança do estabelecimento pode manifestar-se pela imposição da presença dos empregados incumbidos da proteção de suas instalações físicas e a greve que afetar o geral da atividade empresária, imporá aos trabalhadores o dever de compor um mínimo essencial à preservação das instalações e dos equipamentos, mormente contra os agentes agressores externos, para que não ocorram danos tanto às edificações quanto aos equipamentos. Tal papel evidencia-se essencial na medida em que a repercussão do dano possa motivar um sensível e injustificado atraso na retomada das atividades, uma vez cessada a greve.

Dentro do estabelecimento, por sua vez, existem equipamentos que não podem ser completamente imobilizados, paralisados, sob pena de deterioração, emperramento, dano irreversível e isto somente não se dará se os empregados estabelecerem criteriosa atuação, revezando-se, para velar pela conservação dos equipamentos de modo a preservar-lhes a vida útil e deixá-los aptos para pronta utilização tão logo retomem as atividades.

11.2.2. Equipes de emergência

Outra circunstância que poderá exigir a presença do trabalhador, no estabelecimento da empresa, durante a greve é a necessidade de manter, pelo menos em sobreaviso, equipes de emergência para atender às características do trabalho ou dos equipamentos ali utilizados para realizar as atividades a que ela se propõe.

Não se pode ter como violentadora do exercício do direito de greve, a invocação da presença do trabalhador para atender a circunstâncias que não dependem da vontade do empresário. Com efeito, se a unidade de produção, por exemplo, é preservada em condições de pronta utilização, tão logo a greve seja encerrada, mas essas não exigem a presença permanente de empregados, como vimos nas hipóteses anteriormente tratadas, é lícito que se mantenham equipes de emergência para atender, com presteza, às circunstâncias que assim o demandem. Tais situações encontram exemplo nos locais que operem substâncias radioativas, nos depósitos de combustíveis líquidos ou gasosos, em períodos como das festas juninas, no nordeste brasileiro, onde o uso de fogos de artifício e de balões pode representar um risco grave para as pessoas, os equipamentos e instalações ou bens outros passíveis de serem atingidos.

Também é possível imaginar-se tal necessidade na área de saúde, quando hospitais e ambulatórios deflagrem greve, diante de uma catástrofe que exija a arregimentação do pessoal disponível. Ao lado do aspecto solidário, a necessidade que avulta para a comunidade ultrapassa o interesse individual ou o coletivo da categoria, para atender à garantia maior de proteção ou preservação da integridade física e da saúde que o mesmo critério ou princípio constitucional assegura.

O Código de Trabalho de Portugal disciplina, concisamente, o regime de prestação dos serviços mínimos no art. 600. São, também, os trabalhadores ocupados com "os serviços necessários à segurança e manutenção do equipamento e instalações". A requisição ou mobilização será o recurso de que se poderá valer a autoridade, quando não for cumprida a obrigação de prestação dos serviços mínimos (art. 601).

CAPÍTULO 12

A REQUISIÇÃO CIVIL

12.1. Funcionalidade

Para que seja possível atender às carências ou dificuldades que se apresentam, diante da realidade da greve numa atividade essencial de modo a exigir a presença do empregado no local de trabalho, impõe-se o estabelecimento de regras funcionais para que não resulte, sob o manto do nível ou grau de tais dificuldades, inviabilizado o exercício do direito de greve. As regras devem ser objetivamente estabelecidas, de forma a permitir que os serviços essenciais mínimos sejam atendidos e o direito do trabalhador de ir à greve, respeitado.

12.1.1. Definição ou limites

Quem, como e quando fixar lindes à convocação dos trabalhadores, para o efeito de assegurar os serviços mínimos, já o vimos em alguns momentos tão-somente como referência.

Não se pode cometer a quem seja alcançado pelos efeitos do movimento paredista a faculdade de estabelecer quais os limites a atender. Será natural a tendência de buscar o mínimo efeito daninho que o alcance e daí necessariamente emergirão a frustração da greve, a neutralização dos seus efeitos ou o infrutífero prolongamento da ação da minoria de trabalhadores que resultarão, claramente, como passíveis de substituição, sem afetar a qualidade ou quantidade do trabalho que a empresa desenvolverá.

Esta definição dos parâmetros será cometida a quem efetivamente detenha experiência, pelo convívio ou pela execução, na atividade essencial cujos serviços mínimos se pretenda estabelecer. Isto, entretanto, deverá excluir tanto o empresário ou seu preposto quanto o dirigente sindical, exatamente pelo interesse direto que orientará as respectivas decisões. Se a convenção coletiva de trabalho não previr qualquer conduta, para a hipótese, restarão os órgãos da administração pública a exemplo dos fiscais, auditores ou inspetores do Trabalho, os agentes do Ministério Público do Trabalho ou, nas comunidades de menor presença populacional, o prefeito ou o presidente da Câmara Municipal. Esta cautela em cometer a prática do ato à autoridade excluída da jurisdição e conduzi-la para pessoa mais próxima da realidade do conflito ensejará o recurso ao judiciário para o controle do ato administrativo. Com tal prática será possível conter os excessos e neutralizar as atitudes que possam inibir o regular exercício do direito de greve. Se a definição se der pelo judiciário não haverá possibilidade dos grevistas buscarem amparo na reparação do ato que entenda violador ou atentatório do exercício de um direito assegurado na Constituição da República.

12.2. A garantia constitucional de greve e a requisição civil

O exercício do direito de greve, no Brasil, tem sido sempre uma questão de Estado, a depender da força e expressão econômica das categorias em litígio. Há uma constante dificuldade em lidar com situações de greve nas atividades essenciais e, principalmente, na definição dos limites dos serviços mínimos.

O poder jurisdicional tomou para si o papel de mentor da situação de toda e qualquer greve, desde a transição para o regime democrático pela Constituição de 18 de setembro de 1946, por força da regra do art. 856, da CLT, que permitia ao presidente da Corte trabalhista a instauração do dissídio, *ex officio*, na ocorrência de greve. Na altura não cogitava o ordenamento jurídico da existência das denominadas atividades essenciais, o que somente veio a ocorrer quando, no regime militar, vigia a Carta Política de 1967, com a Emenda de 1969. Assim, não existia a regra do art. 12, da Lei de Greve, que comete ao Poder Público assegurar a prestação dos serviços indispensáveis.

A noção de Poder Público, sempre associada àquela de Administração Pública, no sentido castiço da expressão, foi empolgada pelo Tribunal Superior do Trabalho e resultou disseminada a conduta. Daí por diante passou a Justiça a desempenhar um inimaginável papel de tutor das greves nas atividades essenciais, no país.

Tirando da cabeça de Juno uma noção inexplicável — ressalvada a hipótese de se opor, sistematicamente à greve em atividades essenciais — tirando, repetimos, uma concepção esdrúxula, passou a exigir a presença mínima de um terço dos trabalhadores para garantir os serviços mínimos. Tribunais inferiores copiaram-lhe o modelo e, hoje, é possível encontrar determinações absurdas, como já referimos.

Se considerarmos, e é verdade, que existem trabalhadores não-grevistas — e eles não comporão o efetivo de tal garantia — pode dar-se que esses empregados, ou a maioria deles, não atue na atividade essencial propriamente dita, mas em outras com funções que não lhe sejam tributárias ou de apoio — uma situação desse jaez pode levar a que a greve se esteja exercitando por uma minoria. Isto enfraquece o movimento, expõe os grevistas a maiores riscos e pode, a um só tempo, tanto contribuir para abortar o movimento quanto para prolongá-lo, pois seus efeitos prejudiciais tardariam em se manifestar.

Se, por outro lado, a noção — não a má inspiração — foi buscada em Portugal, na Lei n. 65/77, o preceito do n. 3, do seu art. 8º, estabelece que

> empresas ou estabelecimentos que se destinem à satisfação de necessidades sociais impreteríveis ficam as associações sindicais e os trabalhadores obrigados a assegurar, durante a greve a prestação de serviços mínimos indispensáveis para ocorrer à satisfação daquelas necessidades.

Hoje, com a edição do Código de Trabalho, em vigor desde 1º de dezembro de 2003, os arts. 599 e 600, este parcialmente transcrito no capítulo anterior, disciplinam a presença mínima essencial dos trabalhadores para execução dos serviços mínimos, aí incluídos aqueles "necessários à segurança e manutenção de equipamento e instalações".

Lá, entretanto, há que ser apurado como se tratará a situação em que o dispositivo não for cumprido, desde logo considerando inviável que a Justiça portuguesa se vá imiscuir no gerenciamento do fato.

Surge, para a hipótese de descumprimento, o preceito do art. 4º, da lei invocada, a dispor que no "caso de não cumprimento do disposto neste artigo, o governo poderá determinar a requisição ou mobilização, nos termos da lei aplicável". O texto foi, quase literalmente, absorvido no art. 601 do Código do Trabalho. Tal hipótese, ou seja, de *mobilização ou requisição,* corresponde, no dizer de *Monteiro Fernandes* a uma *privação do direito de greve* por ato do governo, enquanto implica a obrigatória prestação de serviços, porventura sob um regime disciplinar decalcado daquele da função pública, a saber:

> A recusa da prestação por um trabalhador requisitado configura-se, pois, como desobediência a uma ordem da autoridade pública, e é normalmente sancionada por meios disciplinares (quer de acordo com o regime do contrato de trabalho, quer por aplicação da função pública, conforme o que for indicado na portaria reguladora da requisição).[1]

Uma tentativa de introdução, no ordenamento jurídico brasileiro, pela social democracia neoliberal foi repelida pelo Congresso Nacional, permanecendo a ordem jurídica em linha de colisão com o ordenamento de países que legitimam a atitude do Estado uma vez que define, previamente, a obrigação do cidadão.

Como observa o mesmo festejado autor, a

> competência disciplinar originária pertence, aí, em qualquer caso, à entidade pública que fique encarregada de supervisionar o cumprimento da requisição, mesmo se o regime aplicável for o das relações jurídico-privadas do trabalho e para evitar os abusos que em nome da lei sejam ou possam ser perpetrados com portaria de requisição e as medidas executivas que dela derivam determinarão o âmbito das 'prestações de urgência' a assegurar em cada caso, a identificação dos serviços ou setor da empresa e dos trabalhadores cuja atividade deve ser retomada.[2]

Há que se notar a atualidade das observações, ainda que feitas sob a égide de um texto legal recepcionado pelo Código de Trabalho.

Apoiando o raciocínio em tais idéias, como encontra o Poder Judiciário brasileiro legitimação para expedir ordem a fim de que parte dos grevistas, melhor dito, um acentuado percentual deles, violente sua posição favorável à parede e compareça ao trabalho e, o mais grave nessa relação, ao lado, certamente daquele companheiro que não aderiu ou apoiou a greve e quer o seu enfraquecimento?

Noticia *Jean-Claude Javillier*[3], reportando-se ao direito francês, para não ficar apenas no universo lusitano, que podem "ser estabelecidas limitações administrativas

---

(1) *Op. cit.*, 1982, p. 63-64.
(2) *Id., ibid.,* p. 64.
(3) *Manual de direito do trabalho.* São Paulo: LTr, 1988, p. 216.

com relação a certos servidores". O Conselho de Estado, órgão máximo da jurisdição, na França, como observamos, considera que "o reconhecimento do direito de greve não pode gerar a exclusão das limitações que devem acompanhá-lo, assim como ocorre com qualquer outro direito, em vista de estar seu uso abusivo ou de forma contrária às necessidades de ordem pública" (CE, 7 de julho de 1958). Mesmo

> na falta de disposição, o governo, o prefeito, um chefe de serviço podem regulamentar o exercício do direito de greve nas áreas das suas responsabilidades (*omissis*). O juiz administrativo zela para que as limitações correspondam às exigências da ordem pública, e sejam necessárias para a continuidade dos serviços públicos.

Observa, ademais, que no seu país, para a

> aplicação de uma lei de 11 de julho de 1938 (sobre a organização da nação em tempo de guerra), e de um decreto de 6 de janeiro de 1959, o governo pode proceder a uma requisição dos grevistas, não somente nos serviços públicos, mas também para responder a qualquer necessidade do país. Os juízes administrativos mantêm-se ativos em relação ao respectivo procedimento e controlam a adequação da medida, anulando qualquer requisição efetuada com irregularidade ou que não seja justificada pela ordem pública ou pela vigência em manter a continuidade do serviço.[4]

Os atos praticados pelas instâncias trabalhistas brasileiras ultrapassam o limite do razoável e invadem seara da Administração Pública quando, deliberadamente e ante a omissão do Poder Executivo, absorvem e incorporam a prática de atos que a lei comete ao Poder Público.

O ordenamento jurídico brasileiro, sempre e quando confere alguma atribuição ao Poder Judiciário, consigna-o, expressamente, no seu texto, quando legitima sua execução orçamentária, o preenchimento e movimentação de seus cargos públicos. Por outro lado, não lhe empresta força bastante para executar, por si, as sentenças que atinjam o próprio poder público e lhe exige que expeça o competente requisitório, instrumento que irá dizer ao poder público que deve cumprir dada decisão definitiva.

12.3. Caracterização da requisição civil

A requisição civil se constitui num ato de gestão do Estado, por pessoas ou órgãos para tanto legitimados, para a prática de atos emergenciais de segurança da população ou de defesa desse próprio Estado.

A convocação dos reservistas das Forças Armadas, permitida em lei, quando o seja para a defesa externa do Estado corresponde à medida de idêntico teor da requisição civil. É irrelevante se o reservista concorda, ou não, com o motivo da requisição. Não se pode neste momento cogitar das objeções de consciência que ainda não tenham sido invocadas, nem daquelas políticas, religiosas ou de qual outra procedência, pois cumpre ao cidadão atender.

---

(4) *Id. ibid.*, p. 216-217.

A requisição civil tem origem, efetivamente, como visto na ordem jurídica francesa, na defesa do Estado. Esta defesa ou a preocupação, entretanto, não guarda relação exclusiva com situações de guerra, mas serve à causa da população, ela mesma um dos pilares de sustentação do Estado e razão de seu ordenamento jurídico. Quando a greve representar um risco sério para um segmento da população, não importará o espaço físico em que isto ocorrer, incumbirá ao Estado, por uma de suas esferas de atuação, velar para que o risco não se agrave ou cessem os seus motivos ou conseqüências.

Pela requisição civil será possível trazer de volta ao trabalho aqueles que, capacitados à execução de tarefas que desempenhavam como empregados da mesma ou de outra empresa alcançada por uma greve nas atividades essenciais e para garantia da execução ou prestação dos seus serviços mínimos, devam assumir as tarefas que lhes sejam atribuídas.

A falta de lei específica, no Brasil, não permite que sejam os trabalhadores submetidos a sanções quando não atendam à convocação do sindicato, nem à negociação deste com a empresa para assegurar a prestação dos serviços essenciais, num mínimo considerado razoável. Por outro lado, como já ponderamos, não pode o sindicato ser punido por não efetuar tarefas de cunho personalíssimo como o dever de trabalhar que o empregado assume com o empregador e que a lei suspende quando se deflagra a greve. A imposição de sanções pecuniárias, por outro lado, ao mesmo sindicato, pode inviabilizar a vida sindical que a Constituição garante estar preservada da ingerência do Estado.

A introdução de dispositivo que equipe o Estado de preceito a ser utilizado na defesa dos interesses superiores da população já chegaria com considerável atraso, não apenas com relação à França, que o conhece desde antes da 2ª Guerra Mundial, mesmo de Portugal que recentemente legislou sobre o tema, mas no cotejo de países latino-americanos, a exemplo do Código de Trabalho de Honduras onde, para a hipótese de greve nos chamados serviços públicos e a que nós denominamos de serviços essenciais, fica o Poder Executivo autorizado a

> assumir a direção e administração pelo tempo indispensável para evitar prejuízos à Comunidade e adotará todas as providências necessárias para restabelecer os serviços suspensos e garantir sua manutenção, mediante prévio decreto especial e que indique os fundamentos da medida (art. 556).

Providências assemelhadas ou com os mesmos objetivos prevêem os Códigos do Trabalho de El Salvador (arts. 527/566), Guatemala (art. 243), Chile (art. 351) e República Dominicana (art. 372), para não sair do continente americano.

12.4. O paradoxo aparente ou falsa inconstitucionalidade

Vê-se, do quanto exposto, que a intervenção do Poder Executivo como representação lídima do Poder Público, para frustrar os efeitos danosos ao interesse comunitário nas greves em atividades essenciais se legitima pela prévia existência de parâmetros legais. No caso brasileiro, o que se vê, normalmente, é a ordem judicial que impõe aos empregados a participação num grupo ou equipe de trabalho que busca neutralizar os efeitos da greve. Não seria isto atentatório à garantia constitucional do exercício do direito de greve?

Não seria a hipótese de primeiro obter-se a concordância daqueles que não querem aderir ou participar da greve, para desenvolverem esse mister?

Ou seria mais lógico permitir ao empregador a contratação, pelo regime de trabalho temporário, do número mínimo necessário para executar os serviços ditos essenciais, do que, aliás, já cogita a Lei de Greve no tangente aos serviços mínimos?

Impor-se um dado percentual não significa que esteja preservada a estrutura básica de funcionamento de atividade. Tampouco existe a certeza do trabalho se desenvolver com segurança. Ponderemos, apenas à guisa de exemplo, a equipe médica necessária à realização de um ato cirúrgico complexo e emergente, dentro das premissas de proporcionalidade do número de empregados.

Se o Dissídio Coletivo é um processo formal, lógico, pelo qual a instância trabalhista se legitima a ditar uma solução para o conflito coletivo, e não um método de composição desse conflito mediante construção quase-legislativa, não há hipótese de se lhe dar força executória fora da previsão do art. 872 e parágrafo, da CLT, pela denominada ação de cumprimento quando, constituído o instrumento normativo, ao juiz cabe impor sua observância.

Com a estrutura que lhe dá o direito brasileiro, não nos parece que o processo coletivo comporte, durante seu desdobramento, uma execução qualquer que seja principalmente aquela prévia e precipitada de impor percentuais de trabalhadores no serviço, sem atentar contra o exercício do direito de greve.

Com a nova redação imposta pela EC n. 45, de 8 de dezembro de 2004, para o § 3º, do art. 114, da Constituição Federal, o dissídio coletivo de greve somente se instaurará por iniciativa do Ministério Público do Trabalho, apenas em caso de sua ocorrência "em atividade essencial com possibilidade de lesão do interesse público" e, pela leitura do § 2º, devem os interessados, em sendo de natureza econômica o dissídio, comparecer a juízo "de comum acordo", isto é, em conjunto como devem fazer ante qualquer juízo arbitral. Em tal circunstância, canhestra "ordem judicial" seria de executar-se contra uma das partes e antes que a disputa fosse judicialmente avaliada?

Sendo parte, no dissídio coletivo, o sindicato, mas em representação do interesse da categoria, como sancioná-lo se o direito de greve não é do sindicato, sim do empregado?

Por outro lado, a vontade sindical, na greve, não é a da sua direção, ou seja, não é do corpo diretivo, mas da assembléia geral que inclui associados ou não, porém, integrantes da categoria.

Quid inde, na hipótese de ser deflagrada a greve por uma categoria dita inorganizada? (art. 4º, § 2º, Lei n. 7.783/89).

No que respeita à pessoa do grevista ou ao próprio sindicato, a apuração de ilícitos praticados durante a greve somente poderá se dar com o seu encerramento, segundo se depreende da leitura dos arts. 7º e parágrafo único e 15 e seu parágrafo, da Lei de Greve.

Na hipótese, a iniciativa de apuração há que ser do empregador e, na ocorrência do delito, do Ministério Público (art. 15, parágrafo único).

Que sanção poderia aplicar o juiz nos ilícitos trabalhistas, se não há legitimação para seu ato, durante a greve e, depois dela, a possibilidade de sanção decorre da vontade privada?

Para todas estas hipóteses, temos que a resposta haverá que ser negativa, sob pena de violação do direito constitucional de greve, praticada exatamente por quem tem a competência constitucional e o dever jurisdicional de preservá-lo.

A requisição não contém inconstitucionalidade, o que soa inconstitucional é a prática de atos que pressupõem sua existência.

CAPÍTULO 13

O Trabalhador não-Grevista

13.1. A liberdade de trabalhar

O direito ao trabalho, preocupação comum aos ordenamentos jurídicos, reside ou convive com a noção da liberdade de trabalhar, que se compartilha com aqueloutra de eleger a atividade a que se dedicar, a liberdade de exercício de uma profissão.

Quando referimos ao exercício profissional, aquele que nos interessa diz respeito aos subordinados ou assalariados, pois somente estes podem ser envolvidos no processo de greve. A disputa da coletividade dos empregados com o respectivo patrão ou com o conjunto de entidades patronais é que poderá conduzir à greve.

A greve é, a um só tempo e a depender dos que com ela se envolvam ou sejam envolvidos, um movimento de antagonismos e disputas. Assim, num momento inicial, impõe-se que os empregados de uma dada firma ou de toda uma categoria profissional, aglutinem seus propósitos em derredor de pleitos ou demandas insatisfeitas, na negociação pelo estabelecimento de novas condições de trabalho ou melhoria daquelas já existentes, perante o empregador ou entidade que os represente. Neste momento não se cogitará de obter uma suspeita unanimidade, uma definitiva convergência de opiniões e propósitos. Com isto conclui-se que empregados aderirão ao movimento paredista e outros não.

Este estudo está centrado na situação da greve e dos que dela participam. Se existem os que se encontram em tal posição, evidencia-se óbvio que outros estarão em posição oposta, ou seja, serão os não-grevistas. O não-grevista será, assim, o trabalhador que optou por continuar oferecendo sua capacidade laboral ao empregador durante o período em que os demais estavam afastados em razão do conflito estabelecido.

13.2. O impossível dever de greve

A convocação para a deflagração de uma greve não representa um dever a que o empregado possa ver-se submetido, nem representa uma imposição. Vale muito mais como um convite, pois os trabalhadores apresentar-se-ão, sem efeitos sancionadores pela ausência, e ocorrendo a possibilidade, a convenção será celebrada, em reunião conjunta dos trabalhadores, por decisão majoritária destes. Pode dar-se, ainda, que não se alcance a aprovação dos termos propostos para o acordo ou convenção, e a deliberação sobre a greve far-se-á diretamente pelos próprios trabalhadores afetados pelo conflito: a votação será secreta, ou não, conforme mandamento estatutário, ou legal, e se decidirá por maioria simples; na mesma assembléia o sindicato estabelecerá o âmbito de atuação da greve, vale dizer, os limites de sua pretensão.

As razões aduzidas para justificar a especial relação entre o interesse individual e o coletivo são várias e nenhuma delas excludentes entre si. Assim, se a greve consiste numa suspensão da relação de emprego, é evidente que a titularidade do direito somente poderá recair em quem trabalha, ou seja, em quem pessoalmente assumiu a obrigação de prestar o serviço, tanto mais quanto dita prestação se caracteriza por ser personalíssima. Por outro lado, o reconhecimento do direito de greve supõe certa virtualidade do movimento trabalhista, mas deixa a cada trabalhador a livre apreciação da necessidade de sua integração, ou não, ao movimento, dentro do âmbito de solidariedade. Deste modo, pode-se dizer que a abstenção conflituosa é sempre a expressão da precisa consciência dos trabalhadores interessados por ser cada indivíduo o senhor de sua adesão ao conflito ou exclusão dele.

Tendo em conta estas reflexões, podemos dizer que o ato de convocação, não é senão um requisito prévio e externo ao fato material da greve, de modo que se pode dar o caso de nenhum trabalhador efetivamente se incorporar ao movimento. Neste caso extremo, não estaríamos diante de uma *greve falida ou abortada*, mas de uma *não greve* ... um fracassado intento de deflagrar a greve.

13.2.1. Implicações na convocação da greve e o não-grevista

A presença dos não-grevistas no estabelecimento, a par de sua própria existência, proporciona que o empresário se sinta encorajado a dar continuidade à sua atividade empresarial. Evidente que em se tratando, logicamente, da presença de minoria do seu efetivo, deverá ele buscar reforço para viabilizar a continuidade dos serviços. Surge, então, a tentativa de contratar trabalhadores estranhos ao efetivo e que se aprestam a desenvolver atividade, pouco importando se com isto enfraquecem o movimento. É que, não estando no corpo efetivo de pessoal da empresa, encontram-se desempregados ou subutilizados alhures, não se pejando de ocupar espaços e haver salários durante o desenvolvimento da greve.

Se não existisse o não-grevista, não se daria, por seu turno, a possibilidade de tentativa da empresa operar. As formas de que se valem os empresários podem ser legítimas e eficazes, segundo sua visão. Ocorre, entretanto, que a lei proíbe a contratação de empregados para substituir o grevista. Quando o empresário utiliza tal artifício, obviamente não celebrará um contrato regular de trabalho, mas absorverá, a título precário, aqueles que ofereçam ou aceitem as condições expostas. São estes os verdadeiros fura-greves, pessoas diversas e de bem demarcada diferenciação dos não-grevistas.

13.2.2. A naturalidade da greve parcial

O conceito aqui versado enveréda pela noção de greve que não envolve todos os empregados da empresa ou, num sentido mais amplo, dos integrantes da categoria profissional, na sistemática brasileira. Daí decorre que o fato da greve passa a ser contemplada num contexto de três sujeitos: o empregador, o empregado grevista e o empregado não-grevista; a estes se deve acrescentar, entretanto, que não são os únicos elementos do conflito. Podem ser acrescentados outros como o fura-greve, os terceiros empresários afetados e o público em geral que vê reduzidos os serviços à sua disposição. O fato de termos sublinhado a figura do não-grevista é conseqüência do tema em exame, inclusive por ser uma ocasião para fazer ressaltar os aspectos que contaminam aquelas concepções que explicam o conflito atendendo apenas às duas partes em confronto direto, vale dizer, empregador e grevistas.

A prevalência das considerações sociais sobre as jurídicas se verifica quando a justiça entende que a posição do não-grevista não pode ser objeto de coação pelos grevistas, pela violação ao direito individual de greve e o momento é de examinar os atos de pressão contra os dissidentes ou as repercussões dos atos dos grevistas em relação aos que não o são e atentando, por último, que entre os grevistas e os não-grevistas existe uma solidariedade indissolúvel, pois as repercussões dos atos dos primeiros beneficiam os últimos, sem que estes se hajam posto em atitude de conflito.

A adesão forçada à greve não pode ser adotada como providência ou medida referendada pela lei. Ocorre, entretanto, que no ambiente prévio à ação existirá sempre uma espécie de pressão ou coação ambiental, ditada pelo próprio clima e sobressalta àqueles cuja postura, ao menos inicialmente, seja de abster-se de participar do conflito, por motivos que vão do fundado receio da retaliação, passando pela discordância das formulações propostas e culminando com o temor da perda econômica. Aí surge o clima para o aparecimento razoável do não-grevista.

13.2.3. A greve não é um direito superior

A norma reconhece expressamente o direito de greve e silencia sobre o não-grevista. Este só surge pela contraposição ao reconhecimento da greve como um direito subjetivo, uma *facultas agendi*. Fosse a greve um direito sindical e não poderia haver direito do não-grevista, mas apenas o registro de existência de vozes discordantes da oportunidade, da conveniência ou do conteúdo do pleito posto em deliberação, vale dizer, uma liberdade sindical negativa.

A autonomia do conceito de greve como instituto jurídico é o aspecto positivo que empresta validade ao conceito de não-grevista. A greve cria uma nova situação, ainda que transitória, no contrato de trabalho, ao passo que com o não-grevista nada se altera, vale dizer que a lei se refere a que durante a greve os contratos estão suspensos, vindo a significar que estão paralisados e nada refere aos não-grevistas. A estes se manifesta quando coíbe a violência contra os trabalhadores que não aderiram ao movimento.

A greve é um instrumento de pressão de que se valem os empregados para, alterando a correlação de forças, obterem as alterações contratuais manifestadas, já que a finalidade da greve, a teor do mandamento constitucional, será aquela que os grevistas declarem. Daí depreender-se, naturalmente, que seja ela um ato positivo assegurado pela ordem jurídica e não-greve é o nada, carece de juridicidade, como regra. Por caracterizar uma dissidência, tal situação deverá se adequar aos preceitos que asseguram o direito de aderir ou participar da greve.

13.3. O fura-greve e o não-grevista

O termo fura-greve corresponde *a esquirol* em espanhol, *crumiro*, na Itália e na França *jaune*. Para caracterizar o fura-greve devemos examinar-lhe as peculiaridades: o interesse do fura-greve é o de abster-se de participação e impedir que o movimento grevista alcance o nível de intensidade e a eficácia pretendidas. Ele põe em perigo, dessa maneira, a sorte de toda a coletividade. Uma greve importa em assunção de sacrifícios por ambas as partes. O interesse dos trabalhadores, pela ausência de salários que sofrem, não é outro que o de elevarem ao máximo o dano empresarial, com o movimento, de modo que, por mais paradoxal que possa parecer, a greve dure o menor tempo possível.

A presença do fura-greve tem o efeito de permitir que o empregador possa seguir, de certo modo, produzindo. Com isto minimiza a sua perda e aumenta aquela do trabalhador, fato que se evidencia claramente porque sendo escassos os recursos destes, não consegue colocar o empregador numa situação desfavorável, como é necessário à greve.

Num segundo aspecto, se os grevistas, apesar da deserção, conseguem seus objetivos, os fura-greves vão gozar dos mesmos benefícios daqueles não-grevistas. Não arrostam perigos nem penalidades. Através destes postulados é socialmente compreensível o trato depreciativo da palavra e da obra que envolve a figura. Explica-se, pois, facilmente a condenação dos trabalhadores ao fura-greve, da malquerença dos companheiros e do próprio empregador, dada sua condição de traidor.

Os matizes terminológicos permitem definir, como estamos intentando, que o fura-greve é aquele que, sem ter uma preexistente relação de emprego com o empregador, é chamado por este com o fim de substituir os trabalhadores que decidiram aderir ao movimento. Ao lado do fura-greves está o verdadeiro não-grevista, vale dizer, aquele trabalhador que, tendo sido convocado para a participação na greve, decide não acompanhar o movimento. São duas situações diversas que merecem tratamentos diferenciados, razão pela qual se faz mais necessário aceitar a abordagem do não-grevista que é aquele que, sendo chamado a participar do conflito, decide não o fazer e conseqüentemente afasta-se da decisão coletiva de paralisação, como observado.

Cessada a greve, o fura-greve não tem futuro ou, se logra convencer a entidade patronal da boa qualidade do seu serviço, poderá representar uma ameaça tanto para grevistas quanto para os não-grevistas, que com ele conviveram durante o movimento. Vê-se, por aí, que há um potencial de risco pela presença de tal classe de pessoas. Extremamente nocivas, como se apura, são cúmplices na fraude à lei, enfraquecem o movimento paredista, oneram mais os grevistas pelo prolongamento do tempo da paralisação e, por fim, podem vir a ocupar o lugar daquele não-grevista com quem conviveu ao longo de sua presença na empresa.

Estes fatores podem se dar pela existência de um dissenso a respeito da base das reivindicações da demanda, a justificar a postura de omissão no participar do movimento. Mostra-se mais razoável entender a postura do não-grevista, é possível que o trabalhador não se possa permitir à renúncia, por motivos pessoais ou familiares, aos efeitos econômicos correspondentes à paralisação. Também pode ocorrer que o empregador, sujeito passivo da greve infunda tal grau de temor entre seus subordinados que os impeça de adotar uma atitude de conflito. Esse temor pode estar disseminado no ambiente de trabalho, como pode residir no tipo de relação mantida com aquele ou aqueles empregados. A eventualidade da maioria de não-grevistas se pode ir formando, assim, pelo abandono da posição de conflito.

13.4. O cometimento das tarefas a terceiros

Em algumas circunstâncias pode dar-se uma tentativa patronal de transferir a execução das tarefas, durante a greve.

Num primeiro momento, como já referimos, as tarefas poderão ser acumuladas pelos trabalhadores não-grevistas como forma de dar continuidade aos serviços normais da empresa, ainda que com prejuízo da produtividade. Isto se dará no mesmo estabelecimento alcançado pela greve, mas se todo ele ou parte importante do pessoal inviabilizar a prática pode acontecer de a entidade patronal deslocar uma parte ou todo o efetivo de não-grevistas, para complementar o número de trabalhadores noutro de seus estabelecimentos e assim elevar a produtividade ou preservar aquela existente. Ainda mais grave se apresenta o problema quando a empresa se solidariza com outra, também alcançada pelo movimento para, reunindo um elevado efetivo de não grevistas, obter algum proveito pelo trabalho destes. Estas hipóteses são tidas como mecanismos de autodefesa, mas o acatamento de tal determinação vai resultar em que os não-grevistas de um estabelecimento ou de uma empresa acabem se transformando em fura-greve noutro estabelecimento ou noutra empresa, seja do mesmo ou de empregador diferente. Tal situação somente se admite se tiverem os não-grevistas na iniciativa de ação de tal natureza, hipótese em que não se pode vislumbrar constrangimento.

Diante da execução de um mínimo de atividades, numa greve deflagrada em serviços essenciais, soa-nos razoável que tal recurso seja utilizado, dentro da mesma empresa ou órgão, desde que limitado à *performance* mínima exigida para aquela hipótese, sob pena de violação do direito de greve, criando-se, para o caso brasileiro, uma situação de locaute, que a ordem jurídica não autoriza.

13.5. O salário do não-grevista

Todo trabalhador é livre, na hora de aderir ou não a uma greve, pois cada pessoa tem como pressuposto do direito a liberdade de seu exercício. O não-grevista encontrar-se-á, porém, numa situação de malquerença geral. É que ele contribui, por sua vontade de não aderir ou participar, para reduzir a pressão sobre o empregador. Com isto adota uma conduta inamistosa para com os colegas participantes do movimento e pode, por outro aspecto, servir, como "inocente útil" aos propósitos patronais de fuga dos objetivos fundamentais da negociação.

Os grevistas defendem o interesse global da comunidade ou categoria disto resultando que tais trabalhadores, ou parte deles, possa sofrer conseqüências pela participação no movimento ao passo que os não-grevistas, por sua vez, não afrontam qualquer risco.

Se os primeiros atuam em prol da coletividade, os demais são individualistas e defendem uma posição sem riscos, ademais de não recusarem os benefícios que aqueles obtenham. Esta é, obviamente, uma análise ética, carente de embasamento jurídico. É que não se mostra possível enquadrar o não-grevista em situações como aquelas de enriquecimento sem causa, pois não se pode recusar que a causa reside na existência válida de um contrato de trabalho e este se beneficia do conteúdo das convenções coletivas ou das sentenças normativas; também não será possível enveredar pela gestão de negócios (CC, art. 861); a argüição deste tema pode ser, de início, surpreendente, mas é irrecusável que os grevistas, em relação àqueles que à greve não aderem, gerem, com suas pretensões, os interesses dos integrantes de toda a categoria, na visão conceitual brasileira de categoria, como referido, mesmo os que se excluam deliberadamente do movimento. Esta posição se evidencia improsperável porque o gestor de negócios age de forma desinteressada, mesmo sem conhecimento ou oposição do gerido ou o fato deste não ser obrigado, por lei ou por pacto, a participar da greve.

O falso não-grevista se caracteriza pela presença entre os trabalhadores que efetivamente aderiram ao movimento, e de alguns outros que só em aparência o fazem. Apresentam-se ao trabalho para desarranjar seu desdobramento; com isto a proporção entre a normalidade contratual do não-grevista e sua proporcionalidade com a qualificação jurídica da greve se manifesta de modo irreal ou insincero. Com efeito, como estratégia do movimento pode ocorrer que se separe um grupo de trabalhadores, integrante ou não de um dado setor da empresa, para se declarar desinteressado da greve. Com isso, o empregador ficará obrigado a pagar os salários daqueles trabalhadores mesmo que constate que a integração ao labor não conduz ao aproveitamento efetivo da sua presença.

Aí se apura que sinceros ou não, os não-grevistas não afrontam riscos, mas a insinceridade pode gerar um grau mais avultado de perdas patronais, daí o aumento do poder de pressão que, de início, os grevistas não confiavam suficientes para conduzi-los ao êxito.

Se o empresário optar por paralisar a atividade para não aumentar suas perdas imediatas, os verdadeiros não-grevistas serão levados à paralisação num aparente reforço à posição dos grevistas. Com isso o empregador frustra a ação dolosa do sindicato e de que ele não tomou ciência nem consciência; contudo, resultou por fortalecer o movimento.

Tais considerações podem conduzir à necessidade de melhor identificar a figura do não-grevista e discutir o dever de pagar-lhe qualquer sorte de subsídio ou remuneração. Por outro prisma, haveria de surgir algum mecanismo — judicial ou negocial — que inibisse o efeito amplificador seja da presença dos falsos não-grevistas ou dos legítimos, quando a presença de todos somente serve à elevação do ônus patronal, sem perspectiva de razoável aproveitamento do trabalho que acaso estejam executando. Vale atentar, entretanto, que a medida percebida não pode investir contra o direito do não-grevista abster-se de participar do movimento e, em razão da medida alvitrada, tornar-se, contra a sua vontade, em grevista obrigatório, já que a greve não é um dever, uma obrigação.

A possibilidade de flexibilizar a execução do contrato de trabalho é sempre tolerada quando se reviste da circunstância de preservação do emprego, ponto principal a considerar, dentre outros de menor grandeza. Não pode, entretanto, instrumentar qualquer forma de reação ao direito de greve do trabalhador.

A utilização do poder diretivo patronal, em tal quadrante, pode conduzir a que busque e logre proveito, na metodologia do recurso ao trabalho do não-grevista e a contrapartida da prestação salarial.

Quando a hipótese for de não poder o empregador valer-se dos préstimos do trabalhador que não aderir à greve, ainda assim o seu direito ao subsídio remanesce à força, quando mais não seja pelo preceito do art. 4º, da CLT que presume tempo de serviço o período em que o empregado, ressalvada circunstância especial devidamente consignada, a exemplo do não-grevista, sem aproveitamento do tempo, permanece à disposição do empregador. Se, por outro lado, for tomada por assimilação ao locaute, a obrigação de pagar derivará do parágrafo único, do art. 17, da Lei de Greve.

13.6. A substituição pelo não-grevista e o direito de greve

Quando se avalia o poder diretivo patronal será possível ampliá-lo no nível de frustrar o movimento paredista?

Pela regra brasileira, a greve suspende o contrato de trabalho e, sendo ela parcial ou total, não refere à circunstância de ser o vínculo de grevista ou não-grevista. Claro está que a greve somente representa a paralisação do pacto laboral quanto àquele que se ausenta pela participação. Ademais, deve-se tomar em linha de consideração a existência de empregados que no instante mesmo da deflagração, ainda não externaram sua preferência por qualquer das posições; o ato será inócuo, a exemplo do que ocorrerá com os trabalhadores em gozo de férias ou afastados por motivo de gestação ou de saúde, dos acidentados ou acometidos de moléstia profissional, daqueles mandados qualificar em outras empresas e ainda dos eventualmente cedidos a terceiros.

A substituição, voltamos a referir, não atentará contra o exercício do direito de greve? A nosso entender, frente ao conteúdo da norma, a resposta é afirmativa e nem poderia ser outra quando a Lei de Greve assegura a suspensão do contrato de trabalho e proíbe a substituição, pela contratação de outros empregados fora das hipóteses que ressalva (parágrafo único, do art. 7º, arts. 9º e 14).

O entendimento se afirma, ainda, na vedação do art. 468, da CLT, que somente admite alteração estrutural ou funcional do contrato de trabalho no ajuste bilateral e excepciona em qualquer circunstância, a ocorrência de prejuízo para o trabalhador.

Como já ponderado, a alteração contratual existe quando se comete ao empregado a execução de tarefas diversas daquelas que motivaram sua contratação, ressalvadas as ocorrências de promoção ou readaptação.

Ora, a presteza da utilização da mão-de-obra assim alterada pode operar contra o empregado por diversos aspectos:

a) se produz pouco, pode ser tomado como elemento infiltrado pelos grevistas a sabotar o esforço dos demais;

b) se produz lentamente, tal atitude não pondera sua escassa familiaridade com a tarefa, com o método ou com o equipamento e pode ser até tida como desídia, capaz de vir a justificar um despedimento por justa causa;

c) se, pela escassa familiaridade com o serviço, desperdiça material, energia, insumo ou causa dano a equipamento, pode sofrer efeitos que concluam pela perda do emprego frente à congeminação crítica das duas análises anteriores; por fim,

d) se sofre um acidente de trabalho, sobre ele recaem os efeitos da necessidade de afastamento do labor, afrontando o risco de ter negado pelo empregador o fato de haver determinado a realização da tarefa, embora irrelevante a negativa, no direito brasileiro, perante sua culpa objetiva tratada na lei específica. Aí reside a falta de coragem do empregado de resistir à alteração ilícita do seu contrato de trabalho, talvez pelos mesmos motivos que o fizeram abster-se de participar da greve.

Retomando a raiz do tema, convém atentar para que o grevista quer que sua ação seja tida como eficaz para o efeito perseguido pela greve. Por seu lado o empresário pretende, sob todas as formas, ver prevalecer seu poder diretivo, de gestor de empresa, para neutralizar os resultados da ação e que prevaleça o argumento de exercer o não-grevista o seu direito de trabalhar, o seu direito de trabalho — aqui deliberadamente confundido com o preceito constitucional que assegura a liberdade de profissão.

O sucesso de uma greve pode advir não somente da natureza das reivindicações, mas para elas concorrem elementos outros como a qualificação dos grevistas, na linha industrial, quando a maioria dos profissionais for dos ocupantes de cargos estratégicos; também se deve atentar para que a ação não se componha apenas pelos que ocupam atividades auxiliares ou de apoio ou, enfim, se dentre os grevistas estão aqueles de maior produtividade. São fundamentos básicos, essenciais mesmo, para que o movimento possa atingir seus reais objetivos. Como se observa, nem sempre a greve deve ser vista pela quantidade dos participantes, mas pela importância ou representatividade do seu efetivo. Num quadro em que a qualidade se imponha à quantidade, a substituição dos grevistas por aqueles que não aderiram ao movimento resultará na inviabilidade do recurso aos substitutos ocasionais pelo empregador.

Não apenas pelas referências enfatizadas, mas pelo propósito patronal de frustrar os efeitos da greve e, com isto, liberar-se da pressão como elemento essencial do seu exercício, frente à injusta, ilegal e unilateral alteração do contrato, logrando por vezes o abrandamento ou a cessação do efeito natural da greve, terá o empregador, no final, obtido benefícios com a utilização de ilícitos.

Quando a legislação o permita, a contratação de novos empregados — obviamente a titulo precário ou temporário — dar-se-á para atender à necessidade de manter em atividade equipamentos ou serviços da empresa cuja completa paralisação poderá gerar prejuízos irreparáveis ou não permitirá a pronta retomada das atividades, uma vez cessada a greve, com paralisação dos serviços por omissão do sindicato, por falta de acordo entre este e o empregador ou ante a omissão dos trabalhadores. Fosse outra a posição legal e estaria flagrante sua afronta ao texto da Constituição por inibir o exercício da greve.

Em sede constitucional existem os preceitos que legitimam e asseguram o direito ao trabalho e a liberdade de trabalhar se, num igual nível, alguém opta pelo labor subordinado, o exercício do direito de greve dele também decorre e não produz incompatibilidade. Disto emerge que a opção de não aderir à greve não produz qualquer efeito jurídico, mas o mantém ou o preserva na posição de quem prefere prosseguir como está: amparando-se na liberdade de trabalho, precedente e simultânea do direito de greve.

São noções que não se completam, uma vez que a postura do não-grevista é o intento de frustrar os efeitos da greve participando, irrestritamente, do esforço patronal para esvaziá-la.

13.6.1. As substituições lícitas

Quando há necessidade de manter uma reduzida parcela de pessoal, para permitir a preservação de equipamentos, de instrumentos ou de instalações que conduzam à pronta retomada da atividade, uma vez cessada a greve, ou evite os danos decorrentes, por exemplo, do desaquecimento de fornos ou sua prolongada inatividade, prevê a lei a celebração de um acordo — prévio à deflagração da greve — entre o sindicato e o empregador ou este e os trabalhadores, para estabelecer a distribuição das tarefas. Quando isto não se alcance, autoriza a Lei de Greve que o empregador contrate empregados para atender à atividade insatisfeita.

A contratação, pela natureza da destinação do trabalho, há que ser a termo *incertus quando* tendo em conta que, cessada a greve e retomados os trabalhos, regressem os grevistas, não mais se tolerando a presença de terceiros como trabalhadores precariamente admitidos. A permanência destes sempre será possível, sem prejuízo do retorno daqueles que já detinham postos de trabalho naquela empresa.

Noutro aspecto a substituição evidenciar-se-á lícita quando se dê o que a doutrina estrangeira denomina militarização da greve.[1]

13.7. Perdas econômicas na utilização empresarial dos não-grevistas

Impõe-se, ainda, avaliar a substituição dos empregados no aspecto econômico, quanto à extensão da greve. Dá-se que a greve pode se estender tanto no aspecto numérico dos participantes quanto naquele temporal ou de duração.

Na amplitude teremos mais não-grevistas para atender à conveniência de prosseguir o trabalho, pois as ausências serão compensadas ou ocorrerá a ocupação de postos chaves. Deve-se ter, sempre, em conta que a lei brasileira não permite a con-

---

(1) SINAY; JAVILLIER. *Op. cit.,* p. 443.

tratação de pessoal substituto, salvo quando se trate de manutenção mínima dos equipamentos empresariais (parágrafo único do art. 9º, da Lei de Greve).

Pela duração, o aproveitamento somente poderá ser útil se a greve estiver estabelecida com certo tempo, pela anômala condição da execução dos serviços na empresa, basicamente a industrial. Carece de um razoável grupo de trabalhadores para adaptação nas novas funções e durante tal período o resultado do trabalho não se deve mostrar lucrativo. A substituição pelo não-grevista será, assim, uma perspectiva da empresa.

Quando estivermos diante de uma greve em que predomine o afastamento de trabalhadores de maior e melhor qualificação, a substituição destes pelos não-grevistas já não oferecerá a aparente facilidade das hipóteses anteriormente cogitadas. O tempo necessário, o esforço a despender, o risco de dano patrimonial e a elevação da probabilidade de acidentes do trabalho, dentre outros, desaconselham ou impedem a substituição e fazem basicamente inócua a presença dos não-grevistas no estabelecimento, onerando a empresa, pois ademais dos gastos com o pessoal, a empresa arcará com os custos de transporte, de energia elétrica, de água e, por vezes, de refeições, quando proporcionadas no estabelecimento.

Ademais dos aspectos já abordados, a alteração qualitativa do conteúdo ocupacional dos não-grevistas, que o empregador poderá utilizar viabilizando o funcionamento de setores da empresa pode ser fator de desagrado de grevistas e não-grevistas; daqueles por representar um esforço para minimizar os efeitos da greve; destes em face da própria alteração e os efeitos não desejados no aspecto formal e, em momento posterior, na possibilidade de confronto com os colegas, uma vez cessada a greve.

Como desdobramento de tais circunstâncias vale sopesar dois aspectos: a) a elevação de temperatura que pode conduzir a graves desavenças quando os grevistas intentem neutralizar as ações patronais; b) na perspectiva dos não-grevistas, pode justificar um fundado temor de retaliações pelos grevistas, ameaça de agressões físicas quando cessada a greve e, percebendo que esta possa ter uma duração reduzida, o preço elevado a satisfazer pelo acatamento das alterações patronais pode não compensar, considerado diminuto o risco econômico de perda salarial que venham a sofrer, frente aos benefícios que obtenham na resistência em trabalhar fora da qualificação.

13.8. Os excessos no confronto grevistas versus não-grevistas

Os excessos acaso cometidos, mormente pelos sindicatos que as coordenam só podem refletir, nos ordenamentos jurídicos que o admitam, como anteriormente mencionado, na pessoa jurídica e na proporção alcançada. A greve não é um direito sindical, mas o surgimento ou elevação inconseqüente do ônus do sindicato pode inviabilizá-lo e assim ocorrendo ocasionar a violação da garantia constitucional do trabalhador se valer da greve, à míngua de seu elemento aglutinador, basicamente em países como o Brasil, onde existe o monopólio sindical na base territorial dentro da estrutura que se dá à visão de categoria profissional.

Ultrapassar os limites do razoável pode conduzir a que o dano que se extrai do movimento grevista alcance, além do empresário e dos não-grevistas, a terceiros ou à comunidade com tal extensão que os direitos, também fundamentais e básicos, ainda que abstraída a noção de serviços públicos essenciais, estejam sendo sacrificados na coletividade, pela atuação dos grevistas.

O dever de lealdade do trabalhador ultrapassa aí o limite estreito de sua relação com o empregador para atingir àquela comunidade que no fundo, faz a perenidade do empreendimento e lhe favorece a grandeza capaz de, no momento seguinte, atender os reclamos ou considerar justas as postulações dos seus empregados grevistas.

A quebra da proporcionalidade existe não somente pelos riscos afrontados pelos grevistas, mas nos efeitos que podem, ilegitimamente, abarcar os não-grevistas visto como não se haverá de ter o direito de greve como de maior valor que a liberdade de trabalhar.

A tendência à consideração da abusividade do exercício do direito de greve, tema já abordado em comparação ao direito civil, e no campo trabalhista encontrado, sobretudo nos autores italianos, mencionados por *Antonio Santana Gómez*[2] não pode encontrar aqui campo propício à sega. É que a proporcionalidade do exercício da greve tem parâmetro na prática do direito e este não pode ser inibido pela suspeita ou no pressuposto da inexistência do equilíbrio ou correlação de forças. A falta de tal equilíbrio é que leva à greve e o reconhecimento disto é a ação do Estado que a legitima.

13.9. O direito de defesa do empregador

Apesar do reconhecimento da contrapartida patronal representada pelo *locaute*, não existe, no ordenamento jurídico brasileiro, como em numerosos outros países, como observaremos a seu tempo, mas não se pode abandonar a idéia de que ao empresário será possível adotar medidas que reduzam as suas perdas.

A primeira medida poderia ser a paralisação efetiva de todo o trabalho e, em decorrência, a eliminação dos custos na manutenção do estabelecimento, quando não for possível preservar os não-grevistas à disposição, suprimindo gastos que se evidenciam improdutivos. Tais gastos poderiam se resumir aos subsídios pagos a título remuneratório aos não-grevistas, além dos encargos sociais, tendo em conta os mandamentos da CLT, no art. 4º; da Lei de Greve, no parágrafo único do art. 17 e na Lei de Repouso Semanal Remunerado, art. 6º, § 1º, *c*, legitimadores da ausência autorizada pelo empregador.

A subseqüente seria a diligência que avaliando a qualidade e a quantidade de trabalhadores não-grevistas, valer-se-ia de suas presenças para realizar alguma tarefa produtiva que se pudesse desenvolver com efetivo proveito.

Nesta segunda postura, deve ser considerado que os não-grevistas não estarão deslocados de sua qualificação, mas, representarão um pequeno efetivo, capaz de permitir-lhe um precário funcionamento. Não se cogita de substituição interna, nem externa, muito menos a presença de pessoal administrativo para suprir a ausência do técnico, auxiliar ou de apoio. A atividade será desenvolvida com as limitações impostas pelo regular exercício da greve.

---

(2) *El régimen jurídico de los trabajadores no-huelguistas*. Madrid: Civitas, 1993.

CAPÍTULO 14

AÇÕES QUE DECORREM DO EXERCÍCIO DO DIREITO DE GREVE

14.1. Memento histórico

O exercício da greve, como um direito, é daqueles que, quase sempre, provoca reação da sociedade. No exercício de tal direito, basta o mais tênue constrangimento a alguns segmentos da comunidade para que vozes se ergam, na inconseqüente pretensão de prevalecimento de seus propósitos, a fim de que o coro se afine nas invectivas contra a prática dos trabalhadores.

A convivência com a greve, numa sociedade estruturada em graves desníveis sociais, ditado sobremaneira pelos grandes interesses econômicos, é muito difícil, penosa, plena de conflitos paralelos. Com efeito, desde que o Preâmbulo da Constituição francesa de 1946 avalizou a greve como um direito, ao mundo sobrou apenas a possibilidade de dizer qual a melhor ou menos dolorosa forma de convivência com ele. A pouco e pouco, as democracias institucionalizadas, e outras nem tanto, foram introduzindo nos seus ordenamentos jurídicos o reconhecimento ao direito de greve e muitos evoluíram para alçá-lo no nível de uma efetiva garantia constitucional, ainda que por vezes enodoando-a com o autoritarismo do Estado que, em nome da preservação de seus interesses, realiza o propósito de proteger alguns setores e, com isto, preservar a incolumidade de suas fontes efetivas de receita tributária, para manter neste nível a observação.

Nem três décadas eram transcorridas daquele marco histórico quando Portugal nos ensinou, e ao mundo, que a greve é um fato que ao Estado cabe proteger, na essência e finalidade, assegurando que ao trabalhador é que toca deliberar sobre motivo e oportunidade para a deflagração do movimento.

A lei portuguesa de 1977, que tratou da greve, jamais lhe impôs restrição, limitando-se a considerar seus efeitos e conseqüências. O Código de Trabalho, de 2003, tampouco invadiu o espaço da garantia constitucional.

No Brasil, a greve esteve constitucionalmente proibida desde a Carta Política de 10 de novembro de 1937 até que, numa das recidivas democráticas do país, a Constituição de 18 de setembro de 1946 reconheceu-lhe a existência, cometendo, embora, ao legislador infraconstitucional o poder de sua regulamentação.

Na seqüência dos soluços ditatoriais que o Estado brasileiro experimentava, a regulamentação se deu na vigência do regime militar quando a Lei n. 4.330, de 1º de junho de 1964, lhe ditou os parâmetros.

Ao legislar, no comum das vezes, o Estado o fazia para restringir direitos que se encontravam em sua forma original de concepção, de conscientização, surgidos da atuação popular, dos múltiplos modos da vida social. Com a nossa primeira Lei de Greve não seria diferente. Ao referirmos a esta como primeira, não abandonamos a lembrança do Decreto-lei n. 9.070, de 15 de março de 1946, que brotou no Governo Provisório do então presidente do Supremo Tribunal Federal, Ministro José Linhares, mas na inconstitucionalidade, posto que editado na vigência da Carta de 1937. Paradoxo ou incoerência, o Decreto-lei n. 9.070, de 1946, disciplinou o exercício de um direito que era constitucionalmente vedado. É curioso constatar que teve efetiva vigência até a edição da Lei n. 4.330, de 1964, recepcionado que resultou pela Constituição da redemocratização do país, em 1946. Esse primeiro diploma continha uma extensa lista de atividades essenciais, então denominadas fundamentais, e somente permitia a deflagração da greve depois de ajuizado o dissídio coletivo. Ao que tudo estava a indicar, não apenas o empregador era ou seria o alvo da greve, mas a Justiça do Trabalho em si.

Por seu turno, a Lei de Greve de 1964 estabeleceu tamanha burocracia para que uma greve tivesse início que se tornou freqüente os tribunais trabalhistas lhes decretarem a ilegalidade. A estrita observância dos ditames legais inviabilizava aquilo que os tribunais queriam como greve legal.

Em 5 de outubro de 1988, o surgimento de uma nova ordem constitucional trouxe para cá o modelo português, quase lhe copiando a própria redação. Ocorreu, entretanto, que mesmo sem a previsão de lei ordinária para seu regulamento, o legislador infraconstitucional se permitiu pela Lei n. 7.783, de 28 de junho de 1989, criar alguns parâmetros para o exercício do direito de greve e, com efeito, embaralhou noções, confundiu conceitos e misturou atitudes, tudo em nome do suposto bom e correto cumprimento da ordem jurídica constitucional.

A Emenda Constitucional n. 45, de 8 de dezembro de 2004, em vigor desde o 31 daquele mesmo mês e ano, tentou trazer o Poder Judiciário e os parceiros sociais para a realidade da greve como um fato social que, em princípio, era auto-regulamentável pela necessária e efetiva utilização da arbitragem, de início privada, à míngua de referência impositiva e nada recomendável da presença do Estado, ainda que preservando laivos do pouco saudoso poder normativo, exercido pelos tribunais trabalhistas.

14.2. Greve como ação, Estado como reação

Já se entendeu que a greve correspondia à suspensão coletiva do trabalho por um grupo supostamente majoritário de trabalhadores, como há, igualmente, quem entenda que a greve extingue o contrato de trabalho. Na hipótese inicial, está a legislação brasileira vigente; na última, a legislação inglesa, como anteriormente observado.

A realidade está a evidenciar que a greve é um instrumento de pressão, utilizado pelos empregados ante seus empregadores, e que nem sempre induz à noção de paralisação, a exemplo do que se dá quando os trabalhadores permanecem nos seus locais de trabalho, cumprindo com máximo rigor as exigências legais da profissão ou os padrões técnicos dos regulamentos empresariais. Se assim ocorre, e é real, não se pode imaginar que haja suspensão do contrato, nem pretextar que a greve não se instalou. Mais remota, ainda, se evidencia a hipótese incongruente de greve de ex-empregados, como sugere o preceito inglês. Com efeito, a admitir-se tal solução não haveria ali a greve, o que é irreal e soa inverossímil que o movimento se deflagre para ser executado por quem não mais guarde a condição de empregado. Admitir-se-ia, então, a possibilidade do empregador substituir todo o seu quadro de pessoal ou, no melhor dos pensamentos, todos os que aderissem à greve, para retomar a atividade com a mescla de neófitos e veteranos, sem se dar conta da enorme perda que resultará, até a completa adaptação e integração dos novos trabalhadores, sem a garantia de que, em breve tempo, o problema não se renove.

A reação do Estado, a exemplo do que também ocorre no Brasil, é que a presença do trabalhador no ambiente de trabalho, durante a greve, representa uma turbação ao direito de posse ou de propriedade e legitima o empresário a socorrer-se da Justiça para nele ver-se reintegrado ou mantido, quando o empregado não compareça para obstar o labor dos não-grevistas, mas para seguir atuando segundo os padrões, como já observado, da ordem legal ou regulamentar.

Numa situação bem peculiar ao Estado brasileiro, o Tribunal Superior do Trabalho tomou como seu o direito firmado na Lei de Greve de intervenção do Poder Público — que sempre e corretamente se entendeu ser o Poder Administrativo ou Executivo — e passou a praticar atos em seu nome e que foram, de imediato copiados, pelas instâncias inferiores e atualmente se amplia pela Justiça Federal ordinária, quando ocorrem greves de servidores públicos.

Ocorre que o art. 12, da Lei n. 7.783, de 28.6.89, ao se reportar aos serviços e atividades essenciais, como cogita o art. 11, do mesmo diploma, asseverou que "o Poder Público assegurará a prestação dos serviços indispensáveis". Isto significa dizer que o Poder Administrativo, o Poder Executivo, a quem cabe, por ditame constitucional, pôr em ação as atividades que o Estado toma como seu dever a gestão da situação, como se deduz da leitura comparada das normas jurídicas pertinentes à situação, ao redor do mundo.

Apura-se o conflito quando, no exercício da greve em atividades definidas como essenciais, o Estado, pelo poder que tem a seu cargo de velar pela interpretação e aplicação da lei, se permite fixar um percentual mínimo de trabalhadores, para garantir a efetividade do serviço, sem amparo nem previsão em qualquer dispositivo legal. De tal postura dos tribunais emergem dois graves equívocos: o primeiro é considerar que todos os empregados aderem à greve, isto é, são grevistas; o segundo é imaginar que o direito de greve é um direito sindical. Dessas situações decorrem posturas judiciais violadoras da ordem jurídica, por paradoxal que possa parecer, e consiste na arbitrária fixação de percentuais (que no Tribunal do Trabalho da Bahia já alcançou a 70% dos trabalhadores e, naquele de São Paulo, os 100%!) e resultam por interferir na greve e inviabilizá-la. Cria-se a greve sem grevistas! Assim é que, ao fixar, *e. g.* em 30% a presença mínima dos empregados nas atividades essenciais, se a greve atinge 80% dos trabalhadores, já tem sua força majoritária debilitada, como instrumento de pressão sobre o empresário uma vez que metade dos trabalhadores participar da atividade, enquanto a outra metade é que assume a função dos demais, numa greve de paralisação. A partir daí, fixar um percentual mais elevado resulta na criação da canhestra figura da greve da minoria! A tanto equivale condenar tais empregados à futura e bem próxima retaliação patronal, para quantos não gozem da estabilidade sindical.

A outra decorrência não traz menor gravidade. Em realidade, a leitura, sob qualquer forma que a hermenêutica permita, evidencia que o texto constitucional cria a greve como uma garantia e lhe impõe os ônus pelo abusivo exercício do direito daí emergente. O papel do sindicato é de mero agente catalisador, como reiteradamente temos afirmado e a leitura do art. 4º, da Lei n. 7. 783/89, mencionada e identificada como Lei de Greve, preceitua. Deve-se ter em linha de consideração que a assembléia, por ele convocada para decidir sobre a greve, pode deliberar pela maioria dos integrantes da categoria, ou não, o que se mostra mais comum e freqüente, e em assim ocorrendo, a deflagração do movimento pode se dar por minoria de trabalhadores e até contra a orientação da diretoria do sindicato e daqueles efetivamente a ele associados.

Convém recordar que a filiação sindical, no Brasil, dificilmente alcança os 20% dos integrantes da categoria profissional, segundo as estatísticas oficiais. Como a greve é uma deliberação da categoria e não dos associados, evidencia-se que ela pode se dar sem ou contra a vontade da maioria dos afiliados ou, como visto, do próprio corpo diretivo do órgão de classe.

A jurisprudência do Tribunal Superior do Trabalho, a partir dela, dos tribunais que lhe são inferiores e, agora, na esfera da Justiça Federal ordinária quando da greve de servidores públicos, impôs ao sindicato uma *astreinte* que se evidencia, a um só tempo, abusiva e inconstitucional.

O abusivo do ato consiste na imposição de uma sanção específica de quem descumpre legítimo mandamento, daquele que tem a obrigação de fazer e reluta em cumpri-la. É que não pode aquela Corte ignorar, como de fato não ignora, que o sindicato, no Brasil, não intermedeia, nem celebra contrato individual de trabalho, não executa tal espécie de pacto, salvo com seus próprios empregados, ou em palavras mais claras e candentes, o sindicato jamais pode trabalhar ou assumir a posição de empregado, quando mais não fosse, pela expressa vedação do art. 3º, da Consolidação das Leis do Trabalho, que somente identifica o empregado como a pessoa física, em estado de subordinação ou, ao menos, em estado de para-subordinação, como hodiernamente se admite.

Para que um sindicato possa obrigar alguns, associados ou não, a cumprir determinação judicial, há que existir entre eles — sindicato e associados — uma relação de subordinação, cuja suposição de ocorrência constitui um equívoco fora de qualquer dimensão do raciocínio juslaboral. Num primeiro e primitivo exame, por haver, com os filiados, uma relação meramente associativa e, melhor explicitando, igualitária; em segundo lugar, porque o não associado é *ope legis*, um representado pelo sindicato, não seu subordinado, insistimos; o terceiro viés respeita à constitucionalidade do ato ou determinação judicial. Não há qualquer amparo no art. 8º, da Constituição Federal de 1988, pois este veda ao Estado intervir na criação e desenvolvimento das atividades sindicais. Assim, impor o Poder Judiciário que um sindicato aja ou deixe de agir, numa condição em que ele não tenha tal dever, no mínimo por não guardar titularidade para tanto, é conscientemente violentar expresso mandamento constitucional e daqueles que surgiram na onda redemocratizadora do Estado brasileiro que lhe subtraiu, expressa e explicitamente, a intervenção na órbita sindical. Aqui parece que a Justiça se põe além e acima do Estado!

A arbitrária atitude do judiciário trabalhista mais se agrava porque somente perante ele se pode, também por imperativo da Lei Magna e dos Regimentos Internos das Cortes, impetrar remédio jurídico contra a violência que está praticando. Resulta de tudo que o jurisdicionado — sindicato, empregado ou eventualmente o empresário — ficará manietado e amordaçado, enquanto não se disponha a justiça a meditar e reconhecer sua culpa no quadro pintado com as tintas da prepotência, do autoritarismo que jamais se imaginaria servir ao judiciário.

Agora, ademais, é de levar em conta que somente o Ministério Público do Trabalho poderá suscitar dissídio coletivo de greve em atividade essencial, com a limitação imposta na Emenda Constitucional n. 45/2004. Assim, nenhum empregador ou sindicato da categoria econômica poderá requerer que tal prática seja utilizada e, se ainda assim o fizer, o pleito não poderá ser acolhido sem frontal violação ao mandamento constitucional ou as partes, conjuntamente.

A solução alvitrada para reduzir, ao mínimo, os efeitos da greve em atividades essenciais passa, como o fazem vários ordenamentos jurídicos, pelo instrumento da requisição civil, como se vê no Direito do Trabalho Comparado, que referimos nesta obra e insistimos nesta parte.

O Código do Trabalho de Portugal, de 1º de dezembro de 2003, estabelece no art. 601, que "no caso de não cumprimento da obrigação de prestação dos serviços mínimos, sem prejuízo dos efeitos gerais, o Governo pode determinar a requisição ou mobilização, nos termos previstos em legislação especial".

O art. 385, do Código de Trabalho do Chile, de 1994, versando o tema da greve em tais atividades, assim disciplina o assunto

> Sem prejuízo do disposto no artigo anterior, no caso de se produzir uma greve ou locaute que, por suas características, oportunidade ou duração possam causar graves danos à saúde, ao abastecimento de bens ou serviços da população, à economia do país ou à segurança nacional, o Presidente da República poderá decretar a retomada dos serviços.
>
> O decreto que disponha sobre a retomada dos serviços será subscrito, além dos Ministros do Trabalho e Previdência Social, Defesa Nacional e Economia, Fomento e Reconstrução, deverá designar um membro do Colégio Arbitral, que atuará como árbitro laboral, conforme as normas do Título V.
>
> A retomada das atividades se fará nas mesmas condições vigentes no momento de apresentação da proposta de convenção coletiva.
>
> Os honorários dos membros do Corpo Arbitral ficarão a cargo do Fisco, e regulados pelo tributo que para tal efeito estabeleça o Ministério da Economia, Fomento e Reconstrução.

Vale observar que as atividades essenciais que ficam ao alcance desse dispositivo são fixadas, em julho de cada ano, pelos Ministros do Trabalho e Previdência

Social, Defesa Nacional e Economia, Fomento e Reconstrução, em disposição conjunta, conforme a parte final do art. 384, do mencionado Código.

Em El Salvador, o Código de Trabalho, de 1972, com as alterações introduzidas até 1995, cogita da declaração da ilegalidade da greve ou do locaute em atividade essencial, a partir do art. 546, formalizado o pleito pelas partes e pelo Ministério Público do Trabalho perante o juiz do Trabalho de primeiro grau, que determina as diligências necessárias, estabelecendo um contraditório. Pelo art. 554, ao declarar a ilegalidade da greve o juiz fixa o prazo, nunca superior a cinco dias, para que retornem ao trabalho, sob pena de cometimento de justa causa para rompimento do contrato. Como se vê, em nenhum momento o sindicato está envolvido nos procedimentos referentes à greve, nem se lhe impõe percentual restritivo ou multa, sequer determinando a imediata cessação do movimento ou o fazendo inviável.

O art. 556, do Código de Trabalho de Honduras, de 1959, estabelece que

> em qualquer caso em que se apresente, de fato, a suspensão dos serviços a que se refere o artigo anterior *(greve em atividades essenciais — acréscimo nosso)*, o Poder Executivo fica autorizado a assumir a direção e administração, pelo tempo indispensável para evitar prejuízos à comunidade e tomará todas as providências para restabelecer os serviços suspensos e garantir sua manutenção, através de prévio decreto especial que indique os fundamentos da medida.

Observa-se que há previsão legal, prática de ato fundamentado e intervenção temporal no movimento, com autorização que estaui as restrições, através dos arts. 554 e 555, dispondo sobre a ilegalidade ou a proibição da greve, em algumas das atividades definidas como essenciais, mas em qualquer caso proibida a greve selvagem.

O mesmo Código hondurenho estabelece, no art. 820, que os conflitos, nos serviços públicos, que não se componham pela negociação direta entre as partes, deverão ser submetidos à arbitragem obrigatória e, no art. 825, proíbe-se, terminantemente, que o laudo arbitral "possa afetar direitos ou faculdades das partes, reconhecidas pela Constituição da República, pelas leis ou pelas normas convencionais vigentes."

O Código Dominicano do Trabalho, de 1992, pelo art. 403, veda

> as greves e os locautes nos serviços essenciais cuja interrupção seja susceptível de pôr em perigo a vida, a saúde ou a segurança das pessoas em toda ou parte da população. Sem embargo da proibição, tanto os trabalhadores como os empregadores desta classe de serviços têm direito de proceder como no artigo 680 deste Código. Quando o conflito se limite ao salário mínimo, o assunto deve ser submetido ao Comitê Nacional de Salários.

A regra do art. 680 prevê que as partes designem três árbitros para composição de qualquer conflito econômico não solucionado pela convenção e, em se tratando de greve em atividades essenciais, o Código estabelece que resulte presumida a delegação, pelas partes, aos árbitros, pelo tribunal do trabalho da localidade onde haja a greve sido deflagrada, caso não o faça nos três dias seguintes à última reunião com um mediador ou não façam a comunicação da escolha ao Departamento do Trabalho. Mais uma vez, nenhuma referência a sindicato, nem ato da jurisdição.

Para arrematar a incursão no Direito Comparado, vale invocar texto de *Jean-Claude Javillier*, em obra traduzida e publicada no Brasil, reportando-se ao que ocorre na França, quando observa que

> a aplicação de uma lei de 11 de julho de 1938 (sobre a organização da nação em tempo de guerra), e de um decreto de 6 de janeiro de 1959, o governo pode proceder a uma requisição dos grevistas, não somente nos serviços públicos, mas também para atender a qualquer necessidade do país. Os juízes administrativos mantêm-se ativos em relação ao respectivo procedimento e controlam a adequação da medida, anulando qualquer requisição com irregularidade ou que não seja justificada pela ordem pública ou pela vigência em manter a continuidade do serviço[1].

A ação judicial, pelo visto, limita-se ao controle de legalidade do procedimento.

Todos os textos trazidos à colação evidenciam que não há intervenção do Poder Judiciário e o Poder Público que se invoca é, sempre, sinônimo de Governo. Ademais disto, como se apura dos textos referentes à República Dominicana e à França, o órgão da jurisdição somente marca presença para induzir à composição ou solução, reprimindo os desvios ou excessos.

No Brasil, os desvios e excessos são cometidos pelo Judiciário Especializado e somente a ele se pode recorrer para corrigir o rumo dos procedimentos que inviabilizam a greve e investem contra uma garantia constitucional consagrada, em nome e no suposto exercício de um poder que não tem e, como toda usurpação, é ilegitimamente exercida.

É oportuno observar que houve uma tentativa, durante o governo *Fernando Henrique Cardoso*, de criação da requisição civil, através de Medida Provisória que o Congresso Nacional rejeitou.

Agora, como *ultima ratio*, vale atentar para a redação do art. 114, §§ 2º e 3º, da Constituição, dada pela Emenda Constitucional n. 45, de 8 de dezembro de 2004. Está ali consignado que a Justiça do Trabalho somente pode intervir, na avaliação do conflito coletivo de natureza econômica, quando se manifeste o Ministério Público do Trabalho, diante da possibilidade da existência de lesão a interesse público, na greve que envolva alguma atividade definida como essencial e nos dissídios coletivos ajuizados na forma ali prevista.

Se o dissídio coletivo não pode ser unilateralmente suscitado, com possibilidade de acolhimento, a medida que a Justiça do Trabalho pratique será uma ação *ex officio* que atenta contra o princípio processual que veda ao juiz agir por iniciativa própria, vale dizer, sem a dedução, por alguém, de uma pretensão. Não seria absurdo afirmar que se trata, na hipótese, de uma antecipação de tutela, sem requerimento de quem quer que seja pela própria inexistência de ação que a fundamente. (veja *infra* 14.3.8)

Há pouco, diante de uma greve dos servidores públicos da segurança social, vênia para não sucumbir ao espanholismo da seguridade social, um magistrado da

---

(1) *Manual de direito do trabalho*. São Paulo: LTr, 1988, p. 216-217.

Justiça Federal ordinária, concedeu liminar ao Ministério Público da União, quando o texto constitucional reporta-se óbvia e naturalmente ao Ministério Público do Trabalho, para que trinta por cento de tais servidores retornassem ao trabalho, sob pena de ao Instituto Nacional do Seguro Social (INSS) e à União pagarem multa diária de R$ 100.000,00 (cem mil reais)! O mau exemplo já extrapola o limite da Justiça do Trabalho, pois a intervenção do judiciário federal comum, com isto, pretendeu aplicar a Lei de Greve quando há previsão em contrário (art. 16, da Lei de Greve, já que ainda carecem de conclusão de julgamento os Mandados de Injunção que correm perante o Supremo Tribunal Federal), o que constitui um equívoco por se destinar tal lei às relações privadas e, o mais surpreendente, aplicando-se, por mera analogia, medida punitiva que jamais recebeu tratamento legal.

14.3. Ações que emergem do exercício do direito de greve

Para melhor sistematizar o estudo das ações que decorrem ou envolvem o direito de greve, convém distribuir a abordagem segundo os distintos entendimentos de ser a greve, por exemplo, um direito sindical; também se deve atentar para o direito de trabalhar do não-grevista, a proibição da presença do fura-greves, a proteção individual do empregado como do empregador, a invocação da ameaça ao direito de posse e a possibilidade do Ministério Público do Trabalho suscitar dissídio coletivo nas greves.

Pelo teor do preceito constitucional, como reiteradamente visto, a greve é um direito do trabalhador que só coletivamente pode ser exercido. O papel do sindicato é de aglutinador das forças e catalisador das ações, não lhe cabendo qualquer titularidade, a teor do art. 9º e parágrafos, da Constituição Federal, de 5 de outubro de 1988. Não se esqueça, ademais, que nas categorias não organizadas ou na recusa, expressa ou silente, das entidades sindicais os trabalhadores podem formar uma comissão de negociação e esta poderá conduzi-los à greve (CLT, art. 617 e § 1º).

O legislador infraconstitucional estabeleceu, no art. 4º, da Lei n. 7.783, de 28 de junho de 1989, o dever de a entidade sindical convocar a assembléia geral com o objetivo de balizar as vindicações da categoria e dispor sobre a paralisação coletiva da execução dos serviços. Dois são os aspectos relevantes a sopesar, neste instante: a convocação de toda a categoria profissional, idéia que trai a preservação da vencida noção de enquadramento sindical, onde todos os trabalhadores permanecem encurralados na atividade predominante das empresas que os assalariam e, ademais, concebe a greve como uma paralisação coletiva, pacífica, temporária total ou parcial (art. 2º), quando a greve, hoje, se pode manifestar pela redução da atividade ou mesmo pela sua continuidade, seguindo os ditames da lei, do regulamento profissional ou interno, da empresa.

14.3.1. Mandado de segurança

A proteção da atividade sindical, no exercício do direito de greve, começa, na sistematização proposta, com o mandado de segurança. É cabível a utilização do *mandamus* sempre e quando a Justiça do Trabalho estabelecer, por ato de juiz ou decisão colegiada, uma quantidade ou proporção de empregados para trabalhar, em atividades essenciais. É que tal ato investe contra o direito de greve que, conquanto não seja absoluto, não pode sofrer cerceio pelo Estado. O art. 8º, I, da Constituição Federal, veda expressamente "[...] ao Poder Público a interferência e a intervenção na organização sindical".

A noção mais ampla de Poder Público envolve os três poderes do Estado, ademais da cidadania que nos permite estabelecer parâmetros ou limites para quaisquer deles. A idéia geral, no Brasil, entretanto, é de ser o Poder Público o próprio Poder Executivo, com as definições constitucionais e legais que lhe incumbem velar pela integridade do Estado e de suas instituições, cumprindo e fazendo cumprir as leis da República.

É bem disto exemplo o art. 4º, da Lei n. 8.437, de 30 de junho de 1992, que estatui

> Compete ao presidente do tribunal, ao qual couber o conhecimento do respectivo recurso, suspender, em despacho fundamentado, a execução da liminar nas ações movidas contra o Poder Público ou seus agentes, a requerimento do Ministério Público ou da pessoa jurídica de direito público interessada, em caso de manifesto interesse público ou de flagrante ilegitimidade, e para evitar grave lesão à ordem, à saúde, à segurança e à economia públicas.

Isto evidencia que Poder Público, como tratado na lei, é o Poder Executivo, não o Poder Judiciário. A intervenção da Justiça do Trabalho, nas greves deflagradas em atividades essenciais, é uma usurpação do conceito de Poder Público, uma vez que tal atitude objetiva impor uma conduta ao cidadão trabalhador, quando à Justiça somente cabe o papel de avaliar a lesão ou ameaça de lesão a direito de alguém, inclusive pelo Estado. Ao praticar a usurpação, a Justiça do Trabalho deixa o sindicato ou o trabalhador completamente desassistido uma vez que somente lhes caberia invocar a ação judicial para o restabelecimento da ordem jurídica e o ato antijurídico foi praticado exatamente por quem tem o dever de velar pela correta aplicação da norma, restabelecendo a ordem violada.

Se alguma dúvida pudesse pairar sobre quem seja, efetivamente, o Poder Público, busquemos, ao acaso, no próprio texto constitucional, e encontraremos, no art. 175 que "Incumbe ao Poder Público, na forma da lei, diretamente ou sob regime de concessão ou permissão, sempre através de licitação, a prestação de serviços públicos". E o art. 8º, I, como visto, veda qualquer ação do Poder Público que possa representar a presença do Estado na vida sindical.

Ao fixar um percentual mínimo de trabalhadores a desenvolver a atividade essencial, a Justiça do Trabalho parte de um falso pressuposto de que todos os trabalhadores são grevistas. Em hipóteses absurdas, encontradas na jurisprudência, de fixação de 50% a 100% dos trabalhadores no exercício da atividade, o judiciário trabalhista cria a greve da minoria ou de ninguém e condena-a, de antemão, ao fracasso. Tal interferência é praticada com a falsa concepção de que, pela regra do art. 12, da Lei de Greve, é ela o Poder Público ali referido.

O mandado de segurança, entretanto, mesmo que lastreado na certeza e liquidez do direito de greve, terá que ser avaliado — pasme-se — pelo próprio órgão que emitiu a ordem manifestamente ilegal! A persistir o quadro, permaneceremos sob uma ditadura judicial em que o órgão da jurisdição pratica o ato e, em seguida, examina qualquer tipo de ação que objetive frustrar-lhe a violência praticada no suposto nome da lei.

O absurdo da situação é encontrarmos a Justiça cometendo violações à ordem jurídica e detendo, em suas mãos, o poder de avaliar a correção do ato violador da norma.

14.3.2. *Habeas corpus*

O *habeas corpus* é outro dos remédios jurídicos ao alcance do trabalhador ou do sindicato, pelos seus dirigentes, que pode conduzir a que validem e eficazmente exerçam o direito de greve.

Quando a greve for praticada pelo tipo de estrita observância do regulamento empresarial, profissional ou legal, o fato inconteste será presença do trabalhador no ambiente de trabalho. Essa presença não se dará para a ocupação do local, mas para que os prejuízos patronais, peculiares a toda greve, emirjam exatamente pelo cumprimento do dever estabelecido para a execução do labor. É que, no habitual, várias etapas da rotina do trabalho são ultrapassadas, superadas ou desprezadas em nome da maior celeridade na execução das tarefas, algumas de tais etapas com efetivo risco para a segurança pessoal do trabalhador, do local de trabalho ou do equipamento utilizado.

Tais fatos ocorrem, por exemplo, quando a revisão dos ônibus, para saída da garagem, se faz sem maior presteza e os motoristas conduzem os transportes em marcha bastante lenta; quando os aeronautas cumprem à risca o regulamento legal da profissão ou os trabalhadores na indústria do petróleo adotam, rigorosamente, as medidas acautelatórias, impostas pela empresa, ou norma de efetivação das tarefas, dentre várias outras situações que poderíamos invocar como exemplo.

Diante deste quadro ou qualquer outro que com eles guarde semelhança, a presença do trabalhador no local de trabalho é cumprimento da obrigação contratual de observância de seus deveres profissionais e funcionais. Se o empregador lhes ameaça vedar o ingresso no estabelecimento ou requer qualquer sorte de interdito proibitório, parece-nos indubitável que o *habeas corpus* seja ordem que deve ser concedida, porque legitima a postura do trabalhador.

Também será hipótese de concessão da ordem de *habeas corpus* o ato, patronal ou de autoridade, que vise impedir a divulgação da greve ou a realização da assembléia que venha a deliberar sobre sua deflagração, uma vez observados os parâmetros constitucionais, legais ou convencionais. A livre movimentação dos trabalhadores estará, assim, impedida, restringida ou limitada.

Esta é uma greve que, com efeito, não se confunde com aquela denominada de ocupação, quando os trabalhadores grevistas invadem o local de trabalho como forma de frustrar o desempenho das atividades daqueles que não aderiram à greve. Aí, sim, estaremos diante da hipótese de turbação do direito de posse do local ou de propriedade do empregador cujo estabelecimento não pode sofrer os riscos que decorram de uma inadequada utilização de seus espaços e equipamentos e tal atitude legitima o exercício da ação cível necessária à obtenção do interdito proibitório, de igual modo quando trabalhadores estranhos ao seu quadro invadirem o estabelecimento.

Atente-se, porém, que não apenas na prestação dos serviços essenciais, como na execução dos serviços mínimos, pode a presença do empregado ser imperativa no ambiente de trabalho, *v. g.* para adicionar os produtos químicos que irão permitir ou identificar a ocorrência de vazamento de gás; a preservação da temperatura de altos fornos, para que o desaquecimento não leve à sua inutilização; ou, ainda, para preservar as baixas temperaturas em frigoríficos, dentre várias outras situações que exigem experiência ou conhecimentos específicos.

A situação mais grave, a reclamar a busca do *habeas corpus*, surge quando as empresas que trabalham com turno de revezamento se deparam com uma greve de paralisação. Neste quadro, é comum vedarem aos trabalhadores do turno cessante a saída do local de trabalho, para que o serviço não se interrompa pela ausência deliberada daqueles que os substituiriam. Aqui a situação pode, perfeitamente, caracterizar o cárcere privado, ato delituoso com previsão legal, que legitima a busca da ordem de recuperação da liberdade de ir e vir. Aqui caberia, inclusive e principalmente, a presença do Ministério Público do Trabalho a proteger o trabalhador e preservar a ordem jurídica do Estado.

14.3.3. Reclamação para cobrança de subsídios

Quando o empregador impedir o trabalhador não-grevista de comparecer ao trabalho e executar as tarefas como lhe seja possível fazê-lo, será assegurado ao empregado o direito ao trabalho. É que tal prática patronal objetiva reduzir suas perdas. Como o trabalhador não-grevista pode executar tarefas que não resultem encadeadas na linha de produção, pela ausência de quem lhe dê continuidade, por exemplo, a empresa fecha as portas, impede a sua presença e, daí decorre, deixar de perceber o não-grevista o ganho a que tenha jus. Mesmo que nada haja a fazer, o trabalhador que não aderiu à greve não pode ser prejudicado no seu subsídio, se o trabalho não lhe for propiciado. É que ele permanece à disposição do empregador e este, ao fechar o estabelecimento, pratica o locaute repressivo quando, *ope legis,* tal atitude é vedada ao patrão e expressamente garantido o pagamento da renda do trabalhador (Lei de Greve, art. 17, parágrafo único).

A reclamação trabalhista, qualquer que seja a forma de que se revista, objetivará o pagamento dos subsídios devidos. Aqui não se pode, com rigor técnico, denominar de salário ou remuneração, como descura o texto legal, pela inocorrência de trabalho. A teor do art. 457, da CLT, salário é contraprestação de trabalho; assim, sempre que trabalho não existir, como na hipótese de férias, o trabalhador receberá os subsídios devidos pela obrigação de remunerar, mas sem a devida contraprestação na execução do contrato.

14.3.4. Interdição do estabelecimento

O não-grevista não pode, nem deve ser confundido com o fura-greves. Aquele é um trabalhador regular da empresa que preferiu não participar do movimento reivindicador que a greve representa, seja pela razão que invocar, mas preserva para si o exercício do seu direito ao trabalho, posto em ação contra a vontade patronal e, principalmente, dos grevistas.

O fura-greve é o trabalhador desempregado que, na constância da greve, aceita convite patronal e admite ocupar ou exercer as funções de empregados grevistas. Isto, a par da ilegalidade, serve aos desígnios patronais de enfraquecimento do movimento operário. Cabe, neste passo e mais uma vez, a presença do Ministério Público do Trabalho para adotar o remédio jurídico cabível à violação da Lei de Greve, à proteção dos interesses legítimos de grevistas e não-grevistas.

A contratação provisória, por um pacto laboral a termo *incertus quando*, somente é autorizado no parágrafo único, do art. 9º, da Lei n. 7.783, de 28.06.89, sempre e quando não houver acordo com o sindicato ou este, em havendo, não o cumpra para garantir o mínimo de serviços com o objetivo de evitar o perecimento de bens ou manter os equipamentos de que tanto necessitam, de tal forma que, no instante seguinte ao término da greve as atividades possam ser retomadas.

Não poderão ser tidos como fura-greve aqueles empregados admitidos, para trabalhar no mesmo estabelecimento, antes da deflagração do movimento.

Diante da hipótese da presença de tal espécie de trabalhadores e ante a recusa dos empregadores em afastá-los, incumbe ao sindicato, como catalisador e gestor das negociações durante a greve, requerer, judicialmente, a interdição do estabelecimento, desde que se disponha a utilizar os trabalhadores necessários ao cumprimento do mandamento legal ou do acordo não cumprido até então. O que não se pode admitir é que o sindicato intervenha para afastar o fura-greve, sem cumprir o dever que lhe é imposto. Quando, entretanto, a hipótese não for aquela contemplada no dispositivo há pouco referido, não haverá dever do sindicato em disponibilizar trabalhadores, durante a greve com paralisação dos serviços.

14.3.5. A proteção judicial trabalhista ao grevista e ao não-grevista

A regra do art. 15, da Lei de Greve, estabelece critérios que visam à proteção tanto do empregado como do empregador, nas esferas trabalhista, cível e penal. Daí pode decorrer ação, de parte a parte, a merecer algumas ponderações.

Os trabalhistas podem se exteriorizar, por exemplo, quando empregado grevista de uma determinada empresa pratique-os contra qualquer empregador que não o seu. Numa tal hipótese, não haverá como punir o empregado, no âmbito do art. 482, da CLT, pois a agressão, moral ou física, contra qualquer pessoa — e aí residirá a figura desse *tertius* empregador — somente será passível de punição pelo seu patrão, quando praticado em serviço. A comunicação da ocorrência entre os empresários não gera direito de punição para o legítimo empregador.

A situação já não é a mesma quando o grevista, com violência ou grave ameaça, impede o não-grevista de trabalhar, pretende retirá-lo do ambiente de trabalho, pois embora a greve suspenda o contrato para o grevista, não o faz para aqueles que à greve não aderiram e, conseqüentemente, a intimidação e abusiva presença do trabalhador no estabelecimento, para constranger, ameaçar ou agredir ao colega que não comunga do mesmo objetivo, legitima a punição que, todavia, somente poderá se pôr em prática quando cessar o movimento.

De igual modo poderá o empregador atuar quando o seu empregado grevista obste ou tente obstar a ação da Justiça do Trabalho que garantiu patrimônio ou direito seu ou de empregado não-grevista, como visto, pela indisciplina de que os atos se podem revestir abstraída qualquer violência que merecerá, por outra vertente, o devido tratamento.

A argumentação do grevista, por mais exaltada que seja a ameaça de ampliação dos efeitos da greve, as pregações ou piquetes nas portas dos estabelecimentos, desde que não inibam o livre direito de circulação das pessoas, não pode ser guindado à condição de justa causa para sua punição. Trata-se de assegurar ao grevista o livre exercício de sua atividade, com o claro objetivo de alcançar os propósitos que motivaram a deflagração da greve.

14.3.6. Responsabilidade e reparação civil

Os ilícitos cíveis praticados durante a greve e tendo esta como causa, acarretam a responsabilidade civil do trabalhador grevista por quaisquer danos patrimoniais praticados contra o estabelecimento, mesmo que não aquele do seu empregador, mas que esteja dentre os que foram alcançados pelos efeitos da greve. De igual modo, o patrimônio de terceiro, alheio ao movimento e que circunstancialmente pode sofrer tais efeitos, *e. g.* um veículo estacionado na via pública ou um transporte, público ou não, onde possam estar trabalhadores não-grevistas ou meros transeuntes.

A responsabilidade civil também existirá na hipótese e como conseqüência de dano físico praticado contra qualquer pessoa, dentre elas, empregador ou preposto seu; contra superior hierárquico do agressor, em qualquer tempo e lugar; colega grevista, não-grevista ou fura-greve, sob qualquer circunstância; e, por fim, contra terceiros.

Aqui a previsão legal não cogita de relações trabalhistas, mas do comportamento *ut cives*. A ninguém é dado o direito de investir contra o patrimônio ou a integridade física de outrem. Se o faz, responde ademais das cominações penais acaso aplicáveis, civilmente pelo prejuízo que de sua conduta advenha a alguém que, com o movimento grevista, guarde, ou não, qualquer relação.

14.3.7. Responsabilidade e sanção penal

As sanções penais serão aplicáveis, desde que acionadas pelo Ministério Público; porém, entendemos que sem prejuízo da iniciativa da vítima, quando for o crime de ação privada, a teor do parágrafo único, do art. 15, da Lei n. 7.783, de 28.6.89.

Vale distinguir os crimes de dano patrimonial, de danos físicos ou outros mais graves. Assim, são passíveis de sanção, independentemente daquela que possa recair tanto na esfera trabalhista como na cível, os danos patrimoniais causados ao próprio empregador, ao empregador de outrem, a superior hierárquico, ao patrimônio público, de terceiros alheios à greve, de colegas grevistas ou não. De igual modo, serão passíveis de sanção os crimes de lesões corporais ou outros de maior gravidade praticados contra o empregador ou seus prepostos, superiores hierárquicos ou não, os colegas grevistas, não-grevistas ou fura-greve, além de terceiros, aí compreendidos os empregadores de outrem ou prepostos seus.

14.3.8. Interdito proibitório

Tem constituído prática recente o prévio ingresso, em juízo, por organizações patronais, de ações visando obter o interdito proibitório que veda o ingresso de trabalhadores grevistas em suas dependências, a difusão da greve em suas dependências ou cercanias e, o mais surpreendente, a utilização de carros dotados de equipamentos sonoros, na via pública, desde que nas proximidades dos estabelecimentos.

O fundamento da ação é, ou seria, o receio de violência contra os equipamentos da empresa, suas instalações ou, *in extremis*, os clientes.

Para a propositura da ação há que, primordialmente, como regra basilar do processo, identificar e qualificar o Réu. Na hipótese do interdito proibitório tem sido demandado o sindicato, para que se abstenha de praticar a imaginada violência. Ocorre que, para o sindicato ser o réu de tal ação impõe-se que o agente da ameaça ou concretizador da violência seja um seu dirigente, regularmente investido, ou qualquer preposto que haja constituído, mesmo que não seja, naturalmente, para tal fim e aja por iniciativa própria, mas guardando a condição de representante o agente.

O sindicato, como temos dito reiteradas vezes, não guarda para com os integrantes da categoria que representa se não uma relação meramente associativa e por deliberação do trabalhador. Nunca lhe será possível impor a qualquer integrante da categoria que se ausente ou se apresente para o trabalho, em qualquer circunstância. Já evidenciamos que a greve pode ser deflagrada contra a vontade da diretoria do sindicato ou mesmo diante da recusa dele em patrocinar o movimento. É da ordem jurídica do país: CLT, art. 617, § 1º; art. 4º, § 2º, e art. 5º, da Lei n. 7.783, de 28.6.89 (Lei de Greve).

O eminente jurista *Pinho Pedreira*[2], em mais uma das suas percucientes lições, observa, antes da EC 45/2004, que o

> Comum, no Brasil, é o empregador utilizar os interditos possessórios para, mediante eles, requerer aos juízes cíveis de primeira instância a expulsão dos grevistas, obtendo quase sempre o deferimento. Entretanto, acórdãos de instância superior

---

(2) A greve com ocupação dos locais de trabalho. In: *Revista da Academia Nacional de Direito do Trabalho,* Ano 1, n. 1, 1993, São Paulo, p. 106-107.

da própria Justiça Comum já proclamaram a impropriedade de qualquer espécie de ação possessória para esse fim. Efetivamente, o Primeiro Tribunal de Alçada Civil do Estado de São Paulo, apreciando hipótese de ocupação de pátio de uma empresa por grevistas, decidiu, em julgamento de recurso de sentença em mandado de segurança: "A circunstância de obreiros levarem a cabo atos concretos ou expressamente intenção de os levar, desde que orientados unicamente em direção do exercício do direito de greve, seja legal ou não, tipifica-se como peculiar aos liames trabalhistas. Não constitui turbação à posse do empregador sobre bens componentes do parque fabril".

"A ação possessória não se presta para compelir os empregados a sair do estabelecimento fabril" (1º TAC — SP-MS 436.804/49 — Ac. 7ª Câmara, 13.02.90. Rel. Juiz Francisco de Assis Vasconcelos Pereira da Silva, decisão unânime).

Lê-se, na fundamentação do aresto: "Os trabalhadores não pretendem apropriar-se da empresa, para si ou para outrem. Nem estão praticando qualquer gestão esbulhativa. Simplesmente, por via pacífica (é o que deflui dos autos) postulam vantagem salarial."

Ainda no mesmo trabalho doutrinário, observa que

Em julgamento anterior aquela Câmara já sufragara a mesma tese, afirmando ser de fácil dedução que "a apelante jamais perdeu a posse, ciente de que os operários permaneceram nas dependências da fábrica em virtude de laços empregatícios, em nenhum momento pretenderam afrontar direitos possessórios resultantes do exercício pleno ou não dos poderes inerentes ao domínio ou à propriedade (CC. art. 485)". Assevera-se ainda no julgado que os atos praticados pelos grevistas ocupantes, se ilegais, sujeitam-se a outras sanções, inconfundíveis com as possessórias (Apelação 377.769, de São Bernardo do Campo).[3]

Ainda que o Autor da ação tenha fundado receio de ser esbulhado ou turbado na posse, deverá disto fazer prova pré-constituída, para lograr o atendimento liminar de sua pretensão em Juízo. Apontar o sindicato, pelo visto, é escolher o alvo errado. Mais grave é a situação do juiz que recebe a propositura e a concede, *ab initio*, sem atentar para o ilegítimo pressuposto básico ou fundamental de desenvolvimento regular do processo.

Se os potenciais agentes da turbação ou ameaça de violência contra a posse são os empregados grevistas, que contra estes sejam propostas as ações, inclusive para efeito de responsabilização cível, como o quer o art. 15, da Lei de Greve, em atenção ao art. 1.210, do Código Civil.

O papel do sindicato, por imperativo legal, é aquele estabelecido no art. 4º e § 1º, da Lei de Greve. Pela exação no seu cumprimento não cabe responder a demanda em juízo. Não constitui coação ou representa risco para o titular de direitos a ameaça, por outrem, de exercício regular dos seus, ou cumprimento do dever legal.

Os interditos proibitórios têm sido ajuizados assim que cumpre o sindicato o dever legal de comunicar à entidade patronal a data do início da greve. Ora, essa é uma

---

(3) *Idem, ibidem.*

imposição do art. 3º, parágrafo único, e art. 13, da Lei de Greve. Isto, só por si, não representa ameaça à posse, direta ou indireta, do que quer, nem de quem quer que seja.

A presença do trabalhador, em qualquer dependência da empresa, para divulgar a greve, por meios pacíficos, aliciar ou convencer colegas a que dela participem, é uma garantia legal (Lei n. 7.783, de 28.6.89, art. 6º, I), vale dizer, não representa, em si, ameaça que legitime a concessão liminar de interdito proibitório. Premonitória, a mesma lei e no § 1º do dispositivo invocado, proíbe a empregados e empregadores, a adoção de meios que possam "violar ou constranger os direitos e garantias fundamentais de outrem".

O piquete, caracterizado por manifestações ou atos de persuasão, por sua vez, tem permissão legal, desde que não impeça o acesso ao trabalho, ameaça ou dano à propriedade ou pessoa (art. 6º, § 3º), isto é, a livre movimentação nas cercanias do estabelecimento é lícita, tem proteção legal expressa e, por si, não gera o receio ou suspeita de violência ou ameaça à pessoa, propriedade ou posse. O argumento, sempre utilizado, de proteger a liberdade de locomoção dos clientes exige que estes se sintam impedidos do ir e vir e, por si, busquem impetrar a medida judicial correspondente. Como está sendo posto em prática e atendido pelos juízes equivale a um *habeas corpus* preventivo, requerido em favor de terceiro, sem qualificação deste, nem indicação de quem seja o coator.

A vedação da presença de carro com equipamento sonoro, na via pública, em apoio ao movimento grevista é da esfera municipal, pelo seu Código de Posturas, uma vez que se ele molesta não será, seguramente, ao empregador em caráter exclusivo, mas a quantos se encontrarem à sua volta e no alcance do eventual elevado e perturbador volume de som. O juiz do Trabalho, aqui, estaria extravasando de sua competência e dificilmente tem elementos para a concessão liminar. É que, para afirmar perturbador o volume sonoro há que medi-lo e confrontá-lo com a correspondente postura municipal inibidora do uso inadequado.

A conclusão a se extrair, do quanto se tem observado, mormente no açodamento na concessão de liminares, é que, neste caso, a Justiça do Trabalho está contra o exercício do direito constitucional de greve, quando seu papel é, obviamente, de protegê-lo.

Resulta, entendemos, de um preconceito institucional contra a greve, como se tem observado no país, ao longo de sua história. Não se irá tutelar ou proteger a baderna, mas daí a entender, prévia e preconceituosamente, que a greve é uma agitação, um fator de perturbação da ordem pública, é negar-se a justiça a desempenhar seu legítimo papel constitucional.

14.3.9. Dissídio coletivo

O dissídio coletivo é, dentre todas, a específica ação a decorrer do exercício do direito de greve, embora possa existir sem que o preceda a deflagração de tal movimento.

A alteração constitucional, procedida pela Emenda n. 45, de 8.12.2004, pôs o dissídio coletivo de natureza econômica como um processo a ser instaurado pela vontade convergente das partes. Esta é uma situação que causou alguma estranheza aos doutrinadores do processo, principalmente trabalhista. Ocorre que a tônica dos mandamentos constitucionais em derredor dos conflitos coletivos de natureza econômica é a busca da autocomposição, a isto equivale dizer, negociar à exaustão, com a ajuda do mediador, a partir de determinado momento, ou ante a recusa de uma das partes em participar da mesa de entendimentos. Frustradas as possibilidades de composição autônoma, oferece e insinua quase em tom de obrigação, que os interessados recorram à arbitragem.

Diante de tal quadro, fácil será a dedução de que se uma das partes busca a arbitragem e indica o ou os nomes, de seu lado, dos incumbidos de lhe buscar solução, estes não têm qualquer poder coercitivo de fazer com que a outra parte nomeie seu árbitro ou, de alguma sorte, se manifeste. Como a evidenciar esse quadro e a sugerir que façam o quanto recomendado, para não virem a juízo, a norma foi criada.

Com efeito, pelo preceito constitucional qualquer das partes, no conflito de natureza econômica, poderá ingressar com o dissídio coletivo e caberá à Justiça do Trabalho convocar a outra para que venha completar a *soit disant* relação processual. Caso a recusa persista, não haverá instância e o pleito será arquivado. Parece-nos bastante equivocado o entendimento de que o silêncio da outra parte possa ser interpretado como consentimento.

O conflito coletivo de natureza econômica não busca reparação de direito, mas a elaboração de preceito. Assim, a recusa da parte em comparecer perante a Corte trabalhista não tipifica rebeldia, pois a própria Constituição põe a presença de ambos como pressuposto regular ao desenvolvimento do procedimento de avaliação do conflito.

Quando um não quer, não há conflito, conforme o adágio e, agora, com as bênçãos da Constituição. No caso, devem os interessados retornar à busca de uma solução arbitrada. Para tanto basta que o preceito infraconstitucional ou o conteúdo do instrumento normativo, em si, disponha sobre tal obrigatoriedade e imponha sanção pecuniária pela relutância, como sugerido pelo exame do Direito Comparado com amparo no art. 8º, da Consolidação das Leis do Trabalho, para as situações de ausência de previsão legal.

Existe uma diferença fundamental que consiste no poder que tem o órgão da jurisdição de citar a parte para que compareça perante ele, mas sua relutância em se fazer presente não acarreta qualquer sorte de prejuízo. É, novamente, o Estado a dizer: encontrem a solução pelos meios ao seu alcance. Tanto assim é que, o mesmo texto constitucional, veda à Justiça do Trabalho manifestar-se sobre cláusulas que já constem ou constaram de instrumento normativo precedente e que não se manifeste sobre a seara onde a lei não deixa lacuna. Querer extrair da relutância os efeitos da revelia é transmudar um processo que consiste na criação ou elaboração de normas, para compor um conflito em torno desse fato, naqueloutro que o Direito Processual do Trabalho registra para os litígios fundados em violação ou efetiva ameaça de violência contra direito que alguém — empregado ou empregador — já tenha, *ope legis* ou por força de contrato, incorporado ao seu patrimônio jurídico. O dissídio coletivo de natureza econômica visa à criação da norma, sua proteção já se encontra na vedação da própria Justiça do Trabalho revisar cláusula já existente ou investir contra a norma legal completa ou perfeita, isto é, que não dependa de preenchimento ou integração de lacuna.

De tudo se deve extrair que, o poder normativo da Justiça do Trabalho somente poderá atuar no que constitua uma inovação das relações, no conflito econômico posto sob seu exame.

Há uma circunstância agravante, a atentar contra o exercício do direito de greve. É quando a Constituição autoriza o Ministério Público do Trabalho, no § 3º, do art. 114, a suscitar dissídio coletivo quando se tratar de greve em atividades essenciais, com possibilidade de lesão ao interesse público.

A doutrina majoritária e a jurisprudência assente têm o sindicato como titular do direito de greve, o que constitui um evidente equívoco, conforme intentamos demonstrar. A vingar tal entendimento, a emenda constitucional estará contaminada pela vedação, da própria Constituição, do Estado intervir na vida sindical, segundo os preceitos do seu art. 8º, que constitui cláusula pétrea, por estar no Título II, que trata dos Direitos e Garantias Fundamentais — Capítulo II que define os Direitos Sociais.

Esta condição retira do sindicato a força de ação, para representar a categoria e se impor na negociação coletiva, induzindo artificialmente ao recurso à greve. Tal postura da Emenda fortalece o ponto de resistência do lado empresarial posto que a este basta relutar na negociação ou a ela se furtar. Tal posição resulta por subtrair ao sindicato profissional a condução do movimento e necessariamente excluindo da hipótese cogitada no § 2º, do art. 9º, da Lei de Greve, que o responsabilizará pelos abusos resultantes do exercício irregular do direito de greve.

Vale ressaltar que incumbe ao legislador, de imediato, definir o que se deve entender por interesse público em atividade essencial. Não se dando a hipótese, resultará no freqüente aparecimento no dissídio, de questão prejudicial a ser argüida, quando da suscitação da ação coletiva, pelo Ministério Público do Trabalho, seja por qualquer uma das partes ou o próprio Relator ou qualquer outro juiz, *ex officio*.

Embora mereça especial registro o fato do preceito constitucional reportar-se às atividades essenciais, há uma relevante restrição à legitimação atribuída ao Ministério Público do Trabalho: a possibilidade de lesão do interesse público. Como as atividades essenciais são aquelas voltadas para a vida, a saúde e a segurança da população, esses são aspectos basilares da sustentação para que possa o Ministério Público do Trabalho atuar.

Vale consignar que a limitação constitucional ao Ministério Público, em que pese a postura que este toma de se supor eqüidistante dos Poderes do Estado e incumbida de proteger e defender a sociedade. Significa isto dizer que o açodamento poderá conduzir à suscitação quando certas atividades essenciais preservadas na lei por anacronismo, como referimos em capítulo anterior, ou em qualquer situação de greve que, ao seu talante, entenda que deva frustrar pela sua intervenção para provocar a manifestação judicial.

Uma atitude premonitória, em nome da possível ou suposta lesão do interesse público pode resultar no cerceio ao exercício do direito de greve ou, muito mais grave, banaliza a greve, como fato social, ignorar a Justiça e o Poder Público, que a nosso ver o Ministério Público do Trabalho atua.

CAPÍTULO 15

O LOCAUTE

15.1. Caracterização

O locaute consiste na supressão do trabalho, por ato exclusivo da entidade patronal, com o objetivo de frustrar uma greve, quando esta se prenuncie ou instale, ou como retaliação à greve encerrada, sempre com o objetivo de exercer pressão sobre os trabalhadores para preservar ou melhorar o nível de comprometimento na execução das regras de convenção coletiva de trabalho.

Num exame, a partir dos efeitos pretendidos, o locaute é, em verdade, um meio de pressão de que se vale o empresário para compelir os empregados à concordância com os termos e condições de contrato (via convenção coletiva), por ele ditadas.

Historiadores do Direito pretendem que nos séculos XVII e XVIII ocorriam locautes prolongados na economia corporativa, como instrumento de pressão dos mestres sobre os companheiros. Já no século XIX havia contratação do trabalho de forma mais ampla, porém informal, e a possibilidade de despedimentos maciços fazia inócua a utilização do locaute.

São dois os aspectos básicos sob os quais deve o locaute ser examinado, a partir dos ordenamentos jurídicos. A primeira visão será de negar a possibilidade do locaute, não legitimando o empresário a se opor à greve, pois isto representaria um fator de desequilíbrio dentro da noção que ele traz embutida na negociação coletiva. Vale dizer, a greve fortalece o sindicato ou os empregados para a negociação e equipa o patrão com força igual, desequilibra as posições, fortalecendo a entidade patronal. Esta é, por exemplo, a situação em França, com amparo na jurisprudência, por estrita falta de previsão legal e por não se considerar compatível com a existência do direito individual de greve, embora possam ocorrer exceções como examinaremos nos momentos adequados.

A outra postura, identificada por *Ruth Ben Israel*[1] como medidas de quase-locaute ou medidas alternativas, a exemplo da contratação de empregados temporários ou permanentes, para substituição ou sucessão dos grevistas; ampliação da produção para estocagem de bens ou mercadorias, subcontratação dos serviços ajustados ou pactuados, além da utilização do *lay off* que, em verdade, não se confunde com o locaute, por representar uma forma de suspensão do contrato de trabalho por evidentes causas econômicas, mas produz efeitos que se assemelham, sob certos aspectos, ao locaute.

---

(1) *Op. cit.*, p. 15.

15.2. Identificação do lay off

O *lay off* caracteriza-se pela faculdade atribuída ao empresário, por lei ou convenção coletiva, de suspender a execução do contrato de trabalho para certa quantidade de empregados, enquanto perdurem os efeitos adversos de uma conjuntura econômica. Este deve significar um quadro de dificuldades que enseje a retomada das atividades e o necessário retorno dos trabalhadores, uma vez cessados os obstáculos. Sua finalidade mais relevante é permitir a continuidade do contrato de trabalho e, por sua vez, poupar o empresário do pagamento das verbas indenizatórias da rescisão contratual coletiva numa quadra em que sua capacidade de desembolso se encontra gravemente comprometida. Por seu turno, o empregado estará livre para celebrar contrato com terceiros e, quando convocado de volta, reassumirá seu posto que lhe estará assegurado. Em resumo é uma forma de suspender o contrato de trabalho e que não se confunde com o locaute pela forma, propósito e causa.

Enquanto o *lay off* significa uma paralisação da atividade em conseqüência da falta de trabalho necessário ou eficaz, o locaute é a recusa do empregador em fornecer trabalho ao empregado, embora ele se mostre necessário, disponível. Há países onde este procedimento se reconhece e adota, sendo conhecido como *cold lockout* ou locaute frio, embora o *lay off* seja um recurso validamente utilizado para regular estoques, reduzir custos operacionais quando adversa a conjuntura econômica.

A utilização do *lay off* resulta por ensejar ao empregador a oportunidade de afastar trabalhadores e suprimir-lhes os pagamentos e com isto reduz os riscos de incorrer nos efeitos da deflagração de um locaute ilícito.

A legislação francesa permite ao empregador fechar, temporariamente, sua empresa, com o compromisso de posterior recuperação das horas perdidas de trabalho, sem perda do salário. Isto se insere no poder de comando, na função gerencial da empresa, dentro da idéia de sua reorganização. Não se confunde com o locaute, nem impede a lei que um empresário encerre suas atividades, definitivamente, em seguida ao término de uma greve.

O outro aspecto, o terceiro deles, concerne à idéia da paridade material, vale dizer, o locaute é reconhecido num Estado por força da construção jurisprudencial. Isto se verifica quando ao juiz é dado decidir por equidade e seu conceito é o de que o locaute é uma espécie de autodefesa, como o fez a Suprema Corte do Japão, apesar de lá existir o direito de greve, assegurado no art. 28, da Constituição, repetida tal garantia na Lei Sindical e noutros preceitos.

O pretexto fundamental reside no reconhecimento ao empregador do direito ou liberdade de praticar o locaute, pela doutrina da paridade material, assegurando igualdade de oportunidade para a negociação coletiva. O exercício do locaute, entretanto, deve ser ponderado como medida defensiva, diante de grave risco com que se apresente como veremos em outra parte.

15.3. A força eqüitativa do locaute

A idéia, dentro da avaliação nas sociedades mais conservadoras, em termos de Direito do Trabalho e das relações trabalhistas, é que o locaute corresponde à noção eqüitativa de correlação ou equilíbrio instrumental. Assim, se ao empregado se reconhece ou legisla sobre o direito ou a liberdade de greve, deverá existir um aparelho que equilibre as relações entre os parceiros sociais, para que possa neutralizar o freqüente recurso às greves ou existam meios alternativos dos empregadores contraporem suas ações, como o fazem com o locaute.

Ao que parece, existe uma tendência ou preocupação de equipar as entidades patronais com recursos que visem um efeito de alguma forma identificado com o locaute. Se ele revida, por exemplo, a uma greve tida como ilícita, por abusiva, evidentemente, a jurisprudência de alguns países, onde ele seja reconhecido, admite a inexecução da obrigação, sempre tendo em conta que não foi ele utilizado como meio de fraudar o cumprimento das obrigações.

Como se vê, o locaute nunca poderá ter como objetivo a redução de vantagens conquistadas pelos trabalhadores, por força das negociações coletivas e das alterações benéficas que delas resultem, mas de colocar o empresário numa condição de equilíbrio aparente, no mesmo plano de negociações, de modo a lhe permitir que as vantagens perseguidas pelos empregados não alcancem um nível superior à sua capacidade de comprometimento.

O locaute, enfim, não pode ser tido como um poder que se insira naqueloutro de direção. Com efeito, o poder diretivo do empregador resulta do contrato individual, por definição legal (CLT, art. 3º), da convenção coletiva ou da lei. Inexistindo lei que legitime o locaute, na ordem jurídica cogitada a exemplo do Brasil, impensável tal conduta como poder patronal. A hipótese é expressamente vedada na Lei de Greve (art. 17).

Nos ordenamentos onde o locaute é autorizado ou tolerado, dentro da noção de equilíbrio ou contrapartida do exercício dos direitos, tampouco se pode imaginar que é ele um poder patronal. A faculdade que se lhe assegura de fechar o estabelecimento diante de grave situação de risco, como visto, não se confunde com o poder diretivo, mas com o legítimo direito de proteger seus bens e interesses.

15.4. Efeitos do locaute

O locaute apresenta efeitos diversos, no contrato de trabalho. Se a prática se evidencia ilícita, pode o empregado ter como rompido o contrato de trabalho, postulando, a partir daí, as indenizações previstas em lei e em instrumentos normativos, acaso desrespeitados. Sendo lícito o locaute, dá-se a suspensão do contrato de trabalho, restando inoperantes as obrigações contratuais, de parte a parte.

O locaute lícito, paralisando como efetivamente paralisa, a execução do contrato de trabalho, não enseja aos empregados nem pagamento a título de remuneração, nem legitima a cobrança de indenização sob qualquer título. Numa hipótese como esta pode se dar, a exemplo da França, que o Ministério do Trabalho autorize a concessão de um subsídio a título de ajuda ou auxílio aos empregados vitimados pelo locaute, desde que este se prolongue por mais de três dias (Código de Trabalho, 351-19-2º), quando não estiver o próprio sindicato obrigado a subsidiar seu associado na pendência da ação patronal.

A paralisação deve ser total, como regra. É que ficará difícil identificar, quando ocorrer uma greve, quem guardará a condição de grevista, ou não.

Trata-se de uma paralisação do trabalho que resulta na suspensão do contrato (trabalho e salário), em face do fechamento do local de trabalho, por iniciativa patronal, com natureza conflituosa. O efeito é de suspensão e não de extinção do contrato de trabalho, daí resultando que o empregado não recebe salários.

Num momento inicial, o locaute, a exemplo do que se entendeu com referência à greve, era tido como uma forma de rompimento do contrato de trabalho. Foi assim na Alemanha, conforme o entendimento de *Kaskel-Dersch* e *Hueck-Nipperdey*, citados por *Mariano R. Tissembaum*[2], como de igual modo no direito inglês e tribunais americanos, estes antes da Lei *Wagner*, que o considerava como forma de rompimento do contrato de trabalho, por ato único de iniciativa patronal. A posição americana entendia ser possível aos trabalhadores a recuperação do emprego já aí sob as novas condições ditadas pelo resultado do locaute. A situação do direito ao locaute, hoje, na Alemanha e nos Estados Unidos, não se alinha com tal entendimento; na Inglaterra devem ser examinados certos aspectos quanto à natureza do pessoal.

O locaute ilícito vale dizer, aquele adotado como forma de reduzir ou extinguir os gastos patronais sem que esteja adequado às hipóteses contempladas ou tolerado nos ordenamentos jurídicos que assim ajam, será uma interrupção do contrato de trabalho, no teor em que o direito do trabalho do Brasil o toma. O empregado não tem como nem porquê trabalhar, mas faz jus ao subsídio que lhe substitui o valor do salário, uma vez que, não havendo trabalho de salário não se tratará, no senso técnico legal (CLT, art. 457).

Noutra corrente de pensamento, sendo lícito o recurso ou utilização do locaute, a exemplo do que concede o art. 9º, § 3º, da Constituição alemã, o empregador, com seu ato, segundo *Manfred Weiss*[3] extinguia o contrato de trabalho, a partir de decisão do Tribunal Nacional do Trabalho. A contar de 1971, entretanto, tal interpretação foi mitigada para o efeito de considerar tão-somente suspenso o contrato e só mui especificamente pode dar-se o rompimento fato que, desde então, não tem mais ocorrido. Nas outras legislações onde ocorre a suspensão não terá o empregador que arcar com custos pecuniários em benefício dos trabalhadores. Numa situação como esta a legislação francesa, como referido a pouco, permite ao Ministro do Trabalho atribuir um subsídio a título de ajuda pública ou oficial, desde que a paralisação ultrapasse os três dias. No quadro alemão, entretanto, será o sindicato a responder pela subvenção aos trabalhadores alcançados pela greve ou pelo locaute, levando os órgãos de classe dos empregados ao clamor contra a situação que os ameaçava de pôr no limite da destruição econômica. A partir de 1980, o mesmo Tribunal Nacional do Trabalho estabeleceu critério sobre a desigualdade de tratamento ou sua assimetria para, tratando desigualmente o locaute, preservar a força de equilíbrio da negociação.

---

(2) *Las controvérsias del derecho.* Buenos Aires: V. P. de Zavalia, 1952, p. 140.
(3) *Op. cit.*, 1994, p. 72.

Num entendimento posterior e ratificado pela Corte Constitucional federal, em 26 de junho de 1991, o poder de deflagrar o locaute somente poderá se dar de modo proporcional. Assim, se numa dada região ou empresa(s) o número de empregados em greve não ultrapassa a 25% (vinte e cinco por cento) do total, o empregador poderá desativar, desocupando os trabalhadores, até igual percentagem; se, entretanto, os grevistas alcançam a 50% (cinqüenta por cento) do efetivo, de igual modo será permitido ao empregador paralisar, em idêntico percentual, o trabalho de empregados. Quando ultrapassado esse limite, não permite a interpretação legal que se deflagre o locaute.

Tendo em conta que o Tribunal Nacional[4] não permite que se tratem diferentemente os trabalhadores não sindicalizados dos filiados ao sindicato, como ocorre no Brasil, isto equivale a dizer que, no instante em que a greve tem a participação de metade dos trabalhadores (50%) e se permite à entidade patronal suspender a atividade de igual proporção, é evidente que locaute total já existe. Sem acesso ao texto integral da decisão e sem a informação esclarecedora, persiste uma perplexidade ante a solução exposta.

Não se deve, entretanto, perder de vista que a prática do locaute conduz, de igual modo que aos empregados, aos prejuízos patronais, isto é, o empresário, apesar de impor sacrifícios e perdas aos seus empregados, resulta por assumi-los e de vária natureza, embora possa reduzi-los a uma expressão mínima, quando avalie o momento propício à sua deflagração e o período de duração.

Vale observar que o locaute pode ser ato de apenas um ou de um conjunto de empregadores.

O que, em princípio, caracteriza o agente é a possibilidade de assumir o papel de paciente na ação grevista. Se o locaute atinge uma seção, um estabelecimento, toda a empresa ou todas as empresas de uma dada base territorial, será irrelevante como fato jurídico posto que as circunstâncias que ditaram a ação deverão estar adequadas às possibilidades estabelecidas pela ordem jurídica.

Por qualquer das formas que se observe, mesmo naquela em que se pretende ver o rompimento do vínculo de emprego, o caráter predominante é o ser temporário, com isto significando que a retomada do trabalho é a sua conseqüência natural. Assim não fora e a hipótese haveria que ser de rompimento definitivo do contrato de trabalho, um despedimento coletivo. Esta seria uma situação inimaginável uma vez que restaria ao empresário a necessidade de, imediatamente, substituir todo seu efetivo de pessoal por novos trabalhadores ou por parte deles, quando opte pela *readmissão* de alguns ou muitos dos antigos empregados.

Na estrutura do locaute, nos Estados Unidos, superada, como vimos, a idéia do rompimento do contrato individual de trabalho, é permitida a contratação provisória, em substituição. A contratação substituta permanente, vale dizer, a sucessão do trabalhador em greve encontra variações na interpretação das Cortes, restando ao empregado, cessada a greve, ser reintegrado, desde que haja vaga, mas, não existindo, ocupar

---

(4) WEISS, *op. cit.*, 1994, p. 73.

qualquer posto, mesmo não sendo aquele objeto de sua contratação, até que a situação possa se regularizar, como observa *Gómez Abelleira*.⁽⁵⁾

O locaute pretende impor perdas aos empregados, de forma a buscar a preservação de um equilíbrio de forças que justifica sua existência nos países em que está assegurado ou meramente tolerado. Como adiante se verá, freqüentes vezes o locaute tem sentido de retaliação, quando se busca infligir aos trabalhadores perdas em contrapartida àquelas sofridas por causa de uma greve anterior. Tudo isto se processa em nome da proteção e defesa dos interesses patronais.

Existe, também, a possibilidade do locaute solidário, vale dizer, aquele em que um empresário recebe o apoio de outro ou de outros, como forma de ampliar o leque dos seus efeitos. Deve, neste caso, merecer a mesma censura que se produz quando se reporta à greve de igual natureza. É que, na hipótese, o empregador solidário não está legitimado pela defesa de interesses seus. Nos locautes deflagrados nos Estados Unidos, é possível a ocorrência, mas com forma bem demarcada de solidariedade, nas negociações entabuladas com os *multiemployers,* ou grupos formais de empresários alcançados pela greve de empregados que os possa atingir; todavia, a circunstância há que ser claramente definida desde o início das negociações. A solidariedade aí não se dá sob a forma de apoio, depois de deflagrada uma greve e para enfraquecer a posição do sindicato, para obter um resultado único, aplicável às empresas na convenção coletiva que venha a resultar.

15.5. Legalidade

O locaute não se apresenta legalizado na maioria dos ordenamentos jurídicos. Os que o fazem justificam sua existência na liberdade de coalizão que resulta no direito de greve. Noutros Estados o locaute existe pela tolerância exatamente porque reconhecido ou legitimado, por lei, o direito de greve; resulta num recurso à equidade e para permitir a proporcionalidade das forças, concebido equivocadamente tal equilíbrio. A derradeira hipótese, como se dá no Brasil e em Portugal é de expressa proibição, valendo dizer que não há possibilidade de reconhecimento de sua prática, ainda que seja para salvaguardar interesses, patrimônios ou pessoas.

A legalidade, entretanto, não enseja a prática do locaute pela exclusiva vontade patronal. Impõem-se restrições e estas decorrem, basicamente, da oportunidade e da causa geradora do ato empresarial. O mais comum não é o reconhecimento legal, mas a tolerância na ordem jurídica, como forma de proteger os interesses dos tomadores de trabalho quando os efeitos de uma greve possa lhes causar danos insuportáveis ou irreparáveis. Aí a tônica é a equidade, vale dizer, proporcionar ao empregador um instrumento de reação ou resistência, que lhe permita reduzir a pressão conseqüente da greve.

A similitude de instrumentos soa, em muitos países, como mecanismo de compensação que, entretanto, resulta por ser utilizado em retaliação dos empregados.

---

(5) *El locaute en el derecho de los EE.UU.* : su contraste con el cierre patronal en el derecho español. Barcelona: CEDECS, 1998, p. 126-127.

Greve e locaute estão em pé de igualdade nalguns textos legais, a exemplo da França (Código de Trabalho, art. 212-1, alínea 3), por força do Decreto n. 749, de 10 de agosto de 1976, ao mencionar que *"as horas perdidas em conseqüência da greve ou do locaute não podem dar lugar a recuperação"* mas a consagração reside no art. R 351-19-2ª, pelo qual se estabelece que "no caso de um locaute se prolongar por mais de três dias, o pagamento dos subsídios (de ajuda pública) pode ser autorizada por decisão do Ministério do Trabalho". Há muitas convenções coletivas de trabalho que dispõem sobre o locaute.

Muitos casos ocorrem, ainda, onde ele é proibido; contudo, as possibilidades de despedimento não encontram maiores restrições ou gravames. Para pressionar os sindicatos ou o próprio Estado, o empregador despede grande quantidade de empregados, quando não a totalidade dos ocupados em atividades industriais, e fecha o estabelecimento durante o tempo necessário à superação das dificuldades econômicas que sobreviriam se permanecesse operando e atendendo ao cumprimento das cláusulas convencionais a que estava obrigado. Isto é em tudo e por tudo uma forma de locaute e por ele a pressão se exerce, a um só tempo, contra o trabalhador e contra o Estado, pelas exigências de concessões para a retomada de suas atividades normais.

15.6. Titularidade e legitimidade

O locaute não se pode confundir com a suspensão por motivos econômicos, nem fechamento para posterior recuperação das horas perdidas, por exemplo, pela suspensão, sob qualquer motivo, dos serviços de abastecimento de água, de energia ou de transportes.

Tampouco se pode confundir locaute com paralisações emergentes de motivos técnicos empresariais, a exemplo de recuperação conseqüente da greve, para proteção de pessoas e do patrimônio.

O estudo comparativo, pelo mundo, evidencia que greve e locaute são conseqüências inevitáveis do regime de liberdade de trabalho, próprio da economia de mercado. Os regimes autoritários, em geral, proíbem tanto a greve quanto o locaute.

Reconhecer a licitude da greve contribui para assegurar a igualdade de meios de luta entre empregados e empregadores. O fortalecimento dos empregados, no contrato de trabalho, pretende justificar a admissão do locaute como forma de resistir às reivindicações excessivas, tanto nos modos, quanto nos fins. O locaute se utiliza, em tais relações, para realizar ou fazer efetiva a igualdade de riscos.

Para *A. Brun* e *H. Galland* podem os empregadores neutralizar os direitos "já que a greve priva o empregador da prestação do trabalho dos empregados e pode levar à paralisação a atividade dos assalariados hostis à greve".[6]

O locaute não pode ser tido como um instrumento de vingança, de retaliação praticada pelo empregador. É improvável que o empresário se exponha aos efeitos

---

(6) *Droit du travail*. Paris: [s.n.], 1958, p. 923.

econômicos — ademais das indenizações por perdas e danos que lhe possam surgir por inexecução culposa de contratos mercantis ou civis — para realizar o locaute, excetuada a grave hipótese de séria ameaça de danos irreparáveis de natureza patrimonial ou pessoal. A atividade empresarial não se relaciona exclusivamente no binômio patrão-empregado. Muitos empresários empreitam ou subempreitam serviços, contratam ou subcontratam atividades, enfim, à sua volta giram numerosos interesses que constituem a finalidade do seu empreendimento e a necessidade de fazê-lo próspero, eficaz, lucrativo. Como observa *Bernard Teyssié*[7], o "locaute aparece, em inúmeros casos, como último recurso para salvar o bem comum que se constitui na empresa e assegurar uma gestão sadia e normal".

A empresa não pode ser vista exclusivamente como fonte de rendimento e lucro do empresário. Vimos aqui, em vários momentos, que existem aquelas que prestam serviços públicos essenciais, por concessão ou permissão, quando não se dê o próprio serviço público ser prestado diretamente pelo Estado. As empresas permissionárias ou concessionárias, apesar do objetivo de lucro têm, prioritariamente, um compromisso que não lhes permite a iniciativa de fechar o estabelecimento. Por óbvio, se o empregado não pode abandonar, por completo, o serviço, mantendo um mínimo número capaz de preservar o funcionamento precário, a possibilidade de o empresário optar por um locaute soa como uma atitude criminosa!

O locaute em relação ao contrato individual de trabalho deverá ser visto como infração grave à sua execução, pelo empregador, quando, diante da notícia de que uma greve se prenuncia, opta por sua iniciativa antecipando a paralisação, com o fito de neutralizar os efeitos do movimento obreiro. A justa causa identificar-se-ia com a falta de pagamento de salário, uma vez que se tem como consagrado, em sede doutrinária e jurisprudencial, que inexiste a obrigação do empregador proporcionar trabalho ao empregado, apesar de não comungarmos com tal entendimento. Este aspecto da interpretação facilita uma reação patronal que induza à mesma circunstância de um locaute e o empregador, se dispense dos serviços pelo fechamento da planta ou de algumas de suas dependências, surpreendendo os empregados quando, no final do mês, não efetua o pagamento de quantos foram impedidos de trabalhar.

15.7. O momento do locaute

Sendo a greve um direito, como efetivamente se apura, nem sempre se pode afirmar que exista o direito de locaute como ação preventiva ou abortiva da greve.

O locaute não pode guardar, por outro lado, concomitância com o exercício da greve, pois isto terá um significado de fuga patronal à obrigação de respeitar o direito daqueles empregados de prosseguirem nas suas atividades, quando não desejem participar da ação coletiva. Com efeito, ao deflagrar um locaute, em concomitância com a greve, o empregador faz da greve parcial um movimento geral e busca se beneficiar de deveres ou obrigações contratuais, como já observamos alhures, furtando-se ao pa-

---

(7) *Les conflits collectifs du travail grève et locaute.* Paris: Litec, 1981, p. 305.

gamento dos salários devidos aos não-grevistas, ademais dos custos outros decorrentes da manutenção da atividade do estabelecimento.

No Canadá, como esclarece *Donald D. Carter*[8], é rara a abordagem do direito ao locaute na legislação de negociação coletiva no setor público e a prática, mesmo envolvendo o setor privado, é de pouca freqüência, sendo vedado nos mesmos segmentos em que o sejam as greves, admitido aquele apenas quando, vencido o prazo de negociação coletiva, todos os meios de solução negociada se esgotaram. É, em tal caso, a *ultima ratio*. Faz parte do risco empresarial operar com um custo fixo, relativamente elevado em razão das circunstâncias que cercam o momento, e a baixa rentabilidade resultante da pequena presença de trabalhadores para executar as tarefas normais da empresa. A desproporção, neste caso resultante da greve, não pode ser frustrada com o apelo ao locaute.

Quando o locaute se manifesta na seqüência do encerramento da greve alguns aspectos devem se examinar. Com efeito, se à conta da greve a empresa necessita de algum tempo para retomar sua atividade, a exemplo da falta de matéria-prima que somente poderia ser encomendada com a retomada dos serviços, isto só por si não motiva o locaute. Um mínimo de trabalhadores há que se fazer presente para deixar os equipamentos e instalações em condições de pronta utilização. Existindo trabalho para alguns, o fechamento do estabelecimento causará perda salarial, suspensão do prazo de contribuição previdenciária e males outros que a empresa não pode impor aos seus empregados.

Por outro lado, se a atividade é sazonal, a exemplo das estações de veraneio ou de hibernação, os contratos serão, pela própria natureza, de duração limitada, mesmo *incertus quando*, em relação ao efetivo contratado para dar suporte ao pessoal permanente.

Cessada a causa da contratação, os vínculos se encerram, mas restam aqueles que têm contrato permanente e, neste caso, o locaute trará o mesmo grau de prejuízo como aqueles mencionados no parágrafo anterior. De igual maneira será a conduta quando se trate de contrato de safra, uma vez cessada a greve e, com ela, encerrada a safra. Os trabalhadores rurais permanentes não poderão ser sacrificados por terem exercitado o direito de greve exatamente no período em que o prejuízo imposto ao empregador se elevou. Mesmo que se mostre desproporcional a perda, há que se ter em conta que ao empresário cabia, também, a possibilidade de retomar a negociação e com isto obter algum resultado que frustrasse a extensão do dano patrimonial.

Permitir-se, por outro lado, que o empregador adote o locaute logo a seguir ao final da greve significará, inegavelmente, que foi ele, o empresário, quem ditou o momento de encerramento do movimento e não os empregados, quando, em verdade, é destes e não daquele, o direito de definir o instante de retomada do trabalho.

15.8. A iniciativa

O locaute é uma decisão unilateral do empresário, já que somente pode ocorrer quando situações que o justifiquem recaiam sobre cada empresa. Na Espanha não é

---
(8) *Op. cit.*, p. 44.

possível a uma entidade que congregue empresas convocar uma assembléia para deliberar sobre o locaute, por ilegal[9], não sendo assim um conflito coletivo de iniciativa dos empresários, mas de empresário, ainda que vários deles possam recorrer ao instrumento em momentos próximos ou contemporâneos.

O objetivo do fechamento patronal é a paralisação do estabelecimento por motivo de conflito, não qualquer outra medida que pretenda ter igual equivalência, qual seja, a de uma interrupção ou a suspensão unilateral das relações de trabalho, afetando todo o pessoal ou a parte substancial do mesmo.

Dentro do ordenamento jurídico será possível imaginar-se uma situação em que se revele notório perigo para as pessoas ou graves danos patrimoniais ou flagrante ameaça de ocupação do local de trabalho, tudo isto justificaria — frente à lei espanhola, por exemplo, (RDLRT, art. 12, art. 12.1.a e 12.1.b) — o fechamento do estabelecimento pelo patrão antes de deflagrada a greve ou as irregularidades ameaçadas ao regime de trabalho, diante do próprio sentido da palavra *perigo,* vale dizer, situação de risco em que seja ele previsível. Apesar do texto legal, a jurisprudência espanhola não acata a situação, pois entende que somente a instauração da greve cria a situação de perigo e se é posto em prática o locaute será este um obstáculo ao exercício do direito de greve. Seria impossível avaliar, com procedência, se as tais situações de risco se ofereceriam. Em resumo, o locaute nessas circunstâncias exige a realidade do perigo, derivada de condutas postas em prática e não da expectativa destas em relação às instalações da empresa, a organização do trabalho ou o processo de desdobramento dele.

15.9. Classificação do locaute

Os estudos doutrinários buscam sistematizar o locaute e o fazem em dois grandes tipos: *defensivo*, com uma subespécie tida como *preventiva,* e o *ofensivo*.

Situa-se o locaute defensivo no movimento patronal que se estabelece contra uma greve, vale dizer, contra os grevistas propriamente ditos ou todos os trabalhadores.

No campo doutrinário e com amparo na jurisprudência de alguns países, a exemplo da Espanha, admite-se o locaute quando existe notório perigo de violência contra as pessoas ou de dano grave para as coisas, pois o direito de greve não pode ser exercitado no sentido de causar danos ou prejuízos nos bens de capital e se levará em conta o poder de polícia que, como titular do empreendimento e detentor do patrimônio, exerce o empresário e em conjunto com aqueles dos poderes públicos. A noção de perigo há que sofrer uma rigorosa avaliação judicial e administrativa, para evitar o uso indiscriminado do conceito. Esse perigo deve ser atual e iminente, não meramente previsível, diante da possibilidade de recurso aos meios legais disponíveis para proteção das pessoas, dos bens, preservação dos locais e equipamentos ali instalados, matéria-prima e tudo mais que se relacione com a imediata retomada do trabalho.

---

(9) GARCIA FERNANDEZ, Manuel. *El cierre patronal.* Barcelona: Ariel: 1990, p. 88-89.

O locaute defensivo pressupõe, assim, um *estado de greve*, mesmo que não esteja, ainda, deflagrado o processo, na interpretação doutrinária restrita, dentro da concepção do direito ao locaute como sendo conseqüência da doutrina da paridade material. A interpretação ampla, da mesma fonte doutrinária, considera que só pode haver locaute defensivo quando a greve já estiver articulada.

O entendimento resultante da interpretação ampla depende em muito da avaliação do locaute defensivo. Pode ocorrer o locaute preventivo, como subespécie daquele considerado defensivo, quando cogita de evitar maiores danos para o patrimônio ou para as pessoas. Isto não pode ocorrer apenas e exclusivamente quando se imagina que uma greve esteja em vias de ser deflagrada ou atingir determinado empregador. Seria a hipótese de, ocorrendo greve alcançando empregador da mesma categoria de certo empresário, este, por receio de ser envolvido pelos seus efeitos, na hipótese de ampliação do espectro, se antecipasse e determinasse o fechamento de seu estabelecimento. Poderia até ser identificada como defensiva, mas a ação preventiva confundir-se-ia com uma forma de solidariedade entre patrões, de modo a garantir que todos tenham a mesma situação negocial preservada.

Constitui-se em freqüente preocupação patronal a ocupação ilegal do estabelecimento ou qualquer de suas dependências ou efetivo risco de que isto venha a ocorrer. A greve de ocupação é, em princípio, ilegal. Seu intuito imediato é evitar a ação dos não-grevistas, vale dizer, viabilizar a greve como paralisação total das atividades empresariais. Dá-se, entretanto, que a greve se deflagre para observar, com rigor, o regulamento da empresa; pode dar-se, ainda, como operação padrão ou, conforme denominamos no Brasil, "operação tartaruga". Em casos que tais, a empresa não corre risco de depredação, de dano de qualquer natureza, pois os empregados, sob o pretexto de pressionar o empregador, dão efetivo cumprimento ao contrato de trabalho sendo, destarte, nulo o risco de dano ou perda patrimonial. Se o empresário apela para o locaute estará, em verdade, a retaliar o movimento obreiro, a neutralizar seus efeitos, não se socorrendo daquele mecanismo de equilíbrio com que se busca identificar a paralisação por iniciativa patronal.

Em realidade, quando os trabalhadores realizam as operações mencionadas, vale dizer, declaram-se em greve, mas seguem trabalhando, não se pode afirmar, a rigor, que exista injusta ou ilegal ocupação do estabelecimento. Não estará em jogo o direito de posse e muito menos aquele de propriedade. Há continuidade das ações tais como se desenvolviam antes da deflagração da greve, apenas sob condições condizentes com os propósitos dos empregados e, sobretudo, para inibir que a atitude de não-grevistas — algumas vezes formando maioria, no conjunto do movimento, dentro da empresa — e alcançar os objetivos do movimento.

A idéia de greve é, sempre, acompanhada daquela noção de agitação, de conturbação e, quando se dá pela ocupação frustra a disposição patronal e, em alguns casos do próprio Estado, de se pôr como vítima indefesa, o primeiro; ou como defensor dos superiores interesses da sociedade, o segundo, contanto que a ação se frustre. Ora, valer-se o empregador da possibilidade de fechar o estabelecimento, ou parte dele, durante aquele momento é inviabilizar o exercício de um direito que a ordem jurídica, muita vez com nível constitucional, assegura ao trabalhador e, por seu turno, nega-a ao patrão.

Ocupação ilegal ou ilegítima deve ser entendida como a presença injustificada do empregado no interior das dependências da empresa com o intuito claro de não trabalhar, nem permitir que outrem o faça. Para que seu propósito alcance o efetivo resultado, pode dar-se que o trabalhador recorra à violência contra pessoas ou equipamentos, ou ambos. Neste caso, nada obsta que o empresário busque os recursos legais postos ao seu alcance para impedir que o prejuízo se efetive. Ser-lhe-á legítimo, no ordenamento jurídico brasileiro, valer-se dos interditos que resguardam os direitos da posse e da propriedade, devendo a justiça recebê-los com a cautela devida à proteção do exercício do direito de greve, isto é, impedindo que o empresário se valha do interdito como forma de inviabilizar o movimento dos trabalhadores.

A permanência no trabalho, com ocupação dos seus respectivos postos, cumprindo as tarefas do seu dia-a-dia, ainda que de maneira propositadamente lenta ou com estrita observância das normas regulamentares impostas pela empresa, não pode ser tida ou tomada como qualquer sorte de ameaça ou risco para o patrimônio da empresa, nem para quantos, de início, não desejaram aderir à greve.

No tangente à posse, ainda que transitória, momentânea ou que denominação haja, é evidente que o empregado a detém e tanto é assim que é sua a responsabilidade por dano que resulte de descuido, quando ajustado no contrato de trabalho, ou quando se apura deliberado, pelo intuito doloso da prática (CLT, art. 462, § 1º). De mais a mais, o art. 15, da Lei de Greve, legitima o empregador acionar, civilmente, o empregado pelo dano que este lhe cause durante a greve, quando não lhe corresponda a possibilidade de buscar ressarcimento nos seus ganhos pela execução do contrato de trabalho.

Como se apura, a posse dos bens da empresa está protegida contra qualquer sorte de evento danoso que a possa envolver, nada legitimando o empresário agir de modo preventivo só pelo fato da greve, paralisando as atividades no estabelecimento. Mais remota, ainda, se imagina a ameaça ao direito de propriedade do empregador.

Deve-se, ademais, ter na devida conta que, em dadas atividades, o contrato ou a lei impõem aos empregados a presença no estabelecimento com vista à preservação de equipamentos que se devam manter em condições mínimas de eficácia para a imediata retomada dos serviços, tão logo se encerre a greve. Tais presenças não podem ser obstadas pelo empregador e, em seguida, promover alegações que visem comprometer o papel do trabalhador ou do sindicato, na greve. O tipo de atividade e a qualidade ou natureza dos equipamentos ditará a quantidade e o tempo de permanência de trabalhadores nas instalações da empresa, para salvaguarda de suas responsabilidades e dos interesses empresariais. O princípio da boa-fé se exterioriza no fiel desempenho do papel de cada qual dos parceiros sociais, nesse momento em conflito.

A derradeira forma é aquela do reconhecimento legal do locaute. Aí já estaremos na estrutura de funcionamento, como um direito ou uma liberdade, de paralisação das atividades, no todo ou em parte, pelo empregador. Estamos, então, diante da concepção da paridade formal, como ocorre na Suécia, pelo princípio da simetria, e a garantia inserida no art. 17, Capítulo 2, da Constituição de 1974, que assegura a utilização de greve e locaute como armas de defesa ou de ataque. Na Bélgica, o locaute, embora escassamente utilizado, é legalizado como contrapartida da greve. O mau uso do locaute, como instrumento de retaliação, obriga o patrão ao pagamento dos salários daqueles empregados que não aderiram à greve.

Em Israel o locaute defensivo somente pode se instaurar no quadro de um conflito coletivo já existente, vale dizer que não se pode antecipar ao conflito no pressuposto de ser preventivo. De qualquer sorte deve guardar proporção com os atos de greve dos trabalhadores e os não-grevistas somente poderão ser alcançados por um locaute defensivo se for de todo modo impossível proporcionar-lhes trabalho. Segundo a Corte Nacional de Trabalho, os trabalhadores atingidos pelo locaute preventivo não farão jus a salários como, de resto, é freqüente em outros países. Lá será possível valer-se do locaute *preventivo* quando o empresário tenha certeza de que será atingido por uma greve total ou parcial de seus empregados; nesta hipótese e mesmo que seja retaliativo, aquela Corte entende que o empregado faz jus ao salário[10].

No Japão[11], embora não conste da Constituição nem da lei sindical, será possível o recurso ao locaute, sempre sob o prisma e alegação de ser defensivo, e quando o empregador o faça durante, por exemplo, uma greve deflagrada por sindicato. A empresa poderá mobilizar o seu pessoal em função de supervisão, vale dizer, depositário da confiança patronal e, ademais disto, contratar fura-greves, ou seja, empregados não vinculados ao sindicato para que a atividade não pare. Ser-lhe-á, ainda, permitido contratar pessoal para substituir os grevistas embora estes possam tentar obstar a presença daqueles através dos piquetes, tudo dentro da órbita da prática regular dos direitos de greve e de locaute. Não é estranho, por outro lado, que empresários e grevistas ajustem não contratarem empregados substitutos ou se valer da limitação da quantidade de substitutos que poderá ser alvo de contratação, sob pena de responder por perdas e danos perante o sindicato. A contratação, de qualquer sorte, dar-se-á exclusivamente por tempo limitado *incertus quando*. A interpretação da Suprema Corte que admite o locaute defensivo não tolera, entretanto, aquele tido como ofensivo, vale dizer, fora do âmbito do conflito de negociação.

O locaute *ofensivo* será aquele que evidencie a solidariedade com outros empregadores afetados pela greve, seja como retaliação no seu final ou, antes, na ameaça de sua deflagração ou para pôr grevistas contra não-grevistas, durante o movimento.

A dificuldade prática para justificar o locaute é que o ofensivo é preventivo; todavia, o verdadeiramente ofensivo é o que, tal como a greve, mas em sentido reverso, pretende modificar as condições de emprego dos trabalhadores e como estas são ditadas pela lei ou pelas convenções coletivas, devem supor um ilícito contratual pela pressão e medo que infundem e, conforme a hipótese, uma infração administrativa. Essa prática representa a coação, como dito, de uma greve às avessas[12].

O locaute ofensivo — entendido como tal o que objetiva alterar o conteúdo dos contratos existentes — é terminantemente proibido, onde quer que ele esteja presente

---

(10) GOLDBERG, *op. cit.*, p. 87, 89.
(11) SUGERO, *op. cit.*, p. 109.
(12) GARCIA FERNANDEZ, *op. cit.*, p. 12.

na ordem jurídica. De igual modo como meio de pressão para evitar uma ação de igual natureza dos trabalhadores tem mero interesse teórico, onde a força do locaute não reside na idéia da igualdade material de direitos.

O locaute é deflagrado durante ou após a greve. Quando posterior perduram os efeitos da greve uma vez que não se pode dar suspensão sobre suspensão do contrato de trabalho. O locaute somente sofreria qualquer sorte de efeito quando, cessada a greve, pretendessem os empregados retomar os serviços e fossem obstados. Um ato patronal de tal natureza poderia ser considerado como despedimento, mormente se durante a greve e pelo seu tempo de persistência, o empregador substituísse os grevistas.

Na hipótese do locaute ofensivo, isto é, para se proteger da greve, não pode o empregador substituir os empregados.

O locaute é mais efetivo onde as organizações empresariais são mais fortes e centralizadas e nos países onde ele seja utilizado como reação à greve ou seu equivalente: Suécia, Alemanha, Reino Unido e Estados Unidos.

15.10. A solidariedade, o protesto e a represália no locaute

Não se permite o locaute em solidariedade, fato que se pode mostrar habitual diante das pressões setoriais. O locaute somente se justifica em relação ao que possa afetar a empresa. A solidariedade faz cessar a busca do equilíbrio em que se pretende lastrear o locaute, pela desproporcional pressão que se exercerá sobre o sindicato, limitando ao mínimo sua capacidade de pressão e encaminhando-o à postura de mera resistência. Isto, efetivamente, atenta contra o direito de greve.

Também se mostra inadmissível o locaute de *protesto* que é aquele que se apresenta diante de determinadas situações sociais, basicamente de insegurança pessoal. Aqui a ação patronal não se dirige contra os empregados, arregimentados pelo sindicato, mas contra o Estado cujo aparato jurídico busca movimentar para apoiar seu ato de resistência ou reforço da pressão utilizada para inibir o exercício do direito de greve.

Na Espanha, a legislação penal considera delituoso o locaute que se produz em razão do que denomina de atentado contra a segurança do Estado, por prejudicar sua autoridade ou atentar contra sua atividade normal pela suspensão ou alteração da regularidade do trabalho. Nesta situação, se encontram os locautes de protesto dirigidos contra os poderes públicos, nisto se contradizendo com o direito de greve onde a paralisação é autorizada por lei, desde que não recorram à violência ou intimidação. Neste ponto, é interessante notar o ordenamento constitucional italiano que silencia quanto ao locaute, mas não o considera delituoso, ressalvado o que tem caráter notadamente político.

Existe, ainda, o locaute de represália que sob a invocação ou forma defensiva, será utilizado diante das formas anômalas ou atípicas de greve. O fechamento da empresa alcançaria, indiscriminadamente, aos trabalhadores com a intenção de aderir ao movimento e daqueles a ele estranhos, tendo como base comum uma espécie de responsabilidade coletiva, desconhecida pelos ordenamentos mais modernos. Como observado, não pode haver o movimento patronal com o objetivo denunciado de inibir o direito de greve. Se a forma como esta se desdobra não se adapta aos padrões conhecidos ou legitimados pela jurisprudência, o apelo à ordem jurídica se impõe ou, quando e onde não seja isto possível, o recurso à arbitragem para fazer cessar os constrangimentos, sancionando-se a conduta que viole os padrões da negociação coletiva, pelas formas nelas estabelecidas.

15.11. O locaute e o desprestígio sindical

O locaute, como uma forma de confronto com o sindicato, tem claros objetivos de promover o desprestígio do órgão de congregação dos trabalhadores e, com isto, enfraquecer qualquer movimento que este patrocine. Em essência, o locaute busca afetar o sindicato sob as mais diversas formas e dentre elas é possível, pela relevância, destacar as seguintes: atividade, organização, existência, patrimônio, capacidade de arregimentação e imagem.

No que concerne à *atividade*, o empresário tenta pôr em relevo que o sindicato não tem a força atuante que pretende demonstrar, pois uma sua atividade — tratamos daquela empresária — não tem o condão de alcançar todos os benefícios perseguidos ou que a obtenção destes se pode neutralizar ou esvair com o recurso ao locaute. Traduz-se, em resumo, na relutância patronal em atender algum ou determinado ponto da negociação, gerador do impasse que pode conduzir à greve.

No tangente à *organização*, como o locaute depende da exclusiva ação patronal, é mais fácil demonstrar firmeza de atitude e de resistência, inclusive pelo dano que causa aos não-grevistas que, mesmo sendo sindicalizados insistiram em trabalhar e não lograram fazê-lo. Diante desse quadro, os benefícios que o sindicato busca proporcionar aos grevistas para propiciar-lhes a sobrevivência durante a paralisação resultaria obrigado a fazê-lo em relação aos não-grevistas, desagradando aos primeiros e enfraquecendo seus recursos para levar mais longe a greve.

O aspecto da existência, em países que não o Brasil, onde prevalece o monopólio territorial do sindicato, vale dizer, somente um sindicato pode existir numa mesma dada base territorial, o aspecto da *existência* poderia ser posto à prova sob várias formas e algumas delas passam, por exemplo, pela escolha do sindicato mais representativo, com o aliciamento de algum dentre os próprios sindicatos para mudança, pelos empregados, de suas vinculações sindicais; outra forma é a atuação patronal para que os trabalhadores constituam grupos independentes de negociação, com a promessa de ser mais generoso sem a interferência dos sindicatos. Essas atitudes investem contra a figura do sindicato e da sua necessidade para que novas e melhores condições de trabalho se ofereçam. Quando for para a escolha do sindicato mais representativo, o embate será estimulado entre as próprias entidades representativas dos trabalhadores e o conseqüente enfraquecimento daquele que resulte sobrepujado.

A avaliação *patrimonial* do sindicato, por outro lado, pesa na medida em que o locaute, tal como a greve, impõe ao sindicato propiciar meios de sobrevivência aos seus associados e tanto mais perdure a atuação patronal, maiores e mais graves as conseqüências para o sindicato e seu tesouro. Vale examinar o padrão salarial daqueles que representa uma vez que não lhes pode impor, tendo escolhido aquele sindicato para representá-lo, que seja conduzido à humilhante condição de reduzir seu normal padrão de vida. A dificuldade de o sindicato preservar tais situações será fator concorrente para diminuição de sua força para manter ativo o movimento.

Num ponto o sindicato perde, sem sombra de dúvida, quando não alcança fazer-se *o mais representativo* ou, assim logrando fazê-lo, resulta por ocorrer um elevado número de não-grevistas, a enfraquecer o movimento, ameaçando seu sucesso e ensejando a elevação do grau de insatisfação daqueles que a ele se filiaram e sentem ineficaz o movimento, condenando-o pelo temor do futuro ou dos efeitos das pretensões, a significativa perda de associados e, daí resultante, de representatividade pelo enfraquecimento de sua capacidade de arregimentação.

Do conjunto dos aspectos sopesados resultará que a *imagem* do sindicato estará enfraquecida e tal enfraquecimento retirar-lhe-á a capacidade de negociação, a perda da credibilidade, da confiabilidade, o enfraquecimento pelas perdas resultantes de gastos sem retorno, quando a deflagração do locaute na seqüência da greve leve ao exaurimento de seus recursos patrimoniais e, enfim, seja anulada a sua capacidade de arregimentação. Esta somente se recuperará quando o sindicato exibir, de novo, vitalidade suficiente para recuperação de sua imagem, como primitivamente se mostrava.

Há dificuldade em distinguir entre o locaute justificado pela disputa contratual normativa e aquele cujo objeto é destruir o sindicato como contraparte da negociação. Nos Estados Unidos, constitui prática desleal a desobediência à cláusula de ouro de usar o locaute para não reconhecer dado sindicato como negociador, mas o próprio locaute será fator de enfraquecimento da luta estimulada ou patrocinada pelo sindicato, quando se prolongue e muitas vezes pela incapacidade sindical de conduzir a bom termo a negociação.

15.12. Efeitos do locaute frente ao contrato individual de trabalho

Os efeitos a se extrair do locaute são de duas vertentes: num primeiro momento se constata a suspensão do contrato de trabalho, sem ônus patronal no tangente à manutenção dos ganhos do trabalhador; no momento alternativo, o locaute se dá irregularmente, como reação ao exercício do direito de greve, diante dos riscos que possam surgir para a preservação da propriedade ou da posse, além das pessoas, e neste caso não se cogita de suspensão integral de contrato de trabalho uma vez que restará, para aqueles empregados que não aderiram à greve, o direito de haver a retribuição pelo período em que se viram impedidos de trabalhar e para tanto não lhe deram causa; neste caso, o empregador encontrar-se-ia em *mora accipiendi,* posto inexistir relutância do não-grevista em executar suas tarefas, vale dizer, aquelas assumidas para a execução do contrato.

No Direito do Trabalho brasileiro, insistem numerosos e consagrados autores em asseverar que inexiste a obrigação de proporcionar trabalho, da parte do empregador.

Isto, em princípio, não teria eco no exame do locaute por ser este um ato coletivo e a obrigação de dar ocupação ao empregado seria individual, mesmo quando plúrima a presença de trabalhadores afetados.

Esta posição, em franca contrariedade com os primados do Direito do Trabalho, não resiste, por exemplo, ao exame que se faça, mesmo perfunctório, do contrato de experiência, ou no caso dos países onde a aprendizagem é alvo do contrato de trabalho e quando ocorra a reintegração do trabalhador, por decisão judicial. Estas três hipóteses já seriam suficientes à quebra da relutância em admitir que quando se contrata trabalho não é para ser reduzido à inatividade.

Outras hipóteses também contemplam a teoria, a saber, quando o empregado contrata trabalho em que a possibilidade de haver gorjetas está entre as propostas ofertadas pela entidade patronal; se o empregado é admitido com remuneração estipulada por produção, quando o empregador lhe deixa de propiciar trabalho também estará reduzindo o seu ganho, injustamente e num verdadeiro despropósito. Diante de tal quadro, a lei brasileira (art. 483, *g*, da CLT) considera justa causa para o rompimento do contrato de trabalho, pelo empregado, a redução injustificada dos seus salários sendo estes por peça ou tarefa.

Noutra situação, quando o empresário contrata um empregado de alta qualificação, tendo ele outro de igual estatura, com o exclusivo objetivo de privar um concorrente de se valer daquela mão-de-obra bastante qualificada, não estará incidindo em prática desleal, em concorrência ilícita? Por seu turno, não estará, simultaneamente, ocorrendo perda de qualidade por parte do trabalhador assim reduzido à imobilidade?

Nesses quadros, aligeiradamente pintados, encontramos situações que bem se podem confundir com a de um locaute ilegal. Com efeito, a vingar o entendimento da inexistência do dever de proporcionar trabalho, pelo empregador, ainda que haja expressa vedação legal do locaute, sua prática escamotear-se-ia sob o pretexto da inexistência do dever de dar ocupação ao trabalhador.

A exigibilidade do pagamento de subsídios — já que de salário, tecnicamente não se cogita, pela inexistência da contrapartida laboral (cf. CLT, art. 457) — e que resulta de lei, não supera as perdas dos trabalhadores, quantitativa e qualitativamente, mercê da necessidade de desenvolver sua atividade para haver o ganho funcional e profissional.

O locaute é visto, na França, como um instrumento utilizado para quebrar as forças de um adversário mais fraco e a doutrina predominante considera-o uma medida *a priori* ilícita, seja por falta de previsão legal, a partir do Preâmbulo da Constituição de 1946, que não lhe consagrou referência, ao contrário do que fez em relação à greve; seja pela violação das obrigações oriundas do contrato individual de trabalho; neste ponto *Bernard Teyssié*[13] observa que com o fechamento inopinado do estabelecimento descumpre o empresário, por decisão unilateral, o contrato individual e a infração é passível de gerar direito a indenizações para os empregados posto que a ação patronal represente clara violação do dever empresário de fornecer trabalho aos empregados.

---

(13) *Op. cit.,* p. 333.

15.13. O desequilíbrio das relações coletivas de trabalho

O legislador assegurou o direito de greve ao empregado para lhe permitir estar em condição de suposta igualdade ante uma autoridade que se imagina superior sob o aspecto econômico. Reconhecer a tal autoridade um meio de ação suplementar levará ao rompimento do equilíbrio estabelecido pelo recurso à greve.

É insustentável qualquer pretexto de que muitos se valem para afirmar que o locaute é uma expressão do poder de polícia (poder diretivo) patronal ou em benefício do empregador. Neste aspecto vale recorrer ao pensamento de H. Sinay[14] quando observa que

> O *lock-out* ultrapassa seu campo de ação quando alcança todo o pessoal — grevista ou não — quando estes sejam, eventualmente, em maior número que aqueles. Ao vedar o trabalho a todos, e não apenas aos grevistas que tumultuam o trabalho da empresa, o empresário extravasa, manifestamente, o seu poder de polícia.

A alteração forçada dos contratos, nas empresas, segundo a doutrina francesa, ditada pelo crescimento da força do sindicato, não pode justificar a afirmação da licitude do locaute.

15.14. A invocação do locaute como razão de força maior

Não é raro que se saiba de manifestação patronal invocando razão de força maior para justificar o descumprimento de obrigação travada com terceiro, invocando a greve de seus empregados. Dentro da noção do direito brasileiro, a força maior há que ser conseqüência de uma circunstância irresistível, imprevisível e alheia à vontade patronal. A norma é expressa em afirmar que o empregador não pode concorrer para ela, direta ou indiretamente — e sua relutância na negociação pode ser a fonte causadora da greve —, ou quando se dê por sua imprevidência e, em tal caso, sabe o empresário melhor que ninguém, o limite de resistência na negociação razoável, para não a conduzir a um impasse insuperável (CLT, art. 501 e § 1º).

Ora, nas relações estabelecidas entre empregador e empregado a greve não pode ser tida como circunstância de força maior. É um evento com específico tratamento legal, dada a possibilidade de sua ocorrência. Não nos parece, por outro lado que, ressalvada a hipótese de haver sido expressamente pactuada, a greve não pode ser invocada como causa justificadora da inexecução contratual. Se a hipótese se evidencia inviável ante a greve, que é movimento de iniciativa dos empregados, como justificar a inexecução culposa de uma obrigação, pelo empresário, quando haja ele tomado a iniciativa de impor a paralisação das atividades?

O direito civil francês, por exemplo, é bastante rigoroso na conceituação e caracterização da força maior e, no caso, para dela se valer, o empresário terá que evidenciar que utilizou todos os meios ao seu alcance para evitar a greve ou para lhe pôr um final.

---

(14) SINAY; JAVILIER, *op. cit.*

Não basta alegar que a greve lhe tornou excessivamente onerosa a atividade, permanecendo a obrigação de proporcionar trabalho e pagar salário aos empregados que não aderiram à greve.

A regra da impossibilidade de invocação da greve para retardar ou descumprir uma obrigação pode, entretanto, admitir exceções. Residiriam estas nas circunstâncias de, por exemplo, dando-se uma greve de transportes marítimos, não logre o empresário, pelo volume e alto custo do transporte por outro meio, deixar de embarcar ou entregar a mercadoria; ou quando a paralisação de uma atividade que resulte ser fornecedora de matéria-prima para a empresa contratante afete a observância dos prazos contratuais. São hipóteses que envolvem terceiros e por serem estranhas e imprevisíveis por aquele empresário e a alternativa não se mostre presente, possível ou viável, resultando no inadimplemento da obrigação. Fora das circunstâncias que se assemelhem às cogitadas, apenas as verdadeiras catástrofes podem ensejar a invocação da força maior, pelo devedor da obrigação, como empresário.

À Guisa de Conclusão

Neste ensaio, com as formulações deduzidas sobre a greve e o locaute, pondo ênfase nos aspectos jurídicos e econômicos, permitimo-nos extrair, dentre outras menos relevantes, algumas considerações que temos como fundamentais.

16.1. Posicionamo-nos em que a greve é um fato social a que o Estado empresta o reconhecimento pela chancela jurídica; esta, por sua vez, pode surgir desde a manifestação do intento pelo legislador, no caso a Constituinte francesa que a refere desde o preâmbulo da Constituição Política de 1946, que não tem força cogente na dogmática jurídica; contudo, serviu de firme e definitiva orientação para a legislação daquele país, passando pela legislação ordinária e culminando com a garantia constitucional.

16.2. Independente de a ordem jurídica chancelá-la, a greve existe mesmo onde não haja referência legal e, mais grave, ela aparece ainda que o Estado se ocupe em proibi-la. Esta conclusão se extrai dos fatos históricos, não apenas aqueles dos primórdios onde era ela vedada e reprimida, mas nos tempos mais recentes onde regimes políticos que primam pela intolerância, vedam sua prática e nem por isto deixam elas de ocorrer.

16.3. A natureza jurídica da greve não é um tema pacificado em sede de doutrina, nem de jurisprudência. A preocupação em afirmá-la, sempre, como modo de paralisação dos serviços ignora outras formas de ação que a excluem e nem por isto removem a legitimidade do movimento. A greve prima pela recusa em trabalhar; contudo, na realidade, inúmeras são as formas de greve que não se identificam com a abstenção do trabalho. Como expusemos, a par do civismo, do zelo profissional, do exercício da cidadania a conduzir para a continuidade do labor, os trabalhadores realizam, hoje, greves sem abstenção, porém, com atuação normal e encontram na atividade condições de causar os prejuízos que lhes são peculiares, a par da pressão que exercitam, com seu inegável amparo, sobre a entidade patronal.

16.4. A greve suspende, conforme a circunstância já examinada, o contrato de trabalho existente entre os grevistas e o respectivo empregador. Este é um entendimento pacificado, em que pese a posição primitiva, do imediato pós-guerra, na Alemanha, a situação da Grã-Bretanha e alguns antigos membros da Comunidade Britânica, a exemplo da Nova Zelândia e certas províncias canadenses, pelo entendimento da extinção do contrato de trabalho, ressalvadas as imunidades criadas em lei. A vingar a idéia da extinção do contrato de trabalho, nenhum trabalhador poderia ser sancionado pela adesão ao movimento. As empresas seriam obrigadas a admitir novos trabalhadores para alcançar suas metas e, em sede de negociação coletiva, a contratação de empregados teria que encontrar um regime definidor entre a convenção vigente e aquela *in fieri* ensejadora do movimento. Onde prevalecer a contratação individual, regrada pelo Direito Positivo, a exemplo do Brasil e numerosos outros países, nada impedirá o ingresso de novos obreiros; já nos países onde o trabalho individual encontra disciplina no instrumento coletivamente negociado a situação se torna mais complexa. Distintos fatores podem conduzir ao prolongamento da ação e se ela se manifesta pela forma de paralisação das atividades, a empresa sofre mais efetiva e imediatamente os efeitos da pressão pelo fato das continuadas perdas que daí resultam.

16.5. A greve tem um inegável objetivo prejudicial direcionado, naturalmente, contra o empregador, mas de igual modo pode ampliar o espectro do prejuízo e alcançar outrem nas suas relações com a empresa atingida pelo movimento, como terceiros que não mantenham, com os parceiros sociais em litígio, qualquer espécie de vínculo. Enquanto os efeitos patrimoniais negativos estejam centrados na empresa e nas suas relações com congêneres, o embate se reporta aos que atuam na mesma seara. A situação se agrava quando emerge o risco do desabastecimento, os danos à continuidade, em nível de normalidade, dos serviços de saúde, educação, transporte, sem perder de vista que, mediata ou remotamente, a situação tende a generalizar-se quando o Estado perde ou deixa de ter receita e passa a falhar no atendimento às necessidades básicas da população, à míngua de ingressos para honrar compromissos com fornecedores ou aquisição de bens ou serviços destinados principalmente às populações mais carentes.

16.6. A greve é um direito individual que, entretanto, carece de uma coletividade para seu exercício, por força de disposição legal; tal coletividade é, normalmente, o sindicato ou, onde este não esteja presente por seus diversos graus de organização, por uma comissão de trabalhadores. A lógica absoluta da situação é que somente o agrupamento de trabalhadores, em nível suficiente para embaraçar o desenvolvimento normal da atividade empresarial é que pode caracterizar a greve. Dentro desta linha de raciocínio, não se pode exigir que a greve se caracterize pela adesão da maioria dos trabalhadores de uma empresa ou da categoria, quando a greve se dirigir contra todas as empresas de uma dada atividade. Os não-grevistas podem ser, eventualmente, maioria, mas quando os grevistas atuam nos pontos chaves da atividade empresarial, aqueles que não aderiram ao movimento são incapazes de impedir os efeitos da greve. Assim, a greve pode ser fruto da ação da minoria, mas sempre dentro da idéia de coletividade, na participação como no objetivo.

16.7. Em estruturas sindicais como a brasileira, não há risco do empregado depender de sua filiação ao sindicato para participar e beneficiar-se dos efeitos da greve, nem de ser expulso de seu corpo social por se abster da participação. Com efeito, soa singular a situação se atentamos para que ao sindicato é dado poder gerencial do movimento grevista e não poderá, como entidade de classe, impor uma conduta a quem não seja seu filiado, como não lhe será possível punir a quantos se manifestem contra a greve e a ela não adiram. Em contrapartida, para quantos se filiam, participam e dinamizam a vida sindical não soa razoável que o resultado de seu empenho, do afrontamento de certos riscos peculiares ao movimento, resultem favorecendo aos que têm como omissos, pela recusa sendo filiados, pela omissão, quando não se vinculem ao sindicato.

16.8. Quem não deseje participar da greve, sindicalizado ou não, não exercita qualquer direito por inexistente, como tal, o direito dos não-grevistas, em relação ao movimento. Seus direitos, em relação ao respectivo empregador, respeitam à sua presença e disponibilidade ante a entidade patronal que se obriga a preservar-lhes os ganhos pecuniários e a continuidade dos demais direitos próprios à execução do contrato individual de trabalho. O inegável benefício, entretanto, resulta da atuação dos grevistas e como decorrência do benefício angariado na ação, nasce para os não-grevistas, de igual modo para quantos não sejam sindicalizados, o direito de postular a integração, nos respectivos patrimônios jurídicos, dos proveitos obtidos em razão da greve.

16.9. Não se constituindo em direito cuja titularidade lhe possa ser reconhecida, ao sindicato descabe responder pelos danos que resultem da própria greve, mesmo quando por ele coordenada, sob pena de se inviabilizar seu papel legal de condutor, sendo-lhe assegurada, em alguns países a inimputabilidade ou imunidade, assim como a preservação do patrimônio atribuindo-lhe impenhorabilidade. Neste passo, a conduta brasileira sancionadora do sindicato, numa hipótese rumorosa, resultou em censura pela Organização Internacional do Trabalho. Ainda assim vemos, a cada dia, as instâncias judiciárias trabalhistas investirem contra o regular exercício do direito de greve impondo ao sindicato a presença de trabalhadores, no total da categoria, nas atividades tidas como essenciais, para que os efeitos da greve não ofereçam maior grau de prejuízo, sobretudo à comunidade, sob a ameaça de pesadas sanções pecuniárias.

16.10. Os trabalhadores nas atividades essenciais, assim entendidas pela perspectiva de risco ou dano à segurança e à saúde da população, não podem ser privados da greve, pelas circunstâncias das atividades em que se ocupam. As restrições respeitam ao maior prazo para concessão do pré-aviso de greve e da manutenção dos serviços mínimos, tidos estes como os indispensáveis à satisfação precária dos interesses da sociedade, podendo o Estado, quando para tanto legalmente equipado, valer-se da requisição civil ou militarização da greve. Com isto não se harmoniza o poder de substituição dos empregados, fora dos estritos limites legais, como forma de esvaziar o movimento ou lhe neutralizar os efeitos. Mais absurda se apresenta a situação, já examinada, da verdadeira *vis compulsiva* que a Justiça do Trabalho exerce, nesse momento, para frustrar o movimento.

16.11. O locaute é a suspensão das atividades empresariais com o sentido de neutralizar ou retaliar a greve. Sua existência se pretende lastrear na igualdade de meios, para distribuir a carga de pressão durante o conflito coletivo de trabalho. Pode-se conceber o locaute como o poder de reação como similaridade de recursos. A recusa de tutela jurídica ao locaute não encontra semelhança com a história da greve pela própria circunstância de resultar na pressão de um só empregador sobre o universo de seus empregados e, neste momento, não se pode imaginar alguém que possa manifestar recusa à participação. É que o locaute não é fruto da atuação conjunta de empresários, mas ato de revide ao movimento grevista ou instrumento de pressão para impor alterações à convenção coletiva de trabalho e, pelo seu conduto, aos contratos individuais que lhe são atrelados. Não há, como se vê proporcionalidade de meios, não existe equilíbrio de recursos para que greve e locaute possam ser tratados como formas leais e proporcionais de combate. Todo o tempo de paralisação por locaute é de completa perda para o trabalhador que tem na remuneração de seu labor a fonte de seu sustento e não se conta com uma atuação sindical capaz de mantê-lo durante a ação patronal. Já a suspensão das atividades, pelo empregador, sendo premeditada e avaliada na extensão de seus efeitos, pode resultar tão-somente em diminuição dos ganhos empresariais, como recurso para obtenção de maiores proveitos, no futuro, com a redução dos gastos de mão-de-obra.

16.12. O locaute passa, de igual maneira que a greve, por três ordens de disciplina para sua existência: as previsões legais, legitimadoras de sua presença, mas dispondo-lhe sobre hipóteses ou momentos; a tolerância do Estado, como forma de estabelecer ou preservar os mecanismos à disposição das partes, nas negociações coletivas, pendente uma greve; e, por fim, a expressa vedação legal que, entretanto, nesses países não pode fugir das ameaças de despedimento coletivo por causa econômica, onde e quando isto seja uma prática passível de ocorrer, como forma de dobrar a resistência sindical e, por vezes, com o beneplácito do Estado. As posturas tolerantes, mesmo nos países onde não é possível o seu exercício legal, permitem que o rompimento dos contratos individuais, a intimidação do próprio Estado, a ameaça sobre a comunidade resultem no abortamento da prática em conseqüência do recuo dos sindicatos, do Poder Público ou do clamor da comunidade. No Brasil, vedada por lei a prática, o locaute se manifesta, sistematicamente, pela ameaça dos grupos empresariais, dominadores de dados segmentos da economia, da prática de despedimento maciço, do fechamento — ainda que temporário — de estabelecimentos ou da extinção de postos de trabalho. Assim, o locaute não deve ser visto exclusivamente com a efetividade do fechamento ou paralisação das atividades empresariais, durante um dado período, para constranger os trabalhadores à aceitação dos critérios ou preceitos que pretendam impor e efetivamente impõem.

16.13. O objetivo do locaute é livrar-se do dever de proporcionar trabalho aos empregados não-grevistas — fator de enfraquecimento da greve —, pois todos os trabalhadores ficariam na mesma posição, perante a empresa, e esta liberar-se-ia dos encargos e resultaria por fugir à baixa produtividade decorrente da redução do seu efetivo. Aí o que se poderia ver como uma "queda de braço" é um vilipêndio ao trabalhador que, num momento de imposição de perdas ao seu patrão, buscou preservar sua atividade e contribuir para que esses prejuízos fossem minorados. Não se lhe pode lançar a culpa, se a neutralização ou minoração dos efeitos da greve não se manifestam eficazes. Impor-lhe a perda da remuneração como forma de resistir à pressão dos demais trabalhadores não prima pela idoneidade de conduta, de prática justa ou razoável numa disputa em que os meios utilizados pelos empregados estão no campo da previsão legal.

16.14. O locaute não se apresenta como um movimento coletivo, como ocorre com a greve, onde sua ocorrência depende da ação dos trabalhadores e a que nem todos os empregadores podem ser alcançados simultaneamente. Mesmo nos países onde o locaute é reconhecido ou legalmente tutelado, não se admite que empresários se consorciem para realizá-lo. A vingar tal possibilidade, a extensão dos efeitos seria inimaginável como perda para os empregados, da comunidade e do próprio Estado que veria cessar a fonte básica de seus recursos, pela tributação excessivamente reduzida, diminuindo sensivelmente seus recursos para atender às suas normais atividades. A extensão do locaute pela reunião ou agrupamento das entidades patronais não encontra parâmetro, nem reconhecimento mesmo nas legislações que lhe autorizam a prática. A restrição tem a óbvia natureza danosa daí resultante, numa extensão impossível de ser efetivamente dimensionada.

APÊNDICE

Neste apêndice se incluem os comentários produzidos pelo professsor Dr. *António Monteiro Fernandes,* à luz do Direito do Trabalho português, segundo a numeração dos capítulos da presente edição que, entretanto, inclui um novo capítulo (n. 14) que não se contém naquela obra. A numeração guarda estreita relação com os temas analisados.

Capítulo 1 — A coalizão

Em Portugal, a instauração do regime de monarquia liberal envolveu, entre muitas outras conseqüências, a eliminação das formas tradicionais, pré-industriais, de organização e representação profissional. Um decreto de Maio de 1834 aboliu "os lugares de Juiz e Procurador do povo, Mesteres, Casa dos Vinte e Quatro e os Grêmios dos diferentes ofícios", considerados "estorvos à indústria nacional". Iniciou-se desse modo a fase de interdição de todas as formas associativas que implicassem constrangimento do livre jogo das forças econômicas — o que, todavia, não bastou para que houvesse no país, na época, uma verdadeira "revolução industrial".

Entretanto, o associativismo operário desenvolveu-se, mesmo assim, sob formas menos ostensivas. Em 1852, foi fundado o "Centro Promotor dos Melhoramentos das Classes Laboriosas" sob cujos auspícios, e também graças ao aparecimento de legislação que as autorizava, foram nascendo mutualidades e cooperativas operárias que, em muitos casos, para além do seu papel de suprimento de carências econômicas e sociais, desenvolveram acções reivindicativas ou de defesa de interesses profissionais ameaçados. Apesar do carácter incipiente da industrialização, ocorreram no último quartel do século XIX alguns conflitos de trabalho de certa gravidade, como os que se manifestaram pelo surto de greves nas fábricas de fundição (1872/73) e pela greve dos chapeleiros do Porto, contra a introdução de máquinas (1877). Só com um decreto de Maio de 1891 foi acolhido legalmente o fenómeno das "associações de classe", embora com alguns constrangimentos, nomeadamente a necessidade de aprovação governamental dos estatutos.

Com a implantação da República, em Outubro de 1910, verificou-se uma abertura, no plano legislativo, aos fenómenos colectivos trabalhistas. Um decreto de Dezembro do mesmo ano reconheceu e regulou o direito de greve, e a Constituição de 1911 consagrou o direito de associação. O período da I República (1910/1926) caracterizou-se por constante e intensa pertubação social, em larga medida à margem de qualquer enquadramento legal e, não raro, com recurso á violência, quer por parte dos grupos em conflito, quer pelas autoridades públicas. À agitação nos vários sectores da economia somava-se a grande instabilidade política e os dois domínios interagiam permanentemente. Já na fase final da I República, em Dezembro de 1924, uma discreta providência legislativa, quase desapercebida, atribuía às organizações de trabalhadores e de empregadores a capacidade para a celebração de convenções colectivas, reconhecendo assim a *autonomia colectiva profissional* no âmbito do ordenamento jurídico português.

Durante mais de quatro décadas, vigorou em Portugal um sistema "corporativo de Estado", fortemente restritivo das liberdades colectivas e assente na negação programática dos conflitos laborais. A Constituição de 1933 proibia, sob a designação comum de "suspensão de actividade", tanto a greve como o locaute. Em consequência, esses comportamentos colectivos eram considerados crimes a que correspondiam penas severas. Essa situação perdurou até à abolição do regime, em 1974.

Logo nesse ano — libertado de constrangimentos legais o movimento das reinvindicações sociais — foi publicado um diploma (o Dec.-Lei 392/74) que reconheceu o direito de greve e procurou regular o seu exercício, num contexto social de grande conflitualidade. Esse regime legal foi praticamente ignorado na prática.

Com a Constituição democrática de 1976 e a publicação, no ano seguinte, da lei da greve (L. 65/77), o direito de greve ficou assente numa base jurídica sólida, de que faz parte a proibição do locaute. O regime legal de 1977 foi, praticamente, reproduzido pelo Código do Trabalho que entrou em vigor em1 de Dezembro de 2003.

Capítulo 2 — Surgimento do direito de greve

O art. 336º/1 do Código Civil português declara lícito "o recurso à força com o fim de assegurar o próprio direito, quando a acção directa for indispensável"; e precisa-se mais adiante (n. 2 do mesmo artigo) que a acção directa pode consistir na "apropriação, destruição ou deterioração de uma coisa, na eliminação da resistência irregularmente oposta ao exercício do direito, ou noutro acto anólogo". O art. 337º admite também a legítima defesa, como "acto destinado a afastar qualquer agressão actual e contrária à lei contra a pessoa ou património do agente ou de terceiro, desde que não seja possível fazê-lo pelos meios normais (...)". O Código regula ainda certas aplicações particulares da acção directa, como as que respeitam à defesa da posse (art. 1277º) e da propriedade (art. 1314º).

Sendo a greve uma forma de acção directa lícita (nos termos da Constituição e da Lei), ela assume porém, enquanto tal, uma natureza diversa. Tal como se afirma no texto acerca do ordenamento brasileiro, essa diferença reside no carácter resolutivo, ou meramente instrumental, de cada uma das referidas formas de acção directa. As previstas na lei civil são vias de solução para situações de ameaça a direitos; contém-se nelas o resultado útil visado. A greve, como forma de acção directa, não contém em si mesma a solução do conflito; é um instrumento de pressão para que a solução seja alcançada — através de um acordo ou de uma decisão do empregador.

Em face do teor do art. 57º da Constituição portuguesa e dos arts. 591º e seguintes do Código do Trabalho, a greve é, simultaneamente, uma liberdade e um direito. Como se verá adiante, a greve é admitida, no direito português, com invulgar largueza.

O Estado português ratificou as Convenções 87 e 98 da OIT, assim como os arts. 5º e 6º da Carta Social Européia, que se referem aos direitos de negociação colectiva e de recurso a formas de acção colectiva directa.

Capítulo 3 — Caracterização da greve

No direito português, nem a Constituição nem a lei (quer a antiga L. 65/77, quer o novo Código do Trabalho) oferecem uma definição de greve, para efeitos de qualificação dos comportamentos colectivos que podem considerar-se cobertos pelo respectivo direito. Essa omissão poderia ser interpretada, quer no sentido de que o legislador não quis limitar a um certo modelo de comportamento o âmbito do direito (aceitando, porventura, o uso lingüístico que venha a constatar-se em cada momento e contexto social), quer no sentido de que o legislador, não especificando, quis adoptar o conceito mais corrente e clássico de greve, que é o de abstenção colectiva de trabalho. A doutrina e a jurisprudência portuguesas orientam-se de modo praticamente unânime, pela segunda perspectiva. Dela resulta, nomeadamente, que certas formas de comportamento colectivo conflitual dos trabalhadores que não envolvem a paragem total de trabalho (como as chamadas "greves de zelo" e "de rendimento") não são consideradas greves em sentido jurídico, e reconduzem-se a incumprimento ou cumprimento defeituoso dos contratos de trabalho. Por outro lado, há formas "atípicas" de paralisação de trabalho — estruturadas de modo a potenciar o seu efeito coactivo —, como as greves intermitentes, articuladas e "trombose", que são recolhidas sob a cobertura do direito de greve.

O exercício do direito de greve assenta, necessariamente, numa deliberação colectiva, que espelha uma intenção grupal de procurar, através da pressão exercida em conjunto a realização de interesses colectivos. Essa deliberação pode ser tomada em dois quadros organizativos: o do sindicato, de acordo com o processo deliberativo que os seus estatutos estabeleçam: ou, no caso de a maiorira dos trabalhadores interessados não ter especificamente para esse efeito (art. 592º do Código do Trabalho). Esta última modalidade parece, segundo a letra da lei, reservada ao exercício do direito de greve pelos trabalhadores de uma empresa contra o respectivo empregador. As assembléias de trabalhadores podem reunir nos locais de trabalho, fora ou dentro do horário de trabalho, mas, neste caso, até ao limite de quinze horas por ano (art. 497º do Código).

A greve tem que ser declarada (pré-aviso), quer pelo sindicato, quer por uma comissão de greve, conforme o modo por que a deliberação tenha sido tomada (art. 595º). O pré-aviso tem que ser transmitido com antecedência, em regra, de cinco dias; esse prazo sobe para dez dias nos casos de actividades essenciais. Os seus destinatários são o empregador ou a associação de empregadores e o Ministério do Trabalho. Pode ser feito por carta ou atráves dos meios de comunicação social. Quanto ao seu conteúdo, a única imposição legal (cuja sanção não parece, de resto, clara) é a de que contenha uma "proposta de definição dos serviços necessários à segurança e manutenção do equipamento e instalações" e ainda, sendo caso disso, uma proposta de definição de serviços mínimos para satisfação de necessidades sociais impreteríveis (art. 595º/3). Todavia, embora não haja norma expressa nesse sentido, é ditame da boa-fé que o pré-aviso inclua os elementos de identificação" da greve (unidades e serviços afectados, grupos profissionais envolvidos, data e hora de início, duração — que pode ser indefinida — e motivo), sem o que a comunicação não poderá preencher a função que a lei lhe confere.

Durante a greve, a protecção da liberdade de trabalho é assegurada pela via indirecta do regime dos "piquetes de greve". Estes actuam muitas vezes, de modo a impedir o acesso de trabalhadores não aderentes às instalações onde pretendem retomar o trabalho. Os piquetes são também utilizados, na prática, como "unidades de controlo" das entradas e saídas de pessoas e materiais, ou mesmo das instalações no seu todo, procurando dar a maior expressão ao movimento grevista. Ora o art. 595º do Código só admite a organização de piquetes para "persuadir os trabalhadores a aderirem à greve, por meios pacíficos, sem prejuizo do reconhecimento da liberdade de trabalho dos não aderentes".

O exercício do direito de greve não é qualificável como incumprimento do contrato. Ele tem um efeito incompatível com tal qualificação: "a greve suspende, no que respeita aos trabalhadores que a ela aderirem, as relações emergentes do contrato de trabalho (...)." (art. 597º/1) É pois, neste sentido, um direito potestativo: o empregador, não podendo romper o contrato com este fundamento, não tem forma de se opor à produção do referido efeito suspensivo. Por outro lado, não é um direito absoluto, apesar dos termos amplíssimos do art. 57º da Constituição. É um direito fundamental que se confronta com outros; o exercício da greve de que resulte o aniquilamento ou a compreensão grave de outro ou outros direitos, liberdades e garantias constitucionais, é, seguramente, ilegal.

Capítulo 4 — A tipologia da greve

O art. 334º do Código Civil Português, sob o título "abuso de direito", qualifica de ilegítimo "o exercício de um direito, quando o titular exceda manifestamente os limites impostos pela boa-fé, pelos bons costumes ou pelo fim social e económico desse direito". Dado que nem a Constituição nem a lei (o Código do Trabalho) explicitam o "fim social e económico" do direito de greve, estando mesmo cometida aos trabalhadores a definição dos "interesses a defender através da greve" (art. 57º/2 da Const., art. 591º/2 do Cód. Trab.), torna-se dificilmente aplicável a noção de abuso do direito de greve na sua acepção finalística.

No entanto, a idéia de abuso — que torna ilícito o exercício da paralisação colectiva de trabalho — é utilizável para os casos em que o comportamento colectivo tende a aniquilar outros direitos fundamentais, ou seja, quando põe em causa "necessidades sociais impreteríveis" sem que sejam assegurados os "serviços mínimos" adequados à sua satisfação (art. 598º do Código). O mesmo se poderá dizer se a segurança e manutenção do equipamento e das instalações da empresa — suporte futuro da retoma do seu funcionamento — são desprezadas ou postas em risco pelo modo de exercício da greve.

Deve, porém, ter-se em conta que o propósito de prejudicar o empregador — ou de o colocar perante a ameaça de prejuízo — é inerente à natureza da greve.

A ausência de uma noção legal de greve levou, como se disse, à construção, pela jurisprudência e pela doutrina dominante, de um modelo comportamental cujos elementos estruturais são a abstenção de trabalho, a pluralidade de trabalhadores envolvidos e o suporte de uma vontade colectiva explícita. Perante a tipologia de acções colectivas usualmente coberta pelo termo "greve", essa construção redunda na exclusão de todas aquelas que não consistam na abstenção de trabalho, como a greve de zelo ou de rendimento, mas atrai para o campo do direito de greve as situações de paragem intermitente, articulada ou rotativa.

Por outro lado, e como se assinala no texto, esse modelo não exclui a possibilidade de os trabalhadores permanecerem, embora inactivos, nos postos de trabalho, o que pode constituir uma forma de exprimir claramente o exercício do direito de greve. Tal presença não pode, porém, assumir as características de "ocupação", fenómeno diferente que se traduz na tomada de controlo das instalações e na pertubação da posse pelo empresário, e que é, como tal, ilegítimo.

No que respeita às greves de solidariedade e às que, assumidamente, prosseguem fins políticos — desde que não contrários à Constituição —, a liberdade de definição dos interesses a prosseguir implica a aceitação da sua licitude.

A amplitude do movimento grevista, que pode assumir importante significado político e económico, não tem relevância jurídica espefífica. A circunstância de as "greves gerais" serem, normalmente, greves políticas reconduz-nos à observação precedente.

O boicote e a sabotagem são procedimentos excluídos do âmbito do direito de greve.

Capítulo 5 — A cláusula de paz

Os dados legais a tomar em conta, no direito português, eram idênticos aos do direito brasileiro, até à entrada em vigor do Código do Trabalho.

Com efeito, a Lei da Greve consagrava, no art. 1º, o princípio da irrenunciabilidade do direito de greve; princípio que podia considerar-se implícito na consagração constitucional deste direito, no capítulo dos "direitos, liberdades e garantias dos trabalhadores" (art. 57º da CRP). Mas, ao mesmo tempo, tanto o texto constitucional como o da lei ordinária são (e sempre foram) interpretados no sentido de que o direito de greve é um direito *individual* de cada trabalhador (independentemente de ser ou não filiado num sindicato), sem embargo da necessidade do seu exercício colectivo.

Nem a Lei de Greve (L. 65/77, de 26/8) nem a de Negociação Colectiva (DL. 519-Cl/79, de 29/12) continham qualquer menção à possibilidade de estipulação de cláusulas de paz social nas convenções colectivas.

A posição largamente maioritária da doutrina apontava no sentido de que a assunção de um compromisso de paz social "absoluta", isto é, de não utilização de meios de luta laboral ao serviço de *qualquer* pretensão ou finalidade, contemplada ou não na convenção colectiva vigente, redundaria em verdadeira renúncia ao direito de greve e seria, por conseguinte, inadmissível.

Por outro lado, era também entendimento dominante o de que as convenções colectivas, vistas como plataformas de equilíbrio temporário entre interesses colectivos opostos e potencialmente conflituantes, produziam necessariamente um dever ímplicito de paz social "relativa", isto é, a obrigação, por parte dos trabalhadores, de se absterem do recurso à greve para obterem melhorias antecipadas nos domínios regulados por cada convenção. Esse dever *implícito* — assumido no momento da assinatura da convenção, como expressão da boa-fé na negociação e no cumprimento dos contratos — nunca ofereceu dificuldades de compatibilização com o príncipio da irrenunciabilidade do direito de greve. Sempre se entendeu que a largueza com que o art. 57º da CRP e o art. 1º da Lei da Greve reconhecem aos trabalhadores a faculdade de definirem "o âmbito dos interesses a defender atráves da greve" oferecia espaço bastante para que a "trégua relativa" fosse estabelecida sem prejuízo da integridade do direito de greve.

Por isso, também, não oferecia motivo para objecções sérias a possibilidade de inclusão de cláusulas *expressas* de paz social "relativa" nas convenções. Se elas nunca foram realmente acolhidas na prática contratual — talvez por razões de ortodoxia sindical —, a verdade é que a sua falta não se tounou sentida, dado o reconhecimento do dever implícito atrás referido.

Acrescente-se que o regime legal da contratação colectiva, embora sem referir-se explicitamente a matéria, permitia, aos olhos da generalidade da doutrina e da jurisprudência, considerar que era irrelevante, sob o ponto de vista da denúncia e modificabilidade de uma convenção colectiva, qualquer alteração das cirunstâncias em face das quais ela foi celebrada. A clásula *rebus sic stantibus* era, pois, tida por "desactivada" durante a vigência das convenções colectivas. A base legal mais sólida desta opinião generalizada era o preceito do DL. 519-CI/79 (art. 16º) que interditava a denúncia das convenções antes de decorrido certo prazo (dez meses). Esta doutrina surgia, manifestamente, como um reforço do reconhecimento do dever implícito de paz social "relativa".

Com o Código do Trabalho, a equação legal modificou-se profundamente.

O art. 606º/1 admite que as convenções colectivas contenham "limitações, durante a vigência do instrumento de regulamentação colectiva de trabalho, à declaração de greve por parte dos sindicatos outorgantes com a finalidade de modificar o conteúdo da convenção".

Note-se que esta norma permite a estipulação de cláusulas consagradoras do dever de paz social "relativo" — único admissível à luz da Constituição. Esse dever é, porém, exclusivamente, *do sindicato* que assume o compromisso: ele obriga-se a *não declarar* greves que visem modificar a convenção. Os titulares do direito de greve não são juridicamente atingidos por tal compromisso; são-no, apenas, enquanto pessoas sujeitas à influência e à disciplina interna de uma associação de que são filiados. Mas daí não resulta que fiquem impedidos de exercer o seu direito (através da adesão e da conseqüente paragem de trabalho) se, por exemplo, for decretada uma greve por *outro* sindicato com representatividade no mesmo âmbito.

Uma segunda nota que a referida norma permite extrair é que a consagração legal expressa da possibilidade de estipulação de cláusulas de paz social "relativa" sugere fortemente que a concepção legal da convenção colectiva, no Código, *não comporta o reconhecimento do dever implícito* acima descrito — ao contrário do que podia dizer-se perante os dados legais anteriores.

Essa convicção reforça-se tanto, em presença de outras soluções do Código, que se converte em firme certeza.

O art. 561º/2 determina o seguinte: "Durante a execução da convenção colectiva atender-se-á às circunstâncias em que as partes fundamentaram a decisão de contratar." E o já citado art. 606º esclarece, no seu n. 2, que as "limitações" decorrentes da estipulação de cláusulas de paz não impedem a declaração de greve (pelo próprio sindicato outorgante) no caso ocorrer "alteração anormal das circunstâncias a que se refere o n. 2 do art. 561º".

Além disso, a norma impeditiva da denúncia das convenções antes de um certo tempo de vigência não figura no Código: a denúncia passa a ser lícita a todo o tempo, desde que declarada com certa antecedência em relação ao termo da vigência da convenção. Teoricamente, nada impede que uma convenção seja denunciada no dia seguinte ao da assinatura.

O novo quadro legal, ao mesmo tempo que admite, abertamente, a inclusão de cláusulas de paz social "relativa" nas convenções colectivas, mosta-se adverso à existência de um dever implícito com idêntico conteúdo.

Capítulo 6 — Efeitos imediatos da greve

O exercício do direito de greve tem um característico efeito contratual: a suspensão dos contratos de trabalho dos trabalhadores aderentes (art. 597º do Código do Trabalho).

O regime dessa suspensão é bastante detalhado. Ela atinge o direito ao salário, e liberta o trabalhador da subordinação, assim como do dever de comparecer ao serviço (assiduidade).

Por outro lado, mantêm-se, para trabalhador e empregador, os direitos, deveres e garantias que "não pressuponham a efectiva prestação do trabalho". Entre esses deveres, assume particular relevo e de "lealdade" do trabalhador, do qual o art. 121º destaca duas expressões concretas: a astenção de concorrência e o sigilo no que toca à "organização, métodos de produção ou negócios" do empregador. Isto significa que podem ser cometidos, durante a greve, actos susceptíveis de virem a ser (após a greve) disciplinarmente punidos, justificando, porventura o despedimento.

Mantém-se ainda, durante a greve, "os direitos previstos na legislação sobre segurança social e as prestações devidas por acidentes de trabalho e doenças profissionais" (art. 597º/2).

Por fim, o mesmo artigo do Código, no seu n. 3, savalguarda "a antiguidade e os efeitos dela decorrentes, nomeadamente no que respeita à contagem de tempo de serviço". Esta ressalva explica-se pelo facto de que a antigüidade reflecte a duração do contrato (que não sofre descontinuidade) e não o cronograma da prestação de trabalho.

A suspensão dos contratos de trabalho cessa com o fim da greve, momento este que o art. 602º — em termos criticáveis — define do seguinte modo: "por acordo das partes ou por deliberação das entidades que a (greve) tiverem declarado."

O art. 596º impede a *substituição* dos trabalhadores em greve, seja por outros empregados da mesma empresa oriundos de diferentes estabelecimentos ou serviço, seja por trabalhadores recrutados para o mesmo efeito, seja, ainda, por empresa ou empresas especialmente contratadas em regime de prestação de serviços. O n. 2 do mesmo artigo admite, porém, esta última possibilidade (contratação externa de serviços), e só ela, no caso de "não estarem garantidas a satisfação das necessidades sociais impreteríveis ou os serviços necessários à segurança do equipamento e instalações".

Capítulo 7 — A titularidade do direito de greve

No direito português, o direito de greve é um direito de que é individualmente titular cada trabalhador, mas cujo exercício é necessariamente colectivo. O carácter colectivo do exercício desse direito diz respeito a dois momentos específicos do processo pelo qual uma interrupção de trabalho se configura como greve — a *decisão* de promover a greve, a *declaração* de greve. A partir daí, a concretização da greve faz-se por actos individuais de *adesão*.

Os momentos colectivos do exercício da greve implicam, em regra, a presença do sindicato. Este não é, porém, titular do direito de greve; pertencem-lhe apenas aqueles direitos que, são instrumentais para a realização do direito individual de greve de cada um dos trabalhadores: o direito de decidir o recurso à greve (art. 592º do Código do Trabalho); o poder-dever de declarar a greve (art. 594º); o direito de organizar piquetes de greve (art. 594º).

Esta visão da titularidade do direito de greve apóia-se em dois preceitos legais que irradiam, eles próprios, dos princípios constitucionais sobre a greve e a liberdade sindical: O art. 591º do Código define o direito de greve como "um direito dos trabalhadores"; e uma das expressões da liberdade sindical individual é a liberdade (positiva e negativa) de filiação (art. 479º), reforçada pela proibição de discriminação fundadas na filiação ou não filiação sindicais (art. 453º). Está, pois, claro que todos os trabalhadores, incluindo os não sindicalizados, são titulares do direito de greve.

Em regra (na concepção do legislador), a decisão de greve será tomada no âmbito do sindicato, por processo deliberativo conforme às respectivas regras estatutárias. Muitas vezes, tratar-se-á de deliberação votada em assembléia sindical, ou de decisão da direcção do sindicato no exercício de mandato conferido pela mesma assembléia.

A declaração de greve, por seu turno, corresponde também ao cumprimento de um dever — o de dar "aviso prévio" da greve — que incumbe, em regra, também, ao sindicato (art. 595º). Nesse caso, estar-se-á perante um acto executivo, da competência da direcção do sindicato.

Em qualquer dos casos, como, como no da organização de piquetes, trata-se de intervenções *instrumentais* relativamente à realização da greve, que só existe se, na medida e enquanto ocorrer a adesão (abstenção efectiva de trabalho) de trabalhadores, sindicalizados e não sindicalizados.

A verdade é que a sindicalização se mostra, freqüetemente, reduzida ou nula nas empresas. Em Portugal, estimativas não oficiais indicam que apenas um em cada cinco assalariados está inscrito num sindicato. Impor o exclusivo sindical da decisão de greve significaria privar a larguíssima maioria dos titulares deste direito (em algumas empresas, a totalidade) de participarem nessa decisão.

Por isso, a lei admite uma outra possibilidade para o lançamento dos projectos grevistas: no caso de a maioria dos trabalhadores de uma empresa não ter filiação sindical, a deliberação de fazer greve pode ser retomada, por votação secreta, no âmbito de uma "assembléia de trabalhadores" reunida para o efeito, mediante convocação de, pelo menos, 20% ou 200 trabalhadores (art. 592º). Esta possibilidade não exclui, porém, a de um sindicato que represente um pequeno número de trabalhadores da empresa decidir e declarar uma greve a que possam aderir todos os mesmbros do pessoal.

Quando a greve for objecto de deliberação por uma "assembléia de trabalhadores" — isto é, sem participação de um sindicato —, a organização da paralisação e a representação do movimento grevista serão confiadas a uma estrutura *ad hoc*, a chamada "comissão de greve", constituída por trabalhadores grevistas eleitos para esse fim específico, e à qual caberão as competências normalmente atribuídas ao sindicato (arts. 593º e 594º).

Os trabalhadores não filiados num sindicato podem, assim, exercer o direito de greve de duas maneiras: através da adesão a uma paragem de trabalho gerida por um sindicato, ou pela participação numa greve decretada em "assembléia de trabalhadores", independentemente do facto de eles (trabalhadores não sindicalizados que pretendem parar) terem ou não terem participado na respectiva deliberação.

Capítulo 8 — A atribuição da responsabilidade pelo dano

Encontra-se no Código do Trabalho uma regra (art. 604º/2) segundo a qual os "princípios gerais em matéria de responsabilidade civil" são aplicáveis "quando a tal haja lugar", isto é, quando da greve resultem prejuízos, quer para o empregador, quer para trabalhadores não aderentes, quer para terceiros.

Note-se que a lei anterior ao Código não incluía uma disposição deste gênero, o que não bastava, claramente, para excluir a possibilidade de aplicação do mecanismo da responsabilidade civil em caso de abuso do direito de greve. A particularidade a ter em conta é que esta responsabilidade pode abranger o sindicato, na medida em que os prejuízos ilicitamente causados tenham resultado de uma configuração do movimento definida pelos órgãos dele. O sindicato não pode ser considerado "comitente" dos trabalhadores que se associam na paralisação, pelo que não pode ser, em princípio, responsabilizado pela actuação concreta destes, salvo na medida em que ela resulte de directivas ou indicações emanadas daqueles órgãos. Na greve regularmente deliberada, declarada e organizada — sem esquecer o cumprimento dos "serviços mínimos" —, o sindicato não pode ser responsabilizado por condutas dos associados.

Por outro lado, o art. 604º/1 estabelece uma sanção específica para os trabalhadores grevistas quando a greve é "declarada" ou "executada" de forma contrária à lei. Essa sanção consiste na aplicação do regime das faltas injustificadas ao tempo de paragem do trabalho.

Trata-se, manifestamente, de uma sanção dirigida ao "procedimento" pelo qual a greve seja exercida; uma sanção que está, por isso, estreitamente vinculada ao conteúdo das normas que, no Código, regulam esse exercício.

Assim, estão cobertas por essa sanção as situações em que a decisão de greve, ao ser tomada fora do sindicato, não respeitou as exigências de convocação, *quorum* e maioria impostas às "assembléias de trabalhadores"; aquelas em que não tenha sido dado aviso prévio bastante: e ainda aquelas em que sejam organizados piquetes de greve, não para "persuadir" (como indica o art. 594º) mas para tomar o controlo das instalações e substituir a autoridade do empregador.

Capítulo 9 — Efeitos jurídicos e econômicos da greve

A matéria deste capítulo — tratamento jurídico das conseqüências práticas do exercício do direito de greve — está contemplada num pequeno conjunto de disposições do Código do Trabalho Português. Em várias pontos, as soluções estabelecidas divergem das que são propostas no texto, ao abrigo da legislação brasileira.

Como se observou, o efeito jurídico fundamental da greve lícita consiste na suspensão dos contratos de trabalho dos trabalhadores aderentes (art. 597º). Essa suspensão importa, desde logo, a neutralização do direito à retribuição, o qual abrange todas as atribuições patrimoniais que constituem contrapartida da prestação de trabalho. No mínimo, trata-se-á da retribuição-base e das diuturnidades (art. 250º/1).

Para lém disso, pelo menos um dos elementos da retribuição global — o subsídio de Natal — é atingido, em termos de proprocionalidade, pela suspensão derivada de greve (art. 254º/2-c).

Mas já não é assim com o direito a férias nem com o respectivo subsídio. O art. 211º/4 do Código esclarece com nitidez que esse direito "não está condicionado à assiduidade ou efectividade do serviço". Todavia, se isso é exacto no que toca à duração das férias, já o não é no respeitante ao seu gozo. Com efeito, a lei exige, compreensivelmente, que o gozo de férias seja antecedido de certos períodos de trabalho efectivo ou de "execução do contrato": no ano da admissão, só há férias após seis meses de trabalho, e o mesmo é exigido no ano da cessação da suspensão, quando ela venha do ano anterior. Ora, naturalmente, o tempo consumido no exercício do direito de greve não pode ser considerado de execução do contrato.

No entanto, de modo algo ambíguo, o art. 597º/2 previne que, apesar da suspensão, "mantêm-se, durante a greve, os direitos, deveres e garantias das partes na medida em que não pressuponham a efectiva prestação do trabalho". Isto significa, antes de mais nada, que o vínculo contratual permanece, não é dissolvido. Mas, implica também que certos deveres acessórios, tanto do empregador como do trabalhador (nomeadamente o dever de lealdade, configurado nos termos do art. 121º/1-e do Código), continuam a vincular as partes no conflito. Não é, seguramente, o caso da assiduidade, nem da obediência, por estarem estreitamente ligados à plena eficácia da obrigação de trabalho (veja-se a redundância da parte final do art. 597º/1).

Em consonância com a continuidade desses conteúdos contratuais, o art. 597º/3 impede que se interropa a contagem da antigüidade (ou do "tempo de serviço") durante a greve, excluindo também qualquer prejuízo nos "efeitos" dela — nomeadamente a progressão na carreira ou na escala salarial da empresa.

Por outro lado, o já referido art. 597º/2 mantém, durante o exercício do direito de greve, de forma um tanto enigmática, "os direitos previstos na legislação sobre segurança social". Que direitos são estes? Não sendo paga a retribuição, não se verifica também arrecadação de contribuições para a Segurança Social. A paralisação colectiva e a inerente suspensão dos contratos deve ser confrontada com a situação de reforma por velhice ou invalidez e com a de doença. Se um beneficiário de pensão de reforma está empregado numa empresa e faz greve, perde o salário mas jamais se poria a hipótese de perder a pensão. Se um trabalhador está em situação de baixa que lhe confira o direito a subsídio de doença, não está, *ipso facto*, em condições de aderir a uma greve. A única hipótese que se vislumbra para conferir conteúdo útil à norma é a de o legislador ter querido salvaguardar, indistintamente, quaisquer benefícios que o trabalhador grevista viesse auferindo — uma pensão de reforma ou de sobrevivência, um subsídio de maternidade, paternidade ou adopção, etc. — e que pudessem ser (eventualmente) postos em causa pela não arrecadação temporária de contribuições.

Algo de semelhante poderá dizer-se acerca das "prestações devidas por acidentes de trabalho e doenças profissionais".

Esta referência não significa, decerto, que tais qualificações (acidente de trabalho, doença profissional) possam ser atribuídas a ocorrências causadas durante o exercício do direito de greve, para o efeito de as tornar reparáveis nos termos da legislação respectiva. Não parece, com efeito, possível preencher em tais casos a definição do art. 284º do Código.

Mas coisa diferente é o destino do direito a prestações devidas por acidentes ou doenças anteriores e que o trabalhador (agora grevista) venha auferindo, a título de reparação dos seus efeitos. O legislador quis garantir que, apesar de suspenso o contrato de trabalho, essas prestações não são descontinuadas.

Capítulo 10 — Serviços públicos e serviços essenciais

Ao consagrar o direito de greve, a Constituição portuguesa não distingue entre trabalhadores em regime de direito privado e funcionários ou servidores do Estado. Todavia, o art. 269º da Lei Fundamental estabelece que "os trabalhadores da Administração Pública e demais agentes do Estado e outras entidades públicas estão exclusivamente ao serviço do interesse público", o que não constitui obstáculo ao reconhecimento de interesses colectivos desses trabalhadores nem à possibilidade de autotutela desses interesses.

O Código do Trabalho, por seu turno, define um regime comum do exercício do direito de greve (arts. 591º a 606º) que é expressamente delcarado aplicável à "relação jurídica de emprego público" (art. 5º da L. 99/2003, de 27/8). Embora a lei refira a possibilidade de surgir "legislação especial" sobre o tema, ela não existe e a sua inexistência não obsta à aplicação do mencionado regime comum.

Assim, o funcionamento dos serviços públicos pode sofrer descontinuidades resultantes do exercício do direito de greve. Os limites a tal possibilidade são, eles próprios, ditados pelo regime comum do Código: o exercício do direito de greve não pode impedir a satisfação de "necessidades sociais impreteríveis" (art. 598º). E as normas da lei ordinária que se destinam a garantir a efectivação desse imperativo têm hoje fundamento constitucional explícito (art. 57º/3 da Constituição).

As "necessidades" salvaguardadas pela Constituição e pela lei podem ser de muito diversa natureza e a sua satisfação pode estar confiada a entidades públicas ou a empresas privadas. A natureza pública da entidade empregadora ou do vínculo laboral não assume aqui qualquer relevância específica.

O critério fundamental para a identificação das actividades (públicas ou privadas) que podem considerar-se "essenciais", no sentido de corresponderem a "necessidades sociais impreteríveis", retira-se da consagração constitucional de um conjunto de direitos fundamentais ("direitos, liberdades e garantias") que não podem ser aniquilados ou prejudicados uns pelos outros — que têm, portanto, que ser compatibilizados. O direito de greve é um deles. É o art. 18º/2 da Constituição, admitindo que por lei sejam limitados esses direitos, acautela deverem "as restrições limitar-se ao necessário para salvaguardar outros direitos ou interesses constitucionalmente protegidos".

É este o critério que a jurisprudência e a doutrina dominante têm acolhido: são "necessidades sociais impreteríveis" as que estão compreendidas na configuração dos direitos fundamentais consagrados pela Constituição: direito à vida, à integridade moral e física, à liberdade e à segurança, de informar e ser informado, de deslocação no territótio nacional, de saída regresso ao mesmo território, etc.

O Código do Trabalho, seguindo o exemplo da lei da greve de 1977, oferece uma lista (não exaustiva) de actividades em que podem estar em causa essas necessidades relativamente às quais, por conseguinte, o exercício do direito de greve poderá suscitar a exigência da prestação de "serviços mínimos". Essa lista compreende os correios e telecomunicações, os serviços médicos, hospitalares e medicamentosos, a salubridade pública, incluindo a realização de funerais, os serviços de energias e minas, incluindo o abastecimento de combustíveis, o abastecimento de água, os bombeiros, os serviços de atendimento ao público que visem necessidades essenciais a cargo do Estado, os transportes, incluindo actividades portuárias, aeroportuárias, ferroviárias e rodoviárias, e o transporte e segurança de valores monetários.

Capítulo 11 — Os serviços mínimos

O Código do Trabalho português (art. 598º) configura a prestação dos "serviços mínimos" durante uma greve como uma obrigação das associações sindicais em cujo âmbito foi decidida a paralisação e dos trabalhadores interessados em participarem nela. Trata-se de uma obrigação legal que não se confunde com as obrigações de trabalho fundadas nos contratos de trabalho.

A lei estabelece, de resto, duas distintas obrigações de prestação de serviços durante uma greve: a que visa a "satisfação de necessidades sociais impreteríveis" (n. 1 daquele artigo) e a destinada a garantir a "segurança e manutenção do equipamento e instalações" (n. 3).

Relativamente à *primeira* modalidade, a obrigação nasce não só da natureza da actividade que é afectada pela greve (natureza essa que é definida, sob o ponto de vista das *necessidades* a satisfazer, nos termos enunciados no capítulo anterior), mas também da dimensão e estrutura da paralisação de trabalho. Pode ser que uma greve em actividade "essencial" seja tão curta que não ponha verdadeiramente em necessidades sociais inadiáveis. Pode ser que ela se estruture de modo a — por exemplo — per-mitir a cobertura de períodos de "ponta" ou a continuidade das prestações de primeira necessidade (urgências hospitalares, piquete de combate a incêndios, venda de medicamentos urgentes, etc.). Pode ser, ainda, que os trabalhadores não aderentes sejam suficientes para garantir o essencial. Nesses casos, não haverá obrigação de alguns dos trabalhadores interessados na greve se prestarem a trabalhar.

Por outro lado, o texto da lei é claro quanto ao carácter "mínimo" dos serviços a assegurar nessa modalidade. Não se trata, pois de manter a normalidade, de tornar imperceptível a greve que atinja as actividades "essenciais" — pois, a ser assim, privar-se-ia um número muito importante de trabalhadores de exercerem eficazmente o direito de paralisação do trabalho —, mas de preservar o "conteúdo essencial dos preceitos constitucionais" que consagram outros direitos fundamentais (art. 18º da Constituição), isto é, de impedir que eles sejam aniquilados ou esvaziados pelo exercício do direito de greve. São os serviços necessários à efectivação desse conteúdo essencial — dos direitos à vida, à integridade moral e física das pessoas, à liberdade e à segurança, de deslocação e de emigração, etc. — que se torna imperioso manter mesmo durante uma greve. Isso pode implicar a continuidade de uma parte mais ou menos importante, mas insusceptível de quantificação *a priori*, da actividade normalmente desenvolvida nos sectores e empresas afectados.

Relativamente á *segunda* modalidade, é mais viável a determinação rigorosa e geralmente válida da natureza e da quantidade do trabalho que deve ser realizado: é (todo) o que se mostrar necessário para manter a segurança e a manutenção do equipamento e instalações numa situação de paragem de trabalho. Trata-se, pois, de activar os dispositivos que impeçam a destruição ou o desvio de materiais e equipamentos e de realizar as operações de manutenção que permitam, em geral, manter a organização produtiva plenamente apta para, quando a greve terminar, a laboração normal possa ser prontamente retomada.

Uma questão que esteve, durante muito tempo, em aberto, face ao silêncio da lei, é a de saber como (e, sobretudo, por quem) devem ser definidas a natureza e a amplitude dos serviços que hão-de ser prestados durante uma greve. O facto de se tratar de uma incumbência legalmente dirigida ao sindicato e aos trabalhadores levou a que tivesse prosperado, durante algum tempo, uma orientação jurisprudencial que reservava ao sindicato essa competência. Essa tese sempre foi, porém, muito contestada, pois a tendência dos sindicatos, ia, naturalemente, no sentido de reduzir extremamente ou mesmo excluir a necessidade de quaisquer serviços.

A revisão constitucional de 1997 introduziu uma norma (o art. 57º/3) que encarrega o legislador ordinário de definir as "condições de prestação" dos serviços que devem ser assegurados durante as greves. O Código do Trabalho cumpre essa incumbência, ao definir um procedimento para a definição desses serviços (art. 599º) e ao clarificar a *situação jurídica* dos trabalhadores (aderentes à greve) que sejam encarregados de os realizar (art. 600º).

A *definição* desses serviços deve ser feita, preferencialmente, por convenção colectiva ou por acordo específico entre o empregador e os representantes dos trabalhadores. Se nenhum desses meios existir, a definição será feita entre o aviso prévio e o início da greve, quer por acordo impulsionado por intervenção do Ministério do Trabalho, quer por decisão do Ministro (no caso de empresas privadas) ou de uma comissão arbitral *ad hoc* (tratando-se de empresa ou organismo do sector público). Em qualquer caso, o art. 599º/7 determina que, na definição dos serviços mínimos, devem ser respeitados os princípios da necessidade, da adequação e da proporcionalidade.

Quanto à situação dos trabalhadores encarregados desses serviços, o art. 600º fixa uma solução que é muito discutida e discutível: coloca-se "sob a autoridade e direcção do empregador", com direito à retribuição, ou seja, num quadro idêntico ao da plena vigência dos contratos de trabalho.

O incumprimento da obrigação de prestação dos serviços mínimos, para além da eventual responsabilidade civil e penal pelas conseqüências concretas que daí derivem, legitima o recurso à requisição civil ou à mobilização, por decisão governamental (art. 601º).

Capítulo 12 — A requisição civil

Como se informa no texto deste capítulo, a conseqüência da não realização dos serviços mínimos destinados à satisfação de necessidades sociais inadiáveis é, ou pode ser, a requisição civil. "É ou pode ser" porque, na verdade, a aplicação desse regime não é automática, depende de uma apreciação política que abrange não só a gravidade da situação, mas também a oportunidade da medida.

A matéria está, ainda hoje, regulada por um diploma legal da época revolucionária: o Dec.-Lei 637/74, de 20 de Novembro. Esse diploma fez parte do conjunto de medidas legislativas — com destino bastante variado — com que os poderes públicos de então procuraram enquadrar e moderar o vasto movimento de reivindicações sociais e de conflitos de trabalho que se sucedeu à queda do sistema corporativo e à abolição do regime político autoritário que lhe estava associado. Três décadas depois, mantém-se em vigor, sem que tenha, entretanto, sofrido constestação, nomeadamente do ponto de vista da constitucionalidade. Existe um assinalável consenso social em torno da sua utilidade como último recurso. De resto, tem sido relativamente freqüente (embora sempre em situações extremas) o emprego deste meio de preservação das condições mínimas da vida comunitária.

Importa notar que a requisição civil não é um "remédio" específico para as conseqüências da greve. O art. 1º/1 do diploma legal citado define, com efeito, a requisição como "o conjunto das medidas, determinadas pelo Governo, necessárias para, em circunstâncias particularmente graves, se assegurar o regular funcionamento de serviços essenciais de interesse público ou de sectores vitais da economia nacional". Ela pode ter por objecto bens, organizações ou a prestação de serviços por pessoas. Por outro lado, é de notar que a requisição pode servir, não só para garantir necessidades sociais, mas também para preservar sectores económicos ou empresas de importância estratégia. Esses objectivos podem estar em causa por ocasião de uma greve, mas também em caso de catástrofe natural, perturbação da ordem pública ou outro tipo de emergência comunitária.

Daremos em seguida notícia dos aspectos mais salientes do regime estabelecido pelo diploma legal acima referenciado.

A necessidade do recurso a requisição civil é estabelecida em Conselho de Ministro, ou seja, pelo Governo em bloco.

Essa decisão implica a delegação, em certo ou certos Ministros (em caso de greve, serão normalmente o Ministro do Trabalho e o Ministro responsável pelo sector de actividade afectado), dos poderes de gestão de requisição civil. Tais poderes serão, antes de mais nada, exercidos através de um acto regulamentar (portaria) que determina a requisição, a sua duração prevista, o seu âmbito, a autoridade responsável pela sua execução, a modalidade de intervenção das forças armadas, quando tenha lugar, e o regime a que ficam sujeitas as pessoas requisitadas. Desde acto é dado imediato conhecimento público (e, portanto, também aos próprios interessados) por qualquer meio, nomeadamente a comunicação social, independentemente da publicação em boletim oficial.

Durante o período de requisição, os trabalhadores abrangidos ficam sujeitos à autoridade disciplinar dos Ministros responsáveis e, normalmente, às regras respeitantes ao procedimento e à aplicação de sanções que vigoram para os servidores públicos.

Capítulo 13 — O trabalhador não-grevista

Trata-se, neste capítulo, de diversas situações exteriores ao concerto grevista, mas que influenciam a sua amplitude e a intensidade dos seus efeitos.

No tocante aos trabalhadores da empresa que decidem não aderir à greve — os não-grevistas —, a preocupação fundamental do legislador português é a de proteger a liberdade de trabalho (arts. 594º e 603º do Código). Isto equivale a dizer que a salvaguarda da liberdade de opção individual (entre aderir e não aderir à greve) assume intensidade idêntica à garantia do direito de greve como forma de acção directa colectiva dos trabalhadores.

A "decisão" do recurso à greve, tomada nos termos já vistos (art. 592º), não gera um dever de actuação individual em conformidade. O art. 603º declara "nulo e de nenhum efeito todo o acto que implica coacção, prejuizo ou discriminação sobre qualquer trabalhador por motivo de adesão ou não á greve. Nenhuma dúvida haveria quanto à liberdade de decisão dos trabalhadores não filiados no sindicato que decide e declara a greve. Mas também os filiados nesse sindicato estão cobertos por esta regra — o seu teor não permite distinções. Assim, não será legítima qualquer acção disciplinar movida pelo sindicato contra associados não aderentes; e terá que considerar-se ilegal (contrária ao art. 603º) alguma disposição do estatuto de um sindicato que a preveja.

Situação diferente da dos não-aderentes — trabalhadores da empresa que optam por não exercer o direito de paragem — é a dos chamados "fura-greve". Como se esclarece no texto, trata-se de pessoas que não pertenciam, antes do pré-aviso, ao quadro de pessoal da empresa, e que são recrutadas para realizarem tarefas que normalmente estariam a cargo dos aderentes. A lei proíbe expressamente essa prática: o empregador não pode, a partir da data do aviso prévio de greve, contratar novos trabalhadores para substituírem os grevistas (art. 596º/1 do Código).

Algo de semelhante pode dizer-se de acerca da externalização de funções da empresa para outras (nomeadamente por contratos de preastação de serviço): ela é, em geral, proibida, com excepção dos casos em que se trate de garantir "a satisfação de necessidades sociais impreteríveis ou os serviços necessários à segurança e manutenção do equipamento e instalações" (art. 596º/2). Encontra-se aqui uma via alternativa para os casos em que os serviços devidos durante a greve são recusados pelo sindicato ou pelos trabalhadores aderentes. A conseqüência a que alude o art. 601º (requisição civil) pode, assim, ser evitada por uma iniciativa do empresário.

A situação jurídica dos trabalhadores não aderentes à greve é a correspondente à plena vigência dos respectivos contratos de trabalho: a greve, como diz o art. 597º do Código, só suspende os contratos dos "trabalhadores que a ela aderirem". De resto, eles podem ser utilizados, eventualmente a título de exercício temporário de funções diversas da actividade contratada (art. 314º), para suprirem a ausência dos grevistas, desde que isto se passe no âmbito do mesmo "estabelecimento ou serviço" (art. 596º/1). Assim, a não-adesão de um número suficiente de trabalhadores, em "empresas ou estabelecimentos que se destinem à satisfação de necessidades sociais impreteríveis", pode tornar desnecessária a imposição de serviços mínimos aos participantes na greve ou constituir solução prática imediata para a recursa desses serviços. Trata-se, pois, de uma segunda alternativa de solução para o incumprimento de serviços mínimos.

Pode, entretanto, suceder que, tendo exclusivamente em vista a preservação das instalações da empresa ou dos equipamentos ante o risco consistente de depredação, sabotagem, distúrbios, furtos, interrupção forçada de processos, e portanto a título puramente defensivo, o empresário decida encerrar temporariamente o estabelecimento, não sendo possível atribuir a tal procedimento a natureza de uma forma de pressão conflitual sobre os grevistas. Aplicar-se-á então o regime da suspensão do contrato de trabalho também aos não aderentes, na modalidade regulada pelo art. 351º, ou seja, mantendo-se a obrigação do pagamento integral dos salários a esses trabalhadores.

Capítulo 14 — Na primitiva edição desta obra, lançada em Portugal, o tema deste capítulo não foi abordado, daí a inexistência de comentários.

O tema do capítulo, então, era O Locaute, que passa
a fazer parte como Capítulo 15.

Capítulo 15 — O Locaute

O art. 605º do Código do Trabalho português contém duas normas relativas ao locaute: a primeira é a da proibição do locaute ("É proibido o lock-out"); a segunda oferece a definição do fenómeno considerado pelo legislador. A definição é a seguinte:

"Considera-se lock-out qualquer decisão unilateral do empregador que se traduza na paralisação total ou parcial da empresa ou na interdição do acesso aos locais de trabalho a alguns ou à totalidade dos trabalhadores e, ainda, na recusa em fornecer trabalho, condições e instrumentos de trabalho que determine ou possa determinar a paralisação de todos ou alguns sectores da empresa ou desde que, em qualquer caso, vise atingir finalidades alheias à normal actividade da empresa".

A proibição do locaute é encarada como uma das "garantias" do direito de greve, no quadro de um sistema que não acolhe o princípio da igualdade de armas nos conflitos colectivos de trabalho. Isso implica o refinamento da concepção conflitual do locaute. A proibição não poderia ter por objecto toda e qualquer decisão de encerramento temporário da empresa tomada pelo empregador. Inúmeras razões poderão justificá-la (obras de ampliação, limpeza ou reparação das instalações, manutenção ou substituição do equipamento, mudança ou diversificação de processos produtivos ...) à margem de qualquer instrumentalidade conflitual. A proibição legal só atinge o encerramento realizado com o fim de exercer pressão sobre o colectivo dos trabalhadores ou sobre um grupo determinado, no sentido de os levar ao abandono de uma reinvindicação ou à aceitação de uma pretensão patronal.

De resto, o efeito coactivo fundamental do locaute — o de romper ou colocar sob ameaça os contratos de trabalho — não tem cabimento em direito português. Os empregadores não são livres de porem fim aos contratos de trabalho fora de certos pressupostos e procedimentos: os do despedimento colectivo, do despedimento por eliminação do posto de trabalho ou por inadaptação do trabalhador às modificações tecnológicas do posto de trabalho, e o despedimento disciplinar. A greve não serve para justificar o despedimento.

Por outro lado, se o empregador encerra o estabelecimento (excepto nos casos de força maior ou de crise da empresa, que tem regimes próprios), continua obrigado a pagar integralmente os salários.

Assim, o único efeito nocivo do locaute para os trabalhadores seria a inactividade forçada, o afastamento indesejado do local de trabalho. Se pudesse ser praticado, no quadro do direito português, não arrastaria senão a suspensão dos contratos de trabalho com manutenção dos salários. Mas mesmo nestas condições ele não é admitido como meio de luta dos empregadores.

O encerramento das instalações da empresa ou do estabelecimento pode ser decidido pelo empregador, mesmo no contexto de um conflito, em caso de perigo sério e consistente de destruição ou degradação da infra-estrutura produtiva (o que se chama de encerramento "defensivo"), sob a condição de que nenhuma "mensagem" reivindicativa possa ser ligada a essa decisão. E não é tudo. O empregador conserva o direito de fechar o estabelecimento, a título temporário, por razões de gestão — sempre que se trate de salvaguardar ou potenciar a capacidade produtiva em vista da retoma do trabalho após um conflito. O Código (art. 351º) prevê expressamente esta possibilidade — encerramento temporário por facto imputável ao empregador ou por razões do seu interesse — precisando que os trabalhadores mantêm o direito aos salários.

Portugal é um dos Estados ratificantes da Carta Social Européia, que, segundo a interpretação dominante, consagra em paridade o direito de greve e o de locaute. A proibição constitucional e legal deste último procedimento poderia ser discutida sob o ponto de vista da sua compatibilidade com a Carta.

Ora, apesar do não reconhecimento de um "direito de locaute", a amplitude das faculdades de encerramento dos empregadores mostram que elas permitem cobrir tudo o que, de harmonia com o entendimento fixado, pode constituir fundamento útil e legítimo do encerramento em contexto de conflito.

Com efeito, o que a proibição legal portuguesa exclui é o encerramento que "reveste as características de abuso de direito ou se mostra desprovido de justificações baseadas em força maior ou na desorganização da empresa pela acção colectiva dos trabalhadores", situações consideradas também, pelo Comité de peritos encarregados de interpretar a Carta Social Européia, como alheias ao direito ali consagrado.

A particularidade do direito português consiste portanto em definir o locaute, na norma citada, de modo limitado às situações de encerramento ilegítimo, segundo o critério indicado. Só elas integram, para a lei portuguesa, verdadeiro locaute. Os outros casos de encerramento não se incluem na noção. Relevam, simplesmente, do poder de organização e de iniciativa económica do empregador, um poder que encontra também suporte na Constituição (art. 61º/1) na medida em que seja exercido para a realização de uma actividade produtiva.

REFERÊNCIAS

ABRANTES, José João. *Direito de greve e serviços essenciais em Portugal.* In: ROMITA, Arion Sayão (Coord.). *A greve no setor público e nos serviços essenciais.* Curitiba: Gênesis, 1997.

_____. *Direito do trabalho*: ensaios. Lisboa: Cosmos, 1995.

ACKERMAN, Mário. Argentina. In: _____ et al. *Trabajadores del Estado en Ibero America.* Buenos Aires: Ciudad Argentina, 1998.

AGUIAR, Maria Manuela. "A responsabilidade coletiva". *Estudos Sociais e Corporativos.* Lisboa, Ano 8, n. 6, p. 9.

ALBUQUERQUE, Rafael. República Dominicana. In: ACKERMAN, Mário et al. *Trabajadores del Estado en Ibero América.* Buenos Aires: Ciudad Argentina, 1998.

ALEMÃO, Ivan. *Direito das relações de trabalho.* São Paulo: LTr, 1998.

ALMEIDA, Maria Angela G. A. de. A greve na Constituição. *Revista do Tribunal Regional do Trabalho da 5ª Região.* Salvador, n. 11, p. 4, 1989.

ALONSO OLEA, Manuel. *Huelgas atípicas:* identificación, caracteres y efectos jurídicos. (Relatoria General). In: JORNADAS LUSO-HISPANO-BRASILEIRAS DE DIREITO DO TRABALHO: temas de direito do trabalho, 4., 1990, Coimbra. Anais.... Coimbra: Coimbra Editora, 1990.

ALVAREZ DE ESCALONA, Sandra. *Evolución del derecho laboral en Venezuela.* Caracas: Academia de Ciencia Políticas y Sociales, 1993.

ANDERSON, Gordon. New Zealand. In: BLANPAIN, Roger et al (Ed.). *Strikes and lock-outs in industrialized market economies.* Deventer (The Netherlands): Kluwer Law and Taxation, 1994

ANDRADE, Everaldo Gaspar Lopes de. *Curso de direito sindical*: teoria e prática. São Paulo: LTr, 1991.

ANDRADE, Roberto Ferreira. *O direito de greve no Brasil.* In: CONGRESSO BRASILEIRO DE DIREITO COLETIVO, 8., e CONGRESSO BRASILEIRO DE DIREITO CONSTITUCIONAL DO TRABALHO, 7., 1994, São Paulo. São Paulo: LTr, 1998, p. 29.

ANTONMATTÉI, Paul Henri. *Quand la grève devient un cas de force majeure. Droit Social.* Paris, n. 4, Avril, p. 377, 1997.

_____. *Négociation collective:* une bonne nouvelle et une mauvaise. *Droit Social.* Paris, n. 4, Avril, p. 459-462, 2007.

ARAGÃO, Luiz Fernando Basto. *A greve e os efeitos da abusividade.* In: CONGRESSO BRASILEIRO DE DIREITO COLETIVO, 4., e CONGRESSO BRASILEIRO DE DIREITO CONSTITUCIONAL DO TRABALHO, 3., 1991, São Paulo. São Paulo: LTr, 1998, p. 29.

AROUCA, José Carlos. *Repensando o sindicato*. São Paulo: LTr, 1998.

ARAUJO, Jesus. *Comentarios a la ley orgánica del trabajo*. Caracas: [s.n.], 1992.

ARENAS DE SANDOVAL, Ana Rosa. Huelga de masas y huelga política. In: *La mujer y las relaciones de trabajo*. Santa Cruz de la Sierra (Bolivia): [s.n.], 1992.

ARRUDA, Hélio Mário de. *Oliveira Viana e a legislação do trabalho no Brasil:* 1932-1940. São Paulo: LTr, 2007.

ARTHURS, H. W. et al. *Labour law and industrial relations in Canada*. 4th ed. Deventer (The Netherlands): Kluwer & Butterworths, 1993.

BARBAGELATA, Hector-Hugo. *O direito do trabalho na América Latina*. Tradução de Gilda Maciel Corrêa Meyer Russomano. Rio de Janeiro: Forense, 1985.

BARBOZA, Ramiro. *Los sindicatos en el Paraguay*: evolución y estructura actual. Asunción: CIDSEP, 1988.

BARROS, Alice Monteiro de. *Greve em atividades essenciais:* regulamentação. *Responsabilidade civil da entidade sindical*. Curitiba: Gênesis, v. 4, p. 656, dez. 1994.

_____. (Coord.). *Curso de direito do trabalho*: estudos em memória de Célio Goyatá. São Paulo: LTr, 1993, 2 v.

BARROS, Carla Eugênia Caldas. *Greve de solidariedade:* visão política na Constituição federal. In: CONGRESSO BRASILEIRO DE DIREITO COLETIVO, 4., e CONGRESSO BRASILEIRO DE DIREITO CONSTITUCIONAL DO TRABALHO, 3., 1989, São Paulo. São Paulo: LTr, 1998, p. 29.

BARROS JR., Cássio Mesquita. *A greve e sua problemática*. Revista LTr. São Paulo, v. 39, p. 121-136, fev. 1975.

_____ "O Direito de greve na Constituição de 5 de outubro de 1988". *Revista LTr*, São Paulo, v. 52, p. 1336-1342, nov. 1988.

BARZA, Sebastião. "Servidores públicos e o direito de greve". *Revista da Procuradoria Regional do Trabalho da 5ª Região*. Salvador, n. 1, p. 93-95, 1997.

BATALHA, Wilson de Souza Campos. *Sindicatos, sindicalismo*. São Paulo: LTr, 1992.

BELTRÁN, Ari Possidônio. *A autotutela nas relações de trabalho*. São Paulo: LTr, 1992.

BEN-ISRAEL, Ruth. *Introduction to strikes and lock-outs:* a comparative perspective. In: BLANPAIN, Roger (Ed.). *Strikes and lock-outs in industrialized market economies*. Deventer (The Netherlands): Kluwer and Law Taxation, 1994.

BENITES FILHO; ANTONELLO, Flávio. *Greve abusiva e responsabilidade civil, penal e trabalhista*. In: CONGRESSO BRASILEIRO DE DIREITO COLETIVO, 5., e CONGRESSO BRASILEIRO DE DIREITO CONSTITUCIONAL DO TRABALHO, 4., 1990, São Paulo. São Paulo: LTr, 1990. p. 13.

BLANKE, Thomas. "Derecho de huelga en los servicios publicos en Alemania". Curitiba: Gênesis, v. 2, n. 8, p. 153-170, ago. 1993.

BLANPAIN, Roger et al. (Ed.). *Strikes and lock-outs in industrialized market economies*. Deventer (The Netherlands): Kluwer and Law Taxation, 1994.

BRAMANTE, Ivani Contini. *Direito constitucional de greve dos servidores públicos:* eficácia limitada ou plena? Emenda Constitucional n. 19. In: CONGRESSO BRASILEIRO DE DIREITO COLETIVO, 13., e CONGRESSO BRASILEIRO DE DIREITO CONSTITUCIONAL DO TRABALHO, 12., 1998, São Paulo. São Paulo: LTr, 1998, p. 29.

BRESCIANI, Luis Paulo; BENITES FILHO, Flavio Antonello. *Negociações tripartites na Itália e no Brasil.* São Paulo: LTr, 1995.

BROCHARD, Jean. *Manuel du contrat de travail.* Paris: Dalloz, 1960.

_____. _____ . *Mise à jour par Jean Bertolas.* Paris: Dalloz, 1966.

BRONSTEIN, Arturo S. "Medios de solución de los conflictos coletivos". Relasur, Montevidéo, v. 7, p. 105-134, 1995.

BRUN, A.; GALLAND, H. *Droit du travail.* Paris: Dalloz, 1958.

BUEN, Nestor de. México. In: ACKERMAN, Mário et al. *Trabajadores del Estado en Ibero América.* Buenos Aires: Ciudad Argentina, 1998.

CABANELLAS, Guillermo. *Derecho de los conflictos laborales.* Buenos Aires: Libreros, 1966.

CAMERLYNCK, G. H.; LYON-CAEN, Gérard. *Droit du travail.* 2. éd.Paris: Dalloz, 1967.

CAMPOS RIVERA, Domingo. *Derecho laboral colombiano.* Bogotá: Temis, 1974.

CAPON FILAS, Rodolfo. *El nuevo derecho sindical argentino.* 2. ed. La Plata: Platense, 1993.

CARDOSO, Eliana Borges. "A Lei de greve italiana": a busca da harmonização entre os direitos dos trabalhadores e os direitos da comunidade. LTr, *Legislação do Trabalho.* São Paulo, Ano 55, p. 571-576, maio 1991.

CARO, Michelle. "Sul contenuto necessario del preavviso di sciopero nei servizi pubblici". *Rivista Italiana di Diritto del Lavoro.* Milano, n. 1, p. 4, 1993.

CARTER, Donald D. Canada. In: BLANPAIN, Roger et al (Ed.). *Strikes and lock-outs in industrialized market economies.* Deventer (The Netherlands): Kluwer Law and Taxation, 1994.

CARVALHO, Luiz Inácio Barbosa. "O direito de greve no Brasil": intervenção e autotutela. LTr, Legislação do Trabalho. São Paulo, Ano 56, p. 1211-1217, out. 1992.

CARVALHO, M. Cavalcanti de. *Greve.* In: SANTOS, J. M. Carvalho; DIAS, José de Aguiar (Coord.). *Repertório enciclopédico do direito brasileiro.* Rio de Janeiro: Borsoi, [19- —]. v. 24, p. 18-64.

CARVALHO, Suzete. "Atividades essenciais e abuso de direito na lei de greve". *Revista do Instituto Goiano de Direito do Trabalho.* Goiânia, n. 2, p. 100-102, 1º sem. 1994.

_____. "Greve: uma questão sempre polêmica". LTr, *Legislação do Trabalho.* São Paulo, Ano 57, p. 825, jul. 1993.

CASAS BAAMONDE, Maria Emília. Huelgas atipicas: identificación, caracteres e efeitos jurídicos. In: JORNADAS LUSO-HISPANO-BRASILEIRAS DE DIREITO DO TRABALHO, 4., 1990, Coimbra. Anais ... Coimbra: Coimbra Ed., 1990.

CASSAGNE, Juan Carlos. *La huelga en los servicios esenciales.* Madrid: Civitas, 1993.

CATHARINO, José Martins. *Tratado elementar de direito sindical.* São Paulo: LTr, 1982.

_____. *Tratado jurídico do salário.* São Paulo: LTr, 1994 (edição em *fac-simile).*

CASTRO, Javier Gárate. *Direito de greve e serviços essenciais na Espanha.* In: ROMITA, Arion Sayão. *A greve no setor público e nos serviços essenciais.* Curitiba: Gênesis, 1997.

CAUPERS, João; MAGALHÃES, Pedro. *Relações colectivas de trabalho.* Lisboa: Fluminense, 1979.

CERÓN CORAL, Jaime. "Comentarios al proyecto de ley sobre huelga en los servicios públicos". *Revista Derecho Social*. Bogotá, n. 46, p. 31-41, set. 1997.

CESARINO JR., Antonio Ferreira. *Direito social*. São Paulo: LTr, EDUSP, 1980.

CESARINO JR., A. F.; CARDONE, Marly A. *Direito social*. 2. ed. São Paulo: LTr, 1993.

CHEDID, Antonio Carlos Facioli. "O direito de greve e seus limites à luz da Constituição e do direito positivo". LTr, *Legislação do Trabalho*. São Paulo, Ano 54, p. 830-834, jul. 1990.

CHIARELLI, Carlos Alberto Gomes. *Trabalho na Constituição:* direito coletivo. São Paulo: LTr, 1990. v. 2.

CHORIN, Jacky. *Le droit de grève dans les centrales de l'ÉDF. Droit Social,* Paris, n. 2, p. 140, 1998.

COELHO, Rogério Viola. *A greve, os grevistas e os não grevistas.* LTr, Legislação do Trabalho. São Paulo, Ano 53, p. 1341-1344, nov. 1989.

CONTENTE, Edgard Olyntho. "Greve violenta: conceito de abandono coletivo de trabalho" (parágrafo único do art. 222 do novo Código Penal). *Revista do Tribunal Regional do Trabalho da 8ª Região*. Belém, Ano 6, n. 6, p. 97-104, jan./jun. 1971.

CORDOBA, Efren. *O trabalho no mundo socialista de Cuba.* São Paulo: LTr, 1993.

_____. (Coord.) *Relações coletivas do trabalho na América Latina.* São Paulo: LTr, 1985.

CORSINOVI, Carlo. "Ilegitimitá del sciopero nei s.p.e. e responsabilitá ressarcitoria degli scioperanti". *Rivista Italiana di Dirito del Lavoro.* Milano, n. 1, p. 53, 1993.

COSMÓPOLIS, Mario Pasco (Coord.). *La huelga en Iberoamérica.* Lima, AELE, 1996.

COSTA, Orlando Teixeira da. "O apelo à greve e a Justiça do Trabalho". LTr, *Legislação do Trabalho.* São Paulo, Ano 43, p. 677-682, jun. 1979.

_____. *Autocomposição coletiva e instrumentação.* Curitiba: Gênesis, v. 6, p. 449-456, out. 1996.

_____. "O direito de greve na futura Constituição". LTr, *Legislação do Trabalho*. São Paulo, Ano 50, p. 1289-1294, nov. 1986.

_____. "Do abuso de direito na greve". *Revista LTr*. São Paulo, v. 54, p. 392-393, abr. 1990.

_____. *Responsabilidade do sindicato e do trabalhador na greve considerada abusiva.* Revista do Ministério Público do Trabalho. Brasília, p. 1-55, 1988.

COUTINHJO, Aldacir Rachid. *Trajetória do sindicalismo brasileiro:* análise do suporte legislativo. In: ARAÚJO, Silvia Maria de; FERRAZ, Marcos (Org.). *Trabalho e sindicalismo:* tempo de incertezas. São Paulo: LTr, 2006, p. 256-287.

CROUZELA, A. *Étude historique, économique et juridique sur les coalisions et sur les greves dans l'industrie.* Paris: [s.n.], 1887.

CUEVA, Mario de la. *El nuevo derecho mexicano del trabajo.* 6. ed. México: Porrúa, 1974.

_____. _____. 12. ed. México: Porrúa, 1990, 2 v.

CUNHA, Maria Inês Moura Santos Alves da. *A eqüidade e os meios alternativos de solução dos conflitos.* São Paulo: LTr, 2001.

D'ANTONA, Massimo. "La ley sobre la huelga en los servicios públicos esenciales y las tendencias del derecho sindical". Curitiba: Gênesis, v. 2, p. 387-399, out. 1993.

D'AOUST, Claude; DUBÉ, Louise. *La notion juridique de grève en droit canadien.* Montreal: École de Relations Industrielles de l'Université, 1983.

_____; VERSCHELDEN, Louise. *Le droit québécois de la responsabilité civile des syndicats en cas de grève illegale.* Montreal: École de Relations Industrielles de l'Université, 1983.

DESPAX, Michel. *Le droit du travail.* Paris: Presses Universitaires de France, 1967.

DUARTE NETO, Bento Herculano. *Direito de greve.* São Paulo: LTr, 1993.

EDLUND, Sten; Nyström, Birgitta. *Developments in Swedish labour law.* Stockholm: The Swedish Institute, 1988.

ERMIDA URIARTE, Oscar. *Apuntes sobre la huelga.* 2. ed. Montevideo: Fundación de Cultura Universitaria, 1996.

_____ . "La Huelga y la solución de los conflictos colectivos en los servicios esenciales". *Revista do Tribunal Superior do Trabalho.* Brasília, p. 53, 1988.

ESPAÑA. Ministerio de Trabajo y Asuntos Sociales. *Guía de la negociación colectiva.* Madrid: MTAS, 2006.

EWING, K. D. *The right to strike.* Oxford: Ckarendon Press, 1991.

FAHLBECK, Reinhold. The Swedish experience. In: BLANPAIN, Roger (Ed.). *Strikes and lock-outs in industrialized market economies.* Deventer (The Netherlands): Kluwer and Law Taxation, 1994.

FAJERSTEIN, Fany. "A causa e a greve: um problema de epistemologia jurídica". *LTr, Legislação do Trabalho.* São Paulo, Ano 59, p. 495-497, abr. 1995.

FALCÃO, Luiz José Guimarães. "O dissídio coletivo de trabalho: a solução jurisprudencial pelos tribunais. A greve nas atividades essenciais". *Revista do Ministério Público do Trabalho.* Brasília, Ano 1, n. 2, p. 52-60, set. 1991.

FERNANDES, Antonio Monteiro. "O direito à paralisação e a obrigação de vigilância do empregador no direito português". *Revista do Tribunal Regional do Trabalho da 5ª Região,* Salvador, Ano 24, n. 14, p. 45-50, 1997.

_____. *Direito de greve.* Coimbra: Almedina, 1982.

_____. *Direito do trabalho.* 10. ed. Coimbra: Almedina, 1998.

_____. _____. 11. ed. Coimbra: Almedina, 1999.

_____. _____. 12. ed. Coimbra: Almedina, 2004.

_____. "As greves atípicas". *Revista do Tribunal Regional do Trabalho da 5ª Região,* Salvador, n. 6, p. 52, 1987.

_____. *Greves "atípicas":* identificação, caracteres, efeitos jurídicos. In: JORNADAS LUSO-HISPANO-BRASILEIRAS DE DIREITO DO TRABALHO: temas de direito do trabalho, 4., 1990, Coimbra. Anais ... Coimbra: Coimbra Ed., 1990.

_____. *Reflexões sobre a natureza do direito à greve.* In: Estudos sobre a Constituição. Lisboa: Petrony, 1978, v. 2.

_____. "Serviços mínimos e direito de greve". *Revista Jurídica do Trabalho.* Salvador, Ano 1, n. 2, p. 35-45, jul./set. 1988.

FERRANDO GARCIA, Francisca M. *Responsabilidad civil por daños ocasionados durante la huelga.* Valencia: Tirant Lo Blanch, 2001.

FONSECA, Vicente José Malheiros da. "Greve dos servidores do Estado": lei complementar. Problema atual e sugestões. *LTr, Legislação do Trabalho.* São Paulo, Ano 57, p. 1046-1048, set. 1993.

FORTEZA, Jesús Lahera. *La Titularidad de los derechos colectivos de los trabajadores y funcionarios.* Madrid: Consejo Economico y Social, 2000.

FRANCO FILHO, Georgenor de Sousa. *Impossibilidade do exercício da greve no serviço público.* In: CONGRESSO BRASILEIRO DE DIREITO COLETIVO, 8., e CONGRESSO BRASILEIRO DE DIREITO CONSTITUCIONAL DO TRABALHO, 7., 1994, São Paulo. São Paulo: LTr, 1994, p. 58.

_____. *Liberdade sindical e direito de greve no direito comparado:* lineamentos. São Paulo: LTr, 1992.

_____. (Coord.). *Curso de direito coletivo do trabalho.* São Paulo: LTr, 1998.

_____. (Coord.). *Direito do trabalho e a nova ordem constitucional.* São Paulo: LTr, 1991.

FRANZIM, Luciene. *O direito de greve dos servidores públicos civis num novo contexto.* In: CONGRESSO BRASILEIRO DE DIREITO COLETIVO, 9., e CONGRESSO BRASILEIRO DE DIREITO CONSTITUCIONAL DO TRABALHO, 8., 1994, São Paulo. São Paulo: LTr, 1998. p. 58.

FREDIANI, Yone. *Greve nos serviços essenciais à luz da Constituição Federal de 1988.* São Paulo: LTr, 2001.

FUENTE, Horácio de la. "Responsabilidad laboral e ley civil". *Derecho Laboral.* Montevideo, Ano 32, n. 153, p. 135-142, enero/marzo, 1989.

GACEK, Stanley Arthur. *Sistemas de relações de trabalho:* exame dos modelos Brasil-Estados Unidos. São Paulo: LTr, 1994.

GAGNON, Robert P. *Les conflits de négociation:* grève, lock out, piquetage. In: _____. *Le droit du travail du Québec.* 5. éd. Cowansville: Yvon Blas, 2003. p. 437-478.

GALANTINO. Luisa. *Diritto del Lavoro.* 10. ed. Padova: CEDAM, 2000.

_____. *Diritto sindacale.* 10. ed. Torino: Giappichelli, 2000.

GAMONAL CONTRERAS, Sergio. "Derecho colectivo del trabajo en el sector público". *Revista Laboral Chilena.* Santiago, n. 7, p. 79, 1998.

GÁRATE CASTRO, F. Javier. *Direito de greve e serviços essenciais na Espanha.* In: ROMITA, Arion Sayão (Coord.). *A greve no setor público e nos serviços essenciais.* Curitiba: Gênesis, 1997.

_____. *Modalidades de huelga en el ordenamiento jurídico español. La huelga intermitente.* In: JORNADAS LUSO-HISPANO-BRASILEIRAS DE DIREITO DO TRABALHO, 4., 1990, Coimbra. Anais ... Coimbra: Coimbra Ed., 1990.

GARCIA FERNANDEZ, Manuel. *El cierre patronal.* Barcelona: Ariel, 1990.

GARCIA MARTÍN, Antonio. *Diccionário jurídico laboral.* Madrid: GPS, 1995.

CARCIA VIÑA, Jordi. *Derecho sindical: Cuestiones actuales en España.* Curitiba: Juruá, 2006.

GIGLIO, Wagner D. Brasil. In: ACKERMAN, Mário et al. *Trabajadores del Estado en Ibero América.* Buenos Aires: Ciudad Argentina, 1998.

GIUDICE, F. del; MARIANI, F.; IZZO, F. *Diritto del lavoro.* 23. ed. Napoli: Simone, 2006, (Manuali Giuridice, n. 1).

GIUGNI, Gino; CURSIO, Pietro; GAROFALO, Mario Giovanni. *Direito sindical.* Tradução de Eiko Lúcia Itioka e revisão técnica de José Francisco Siqueira Neto. São Paulo: LTr, 1991.

GOLDBERG, Menachem Israel. In: BLANPAIN, Roger (Ed.). *Strikes and lock-outs in industrialized market economies.* Deventer (The Netherlands): Kluwer Law and Taxation, 1994.

GOMES, Ângela de Castro. *A invenção do trabalhismo.* 3. ed. Rio de Janeiro: FGV, 2005.

GOMES, Orlando. "Da convenção ao contrato coletivo de trabalho". *LTr, Legislação do Trabalho.* São Paulo, Ano 51, p. 1208, 1987.

_____. *Direito privado:* novos aspectos. Rio de Janeiro: Freitas Bastos, 1961.

GOMES, Orlando. "Dispensa coletiva na reestruturação da empresa". *Revista LTr.* São Paulo, v. 38, p. 575, 1974.

_____. *Introdução ao direito civil.* 3. ed. Rio de Janeiro: Forense, 1971.

_____; GOTTSCHALK, Élson. *Curso de direito do trabalho.* 15. ed. Rio de Janeiro: Forense, 1999.

GÓMEZ. Antonio Santana. *El regimen jurídico de los trabajadores no-huelguistas.* Madrid: Civitas, 1993.

GOMEZ ABELLEIRA, Francisco J. *El lock-out en el derecho de los EE.UU.:* su contraste con el cierre patronal en el derecho español. Barcelona: CEDECS, 1998.

GONZALEZ BIEDMA, Eduardo. *Derecho de huelga y servicios de mantenimiento y seguridad en la empresa.* Madrid: Civitas, 1992.

GONZALEZ MOLINA, M. Dolores. *Responsabilidad civil de los sindicatos derivada del ejercicio de acciones colectivas.* Valencia: Tirant Lo Blanch, 2000.

GOTTSCHALK, Elson. "Greve. Conceito. Titulares. Modalidades". *LTr, Legislação do Trabalho.* São Paulo, Ano 51, p. 1302-1308, nov. 1987.

GRIVA, Domenico Ricardo Peretti. *Il contratto di impiego privato.* 4. ed. Torino: UTET, 1963.

GUIMARÃES, Carlos Alfredo Cruz. "Direito de greve". *LTr, Legislação do Trabalho.* São Paulo, Ano 53, p. 1356-1363, nov. 1989.

HADDAD, Alaor. *A Greve de solidariedade e a Constituição Federal.* In: CONGRESSO BRASILEIRO DE DIREITO COLETIVO, 4., e CONGRESSO BRASILEIRO DE DIREITO CONSTITUCIONAL DO TRABALHO, 3., 1989, São Paulo. São Paulo: LTr, 1989, p. 28.

HARDMAN, Francisco Foot. *Nem pátria, nem patrão! Memória operária, cultura e literatura no Brasil.* 3. ed. São Paulo: UNESP, 2002.

HEPPLE, Robert. The United Kingdom. In: *Strikes and lock-outs in industrialized market economies.* Deventer (The Netherlands): Kluwer Law and Taxation, 1994.

HERNÁNDEZ ALVAREZ, Oscar (Coord.). *La huelga:* un estudio internacional. [s. l.]: Universidad Centro Occidental Lisandro Alvarado, Venezuela, 1994.

HORTA, Dirceu de Vasconcelos. "O direito de greve na obra de Pontes de Miranda". *Revista LTr,* São Paulo, v. 56, p. 814-818, jul. 1992.

HUMERES MAGNAN, Hector; HUMERES NOGUER, Hector. *Derecho del trabajo y de la seguridad social.* 12. ed. Santiago: Jurídica de Chile, 1988.

INSTITUTO BRASILEIRO DE GEOGRAFIA E ESTATÍSTICA. [Notícias]. Rio de Janeiro, 2 out. 2002. Disponível em: <http://www.ibge.gov.br/home/presidência/noticias/02102002.sindicatos.shtm> Acesso em: 04.out.2002.

JANSEN, Ernst P. *Labor law in The Netherlands.* Deventer (The Netherlands): Kluwer Law and Taxation, 1994.

JAVILLIER, Jean-Claude. *Droit du travail.* Paris: Librairie Générale de Droit et de Jurisprudence, 1978.

_____. "La huelga en el sector público: reflexiones a partir del derecho comparado". *Derecho del trabajo.* Buenos Aires, Ano 43, n. 3, p. 259-293, mar. 1983.

_____. *Manuel de droit du travail.* Paris: Librairie Générale de Droit et de Jurisprudence, 1986.

_____. *Manual de direito do trabalho.* Tradução de Rita Asdine Bozaciyan. São Paulo: LTr, 1988.

JOSEPHS, Hilary K. *Labor law in China:* choice and responsability. Salem (New Hampshire): Butterworth Legal Publishers, 1990.

KREIN, José Dari. *As negociações coletivas e a regulação do trabalho.* In: ARAÚJO, Silvia Maria de; FERRAZ, Marcos (Org.). *Trabalho e sindicalismo:* tempo de incertezas. São Paulo: LTr, 2006, p. 231-255.

KROTOSCHIN, Ernesto. *Manual de derecho del trabajo.* 3. ed. Buenos Aires: Depalma, 1987.

LA CORRE, Claude. *La gestion de la grève au du lock out.* In: *Le code du travail à jour.* 2. éd. Cowansville:Yvon Blas, 2003, p. 205-206.

LEAL, Antonio da Silva. *O conceito de greve e o problema das fontes terminológicas e conceituais do direito do trabalho.* In: JORNADAS LUSO-HISPANO-BRASILEIRAS DE DIREITO DO TRABALHO, 4., 1990, Coimbra. Anais ... Coimbra: Coimbra Ed., 1990.

LOBO, Eugênio Roberto Haddock. "A greve no Brasil e sua relação com o direito no tempo". *Revista da Academia Nacional de Direito do Trabalho.* São Paulo, n. 1, p. 63, 1993.

LOBOS, Júlio. *Sindicalismo e negociação.* Rio de Janeiro: José Olimpio, 1988.

LOPES, Débora Monteiro. *A greve nas atividades essenciais.* In: CONGRESSO BRASILEIRO DE DIREITO COLETIVO, 6., e CONGRESSO BRASILEIRO DE DIREITO CONSTITUCIONAL DO TRABALHO, 5., 1991, São Paulo. São Paulo: LTr, 1991, p. 24.

LOPES, Otávio Brito. "A greve nos serviços essenciais e a missão do Ministério Público Federal." *Revista do Tribunal Regional do Trabalho da 15ª Região.* Campinas, n. 1, p. 130-134, jul./dez. 1991.

LUCA, Carlos Moreira de. "Considerações sobre o exercício do direito de greve". *LTr, Legislação do Trabalho.* São Paulo, Ano 55, p. 418-420, abr. 1991.

_____ . *Definição dos interesses protegidos pela greve.* In: CONGRESSO BRASILEIRO DE DIREITO COLETIVO, 5., e CONGRESSO BRASILEIRO DE DIREITO CONSTITUCIONAL DO TRABALHO, 4., 1990, São Paulo. São Paulo: LTr, 1990, p. 19.

_____. "Negociação coletiva no serviço público e disciplina da greve nos serviços essenciais na Itália". *Revista LTr,* São Paulo, v. 55, p. 1299-1304, nov. 1991.

LYON-CAEN, Antoine. "Huelga y servicios públicos: la experiencia francesa." Curitiba: Gênesis, v. 2, p. 241-250, set. 1993.

LYON-CAEN, Gérard. *Le droit du travail non salarié.* Paris: Sirey, 1990.

_____. *Manuel de droit social.* 4. éd. par Jeanne Tillhet-Pretnar. Paris: Librairie Générale de Droit et de Jurisprudence, 1987.

_____. _____. Paris: Librairie Générale de Droit et de Jurisprudence, 1988.

_____; PELISSIER, Jean. *Les grands arrêts de droit du travail.* 2. éd. Paris: Sirey, 1980.

_____; _____; SUPIOT, Alain. *Droit du travail.* 18. éd. Paris: Dalloz, 1996.

MACIEL, José Alberto Couto. *Greve abusiva nas atividades essenciais; solução civil por parte do Exército.* In: CONGRESSO BRASILEIRO DE DIREITO COLETIVO, 5., e CONGRESSO BRASILEIRO DE DIREITO CONSTITUCIONAL DO TRABALHO, 4., 1990, São Paulo. São Paulo: LTr, 1990, p. 15.

MADDALONI, Osvaldo. *Suspensión de la exigibilidad de la prestación laboral.* In: ACKERMAN, Mario E. (Dir.); TOSCA, Diego M. (Coord.). *Tratado de derecho del Trabajo:* la relación individual de trabajo — III. Buenos Aires: Rubinzal-Culzoni, 2005. Tomo IV, p. 67-78.

MAGANO, Octavio Bueno. "Autocomposição e tutela". Curitiba: Gênesis, v. 7, p. 367-369, mar. 1996.

_____. "Convenção coletiva e greve". Revista LTr, São Paulo, v. 50, p. 389-393, abr. 1986.

_____. *Direito coletivo do trabalho.* 3. ed. São Paulo: LTr, 1993.

_____. "Greve: ação ou direito". *Revista de Direito do Trabalho.* São Paulo, n. 17, p. 53-60, jan./fev. 1979.

_____. *Manual de direito do trabalho:* Direito coletivo do trabalho. 3. ed. São Paulo: LTr, 1993, v. 3.

_____. *Política do trabalho.* São Paulo: LTr, 1995. v. 2.

_____. _____: *os petroleiros e o TST.* São Paulo: LTr, 1997, v. 3.

MANCUSO, Rita. "Sciopero parziale e rifiuto della prestazione offerte dei lavoratori non scioperanti". *Rivista Italiana di Diritto del Lavoro,* Milano, n. 2, p. 247, 1993.

MANGARELLI, Cristina. "Responsabilidade laboral e ley civil". *Derecho Laboral.* Montevidéo, Ano 32, n. 153, p. 114-134, enero/marzo, 1989.

MANUS, Pedro Paulo Teixeira. *Direito do trabalho.* 5. ed. São Paulo: Atlas, 1999.

MARANHÃO, Délio. *Direito do trabalho.* 8. ed. Rio de Janeiro: FGV, 1980.

MARIUCCI, Luigi. "Aún más sobre la normas sindicales: de la representatividad a la huelga". *Relaciones laborales.* Madrid, Ano 4, ns. 14-15, p. 16, 23 jul. 1988.

MARTÍNEZ GIRÓN, Jesús; ARUFE VARELA, Alberto; CARRIL VÁZQUEZ, Xosé Manuel. *Los derechos de huelga y de cierre patronal.* In: _____. *Derecho del trabajo.* La Coruña: Netbiblo, 2004, p. 441-460.

MARTINS, Ildélio. "Dimensões atuais do direito de greve". *LTr, Legislação do Trabalho.* São Paulo, Ano 54, p. 160-163, fev. 1990.

_____. "Greves atípicas". *Revista do Tribunal Superior do Trabalho.* Brasília, v. 55, p. 18-35, 1986.

_____. *Greves típicas:* identificação, caracteres e efeitos jurídicos. In: JORNADAS LUSO-HISPANO-BRASILEIRAS DE DIREITO DO TRABALHO, 4. 1990, Coimbra. Anais ... Coimbra: Coimbra Ed., 1990.

MARTINS, Sérgio Pinto. *Direito do trabalho.* 6. ed. São Paulo: Atlas, 1998.

MARZAL, Antonio et al. *La huelga hoy en el derecho social comparado.* Barcelona: J. M. Bosch, 2005.

MATIA PRIM, Javier. *El abuso del derecho de huelga.* Madrid: Consejo Económico y Social, 1996.

MAZZONI, Giuliano. *Relações coletivas de trabalho.* Tradução de Antonio Lamarca. São Paulo: Revista dos Tribunais, 1972.

MAZZUCA, Antonio. *Astreintes*: aplicação nas greves em atividades essenciais. LTr, Legislação do Trabalho. São Paulo, Ano 59, p. 1470-1471, nov. 1995.

MELO, Raimundo Simão de. *O ministério público do trabalho e as greves em atividades essenciais.* Curitiba: Gênesis, v. 5, p. 183-190, fev. 1995.

_____. *A greve no direito brasileiro.* São Paulo: LTr, 2006.

MENEZES, Claudio Armando Couce de. *Considerações sobre o direito de greve.* In: CONGRESSO BRASILEIRO DE DIREITO COLETIVO, 5., e CONGRESSO BRASILEIRO DE DIREITO CONSTITUCIONAL DO TRABALHO, 4., 1990, São Paulo. São Paulo: LTr, 1990, p. 21.

MONIZ, Helena Isabel Gonçalves. *A greve política no ordenamento jurídico português.* In: JORNADAS LUSO-HISPANO-BRASILEIRAS DE DIREITO DO TRABALHO, 4., 1990, Coimbra. Anais ... Coimbra: Coimbra Ed., 1990.

MONTOYA MELGAR, Alfredo. España. In: ACKERMAN, Mario *et al. Trabajadores del Estado en Ibero América.* Buenos Aires: Ciudad Argentina, 1998.

MORAES FILHO, Evaristo de. Direito de greve. *LTr, Legislação do Trabalho,* São Paulo, Ano 50, p. 775-778, jul. 1986.

_____. *A ordem social num novo texto constitucional.* São Paulo: LTr, 1986.

_____. *Tratado elementar de direito do trabalho.* Rio de Janeiro: Freitas Bastos, 1960.

MOREAU, Marc. *La grève.* Paris: Economica, 1998.

MOREIRA, Ivan. *Direito de greve do servidor público.* In: CONGRESSO BRASILEIRO DE DIREITO COLETIVO, 9., e CONGRESSO BRASILEIRO DE DIREITO CONSTITUCIONAL DO TRABALHO, 8., 1994, São Paulo. São Paulo: LTr, 1994, p.78.

MORGADO, Emílio. Chile. In: ACKERMAN, Mario *et al. Trabajadores del Estado en Ibero América.* Buenos Aires: Ciudad Argentina, 1998.

MOURA, José Fernando Ehlers de. "Conseqüências da ilicitude da greve". *LTr, Legislação do Trabalho.* São Paulo, Ano 59, p. 727-735, jun. 1995.

_____. "Implementação da jornada de trabalho em turnos de revezamento por dissídio coletivo. Efeitos da declaração de greve abusiva nos contratos individuais de trabalho. Limitações da greve pela sentença normativa". *LTr, Legislação do Trabalho.* São Paulo, Ano 54, p. 1453-1455, dez. 1990.

MURGAS TORRAZZA, Rolando. Panamá. In: ACKERMAN, Mario *et al. Trabajadores del Estado en Ibero América.* Buenos Aires: Ciudad Argentina, 1998.

NASCIMENTO, Amauri Mascaro. *Comentários às leis trabalhistas.* São Paulo: LTr, 1991.

_____. *Conflitos coletivos de trabalho.* São Paulo: Saraiva, 1978.

_____. "Conseqüências da ilicitude da greve". *LTr, Legislação do Trabalho.* São Paulo, Ano 59, p. 727-735, jun. 1995.

_____. "História do direito de greve". *Revista da Academia Nacional de Direito do Trabalho.* São Paulo, n. 1, p. 23, 1993.

_____. *Pareceres de direito do trabalho e previdência social.* São Paulo: LTr, 1993, v.2.

_____. "Problemas atuais de direito do trabalho e processo do trabalho". *LTr, Legislação do Trabalho.* São Paulo, Ano 55, p. 909.

_____. *Teoria geral do direito do trabalho.* São Paulo: LTr, 1998.

NASCIMENTO, Amauri Mascaro; VIDAL NETO, Pedro (Coord.). *Direito de greve.* São Paulo: LTr, 1984.

NASSAR, Rosita de Nazaré Sidrim. "O Sindicato como pessoa jurídica". *Revista do Tribunal Regional do Trabalho da 8ª Região.* Belém, v. 21, n. 41, p. 79-92, jul./dez. 1988.

NATIONAL TRADES UNION CONGRESS. *A guide to labour legislation in Singapore.* 3. ed. Singapore: SNP, 1994.

OJEDA AVILÉS, A. (Dir.). *Collective bargaining in Europe.* Madrid: Ministério de Trabajo y Asuntos Sociales, 2005. (Colección Informes y Estúdios, Serie Relaciones Laborales, n. 70).

ONAINDIA, José N. "El derecho de huelga". *Derecho del Trabajo.* Buenos Aires, Ano 47, n. 4, p. 491-494, abr. 1987.

ORDONEZ A, Jaime A. "Naturaleza jurídica de la huelga según la Corte Constitucional". *Revista Derecho Social.* Bogotá, n. 45, p. 51-66, abr. 1997.

PALACIOS, Alfredo. *El nuevo derecho.* 5.ed. Buenos Aires: Claridad, 1960.

PALOMEQUE LOPEZ, Manuel Carlos. "La regulación por ley del derecho de huelga". *Documentacion Laboral.* Madrid, n. 23, p. 7-24, set./dez. 1987.

PALOMINO, Teodosio A. *Derecho penal laboral.* Lima: Juris Laboral, 1993.

PAQUETTE, Jean. *Les dispositions anti-briseurs de greve au Québec.* Cowansville: Ivon Blas. 1995. (Collection Relations Industrielles, n. 260).

PASCO COSMÓPOLIS, Mario. Peru. In: ACKERMAN, Mário et al. *Trabajadores del Estado en Ibero América.* Buenos Aires: Ciudad Argentina, 1998.

_____. (Coord.). *La huelga en Ibero América.* Lima: AELE, 1996.

PASSOS, Edésio. *A greve e os limites do judiciário trabalhista na questão da abusividade* In: CONGRESSO BRASILEIRO DE DIREITO COLETIVO, 6. e CONGRESSO BRASILEIRO DE DIREITO CONSTITUCIONAL DO TRABALHO, 5. 1997, São Paulo. São Paulo: LTr, 1997. p. 22.

PEDREIRA, Luiz de Pinho. *Ensaios de direito do trabalho.* São Paulo: LTr, 1998.

_____. "A greve com a ocupação do local de trabalho". *Revista da Academia Nacional de Direito do Trabalho.* São Paulo, n. 1, pp. 93-106-107, 1993.

_____. "A greve sem a Justiça do Trabalho". *LTr, Legislação do Trabalho.* São Paulo, Ano 61, p. 196-200, fev. 1997.

PEIXOTO, Antonia Maria Mila. *A greve e suas limitações.* In: CONGRESSO BRASILEIRO DE DIREITO COLETIVO, 12., e CONGRESSO BRASILEIRO DE DIREITO CONSTITUCIONAL DO TRABALHO, 11., 1989, São Paulo. São Paulo: LTr, 1997, p. 19.

PELEGRINI, Mariangela; BRIGHENTI DALPERIO, Adilson. *A Greve, a arbitragem e o poder normativo.* In: CONGRESSO BRASILEIRO DE DIREITO COLETIVO, 13., e CONGRESSO BRASILEIRO DE DIREITO CONSTITUCIONAL DO TRABALHO, 12., 1998, São Paulo. São Paulo: LTr, 1998, p. 19.

PÉLISSIER, Jean; SUPIOT, Alain; JEAMMAUD, Antoine. *Droit du travail.* 22. éd. Paris: Dalloz, 2004.

PERA, Giuseppe. "Sciopero político e preavviso". *Rivista Italiana di Diritto del Lavoro.* Milano, n. 4, p. 635, 1993.

PEREIRA, Antonio Garcia. *Temas laborais II.* Lisboa: Veja, 1992.

PEREIRA, Antonio Miguel. "A greve do serviço público". *Revista do Tribunal Regional do Trabalho da 15ª Região.* Campinas, SP, n. 2, p. 71-72, 1992.

PEREIRA, João Batista Brito. *A greve nos serviços públicos e o poder normativo da Justiça do Trabalho.* Curitiba: Gênesis, v. 1, p. 457-461, maio 1993.

PEREZ DEL CASTILLO, Santiago. *O direito de greve:* revisão técnica de Irany Ferrari. São Paulo: LTr, 1994.

PERSIANI, Mattia. *Diritto sindacale.* 3. ed. Padova: CEDAM, 1992.

PIC, Paul. *Traité élémentaire de législation industrielle.* 6. ed. Paris: [s.n.], 1931.

PIRES, Aurélio. *A greve em serviços essenciais.* In: CONGRESSO BRASILEIRO DE DIREITO COLETIVO,10., e CONGRESSO BRASILEIRO DE DIREITO CONSTITUCIONAL DO TRABALHO, 9., 1995, São Paulo. São Paulo: LTr, 1995, p. 26.

PLÁ RODRIGUEZ, Americo. Uruguay. In: ACKERMAN, Mario et al. *Trabajadores del Estado en Ibero América.* Buenos Aires: Ciudad Argentina, 1998.

PRADO, Roberto Barretto. *Curso de direito coletivo do trabalho.* 2.ed. São Paulo: LTr, 1991.

_____. *Curso de direito sindical.* 3. ed. São Paulo: LTr, 1991.

PRUNES, José Luiz Ferreira. *A greve no Brasil.* São Paulo: LTr, 1986.

RADÉ, Christophe. "Droit de grève et negociation collective". *Droit Social.* Paris, n. 1, p. 37, 1996.

_____. "Droit social et responsabilité civil". *Droit Social.* Paris, n. 5, p. 495, 1995.

_____. "La solitude du gréviste". *Droit Social.* Paris, n. 4, p. 368, 1997.

RASO DELGUE, Juan. "Algunas consideraciones sobre las resoluciones de 'servicios essenciales'". *Revista Derecho Laboral.* Montevidéo, Ano 29, n. 142, p. 387-403, abr./jun. 1986.

REBACK, Andyara Maria Muniz. Greve no serviço público. Curitiba: Gênesis, v. 7, p. 753-761, jun. 1996.

REIS, João José. "A greve negra de 1857 na Bahia". *Revista da USP.* (Fragmento).

REIS, Nélio. *Problemas sociológicos do trabalho.* Rio de Janeiro: Freitas Bastos, 1964.

RIBEIRO, Lélia Guimarães Carvalho. "Responsabilidade civil do sindicato pelo abuso do direito de greve". *Revista do Ministério Público do Trabalho.* Brasília, n. 2, p. 127, jan./jun. 1992.

RIBEIRO, Roberto Pinto. *TST x petroleiros*. Curitiba: Gênesis, v. 6, n. 31, p. 33, jul. 1995.

RIVERO, Jean; SAVATIER, Jean. *Droit du travail*. 4. éd. Paris: Presses Universitaires de France, 1966.

_____ ; _____. *Droit du travail*. 12. éd. Paris: Presses Universitaires de France, 1991.

ROBORTELA, Luiz Carlos Amorim. "A greve no direito comparado". *Revista da Academia Nacional de Direito do Trabalho*. São Paulo, n. 1, p. 79, 1993.

ROJOT, Jacques. France. In: BLANPAIN, Roger (Ed.). *Strikes and lock-outs in industrialized market economies*. Deventer (The Netherlands): Kluwer Law and Taxation, 1994.

ROMITA, Arion Sayão. *Os direitos sociais na Constituição e outros estudos*. São Paulo: LTr, 1991.

_____. *Greve de solidariedade e a Constituição federal*. In: CONGRESSO BRASILEIRO DE DIREITO COLETIVO, 4., e CONGRESSO BRASILEIRO DE DIREITO CONSTITUCIONAL DO TRABALHO, 3., 1989, São Paulo. São Paulo: LTr, 1989, p. 19.

_____. "A greve dos servidores públicos". *Revista da Academia Nacional de Direito do Trabalho*. São Paulo, n. 1, p. 31, 1993.

_____. *Regime jurídico dos servidores públicos civis:* aspectos trabalhistas e previdenciários. São Paulo: LTr, 1993.

_____. *Relações coletivas de trabalho*. São Paulo: LTr, 1995.

_____. "Servidor público sindicalizado, negociação coletiva, conflitos coletivos, direito de greve". *Revista LTr*. São Paulo, v. 56, p. 789-808, jul. 1992.

ROMITA, Arion Sayão (Coord.). *Curso de direito constitucional do trabalho*. São Paulo: LTr, 1991, 2 v.

_____. (Coord.). *A greve dos servidores estatutários e em serviços essenciais no Brasil*. Curitiba: Gênesis, 1997.

_____. (Coord.). *Sindicalismo*. São Paulo: LTr, 1986.

RUPRECHT, Alfredo. *Conflitos coletivos de trabalho*. Tradução de José Luiz Ferreira Prunes. São Paulo: LTr, 1979.

_____. *Derecho colectivo del trabajo*. Ciudad de México: Universidad Autonoma do México, 1980.

_____. *Relações coletivas de trabalho*. São Paulo: LTr, 1995.

RUSSOMANO, Mozart Victor. *Novos temas de direito do trabalho*. Rio de Janeiro: Forense, 1985.

_____; CABANELLAS, Guillermo. *Conflitos coletivos de trabalho*. São Paulo: Revista dos Tribunais, 1979.

SAAD, Eduardo Gabriel. *Constituição e direito do trabalho*. 2. ed. São Paulo: LTr, 1989.

_____. "Relação greve e direito no Brasil". *Revista da Academia Nacional de Direito do Trabalho*. São Paulo, n. 1, p. 45, 1993.

SADY, João José. *Curso de direito sindical*. São Paulo: LTr, 1998.

_____. "Greve por descumprimento de norma coletiva". *LTr, Legislação do Trabalho.* São Paulo, Ano 62, p. 1604-1606, dez. 1998.

SALLES, Luiz Caetano de; NASCIMENTO, Sandra Márcia. *A greve como um direito do servidor público.* In: CONGRESSO BRASILEIRO DE DIREITO COLETIVO, 9., e CONGRESSO BRASILEIRO DE DIREITO CONSTITUCIONAL DO TRABALHO, 8., 1994, São Paulo. São Paulo: LTr, 1994, p. 75.

SANSEVERINO, Luisa Riva. *Il lavoro nell 'impresa.* Torino: UTET, 1960.

SANTONE, Francesco. *Lo sciopero.* 5. ed. Napole: Jovene, 2001.

SANTORO — PASSARELLI, F. *Noções de direito do trabalho.* Tradução de Mozart Victor Russomano e Carlos Alberto G. Chiarelli. São Paulo: Revista dos Tribunais, 1973.

SANTOS, Roberto Araújo de Oliveira. "Uma contribuição sociológica à renovação da teoria jurídica da greve". *Revista da Academia Nacional de Direito do Trabalho.* São Paulo, n. 1, p. 117, 1993.

_____. "A greve dita abusiva e a cláusula da comunidade". *Revista do Tribunal Regional do Trabalho da 8ª Região.* Belém, v. 23, n. 45, p. 27-31, jul./dez. 1990.

SERRANO CARBAJAL, José. "Manifestaciones recientes sobre el derecho de huelga en España". *Documentacion Laboral.* Madrid, n. 22, p. 91, 1987.

SEWERYNSKI, Michal. *Polish labour law:* from communism to democracy. Waszawa: Dom Wydawniczy ABC, 1999.

SHIBER, Benjamin M. *Iniciação ao direito trabalhista norte-americano.* São Paulo: LTr, 1994.

SILVA, José Ajuricaba da Costa e. "Direito de greve". *Revista do Tribunal Superior do Trabalho.* Brasília, p. 36, 1986.

_____. "Direito de greve e poder normativo da Justiça do Trabalho". *Revista do Tribunal Regional do Trabalho da 8ª Região.* Belém, v. 31, n. 60, p. 169-173, jan./jun. 1998.

_____. "Extensão e efeito do abuso do direito de greve". *LTr, Legislação do Trabalho.* São Paulo, Ano 54, p. 394-395, abr. 1990.

_____. "Greve em serviço público". *LTr, Legislação do Trabalho.* São Paulo, Ano 56, p. 1177-1178, out. 1992.

_____. "A greve na nova Constituição". *LTr, Legislação do Trabalho.* São Paulo, Ano 53, p. 266-267, mar. 1989.

SILVA, Walküre Lopes Ribeiro da. *Extensão e efeitos do abuso de direito na greve.* In: CONGRESSO BRASILEIRO DE DIREITO COLETIVO, 5., e CONGRESSO BRASILEIRO DE DIREITO CONSTITUCIONAL DO TRABALHO, 4., 1989, São Paulo. São Paulo: LTr, 1989, p. 14.

_____ . *Limites ao direito de greve no contexto democrático: a experiência da Organização Internacional do Trabalho.* In: CONGRESSO BRASILEIRO DE DIREITO COLETIVO E DE DIREITO CONSTITUCIONAL DO TRABALHO, 13., 1998, São Paulo. São Paulo: LTr, 1998, p. 31.

SILVA FILHO, JOAQUIM Ferreira. "A greve vista como um direito constitucional de modernização das relações profissionais no Brasil: a experiência francesa". *LTr, Legislação do Trabalho.* São Paulo, Ano 59, p. 351-355, mar. 1995.

SILVA JUNIOR, Nelson Soares da. "Autonomia sindical: aspectos práticos". *LTr, Legislação do Trabalho.* São Paulo, Ano 55, p. 36-40, jan. 1991.

SINAY, Helene; JAVILLIER, Jean-Claude. *La grève.* 2. éd. Paris: Dalloz, 1984.

SIQUEIRA NETO, José Francisco. *Direito do trabalho e democracia:* apontamentos e pareceres. São Paulo: LTr, 1996.

SOARES SOBRINHO, J. E. Macedo. *A concepção e a redação da Rerum Novarum* [S.l.: s.n.], [1941]. Tese para o 1º Congresso Brasileiro de Direito Social.

SOUTO MAIOR, Jorge Luiz. *A natureza jurídica da greve ditada pela Constituição de 1988 e a Lei n. 7.783,* de 28.06.89. In: CONGRESSO BRASILEIRO DE DIREITO COLETIVO, 5., e CONGRESSO BRASILEIRO DE DIREITO CONSTITUCIONAL DO TRABALHO, 4., 1990, São Paulo. São Paulo: LTr, 1990, p. 19.

SOUZA, Ronald Amorim e. "Direito de greve: ilegitimidade da ordem judicial". *Revista da Academia Nacional de Direito do Trabalho.* São Paulo, n. 1, p. 133, 1993.

SUGERO, Kazuo. "Japan: legal framework and issues". In: *Strikes and lock-outs in industrialized market economies.* Deventer (The Netherlands): Kluwer and Law Taxation, 1994.

SUPPIEJ, Giuseppe. "Realismo e utopia nella legge sullo sciopero nei servizi pubblici". *Rivista Italiana di Diritto del Lavoro.* Milano, n. 2, p. 188, 1993.

SÜSSEKIND, Arnaldo. "Critérios judiciais para a declaração de abusividade da greve". *Revista LTr.* São Paulo, v. 55, p. 904-906, ago. 1991.

_____. *Direito constitucional do trabalho.* Rio de Janeiro: Renovar, 1999.

_____. "Greve: conceito, sujeito e objeto". *Revista do Ministério Público do Trabalho.* Brasília, n. 1, p. 64-68, mar. 1991.

_____. "Limitações ao direito de greve". *LTr, Legislação do Trabalho.* São Paulo, Ano 53, p. 28-30, jan. 1989.

_____. "Responsabilidade pelo abuso do direito de greve". *Revista da Academia Nacional de Direito do Trabalho.* São Paulo, n. 1, p. 37, 1993.

SÜSSEKIND, Arnaldo; MARANHÃO, Délio. *Pareceres sobre direito do trabalho e previdência social.* São Paulo: LTr, 1992, v. 7.

_____; CARVALHO, Luiz Inácio B. *Pareceres sobre direito do trabalho e previdência social.* São Paulo: LTr, 1995, v. 8.

TAVARES, Telma Núbia. "Um enfoque sociológico acerca da greve". *LTr, Legislação do Trabalho,* São Paulo, Ano 51, p. 10-16, jan. 1987.

TEIXEIRA, João Régis Fassenber; SIMM, Zeno. *Teoria prática do direito do trabalho.* São Paulo: Revista dos Tribunais, 1981.

TEIXEIRA FILHO, João de Lima (Coord.). *Relações coletivas de trabalho.* São Paulo: LTr, 1989.

TEYSSIÉ, Bernard. *Les conflits collectifs du travail grève et locaute.* Paris: Litec, 1981.

_____. "Le droit du lock-out". *Droit Social.* Paris, ns. 9-10, p. 795, 1994.

_____. *La grève.* Paris: Dalloz, 1994.

THOMAS, Colin. *Employment law.* 2. ed. London: Hoddr & Stoughton, 1992.

THOMAZ, Cláudio. *Direito de greve.* In: CONGRESSO BRASILEIRO DE DIREITO COLETIVO, 8., e CONGRESSO BRASILEIRO DE DIREITO CONSTITUCIONAL DO TRABALHO, 7., 1994, São Paulo. São Paulo: LTr, 1994, p. 56.

TISSEMBAUM, Mariano R. *Las controversias del derecho.* Buenos Aires: V. P. de Zavalia, 1952.

TITTO, Célia Gilda. *Greve:* um assunto sempre atual. In: CONGRESSO BRASILEIRO DE DIREITO COLETIVO, 8., e CONGRESSO BRASILEIRO DE DIREITO CONSTITUCIONAL DO TRABALHO, 7., 1994, São Paulo. São Paulo: LTr, 1994, p. 53.

TORRENTE GARI, Susana. *El ejercício del derecho de huelga e los servicios esenciales.* Barcelona: CEDECS, 1996.

TREU, Tiziano. *Contatação colectiva e relações industriais.* Lisboa: Associação Portuguesa dos Gestores e Técnicas de Recursos Humanos, 1984.

VALLÉE, Guylaine; NAUFAL — MARTINEZ, Emanuelle. *La théorie de l'abus du droit dans le domaine du travail.* In: TRUDEAU, Gilles; VALLÉ, Guylaine; VEILLEUX, Diane (Coord.). *Études en droit du travail a la mémoire de Claude D'Aoust.* Cowansville (Quèbec): Les Èditions Yvon Blanc, 1995.

VAN DER LAAT, Bernardo. *Procedimientos de calificación de la legalidad y efectos de la huelga.* In: HERNANDEZ ALVAREZ, Oscar (Coord.). La Huelga: un estudio internacional. Barquisimeto: UCOLA, 1992.

VARGAS, Luiz Alberto de (Coord.). *Democracia e direito do trabalho.* São Paulo: LTr, 1995.

VERDIER, Jean -Maurice. *Droit du travail.* 10. éd. Paris: Dalloz, 1996.

VERDIER, Jean-Maurice; COEURET, Alain; SOURIAC, Marie-Armelle. *Droit du travail:* Rapports collectifs. 13. éd. Paris: Dalloz, 2005, v. 1.

_____; LYON-CAEN, Antoine. *Sur le lock-out et l'accord européen relative a la politique sociale du 7 février 1992. Droit Social.* Paris, n. 1, p. 49, 1995.

VIANNA, José de Segadas. "O projeto de lei para negociação coletiva e a execução do direito de greve". *LTr, Legislação do Trabalho.* São Paulo, Ano 50, p. 922-924, ago. 1986.

_____. et al. *Instituições de direito do trabalho.* 16. ed. São Paulo: LTr, 1996, v. 2.

VIDAL NETO, Pedro. *O direito de greve:* evolução histórica. São Paulo: LTr, 1998.

WALKER, E. Francisco. *De las relaciones colectivas de trabajo.* In: _____; ARRAU, Alfonso (Coord.). *Las relaciones del trabajo en el Chile de hoy.* [Santiago de Chile]: Universidad de Chile, 1993.

WAQUET, Philippe. "Abus du droit de grève et responsabilité". (Cass. Soc. 18 janvier 1995). *Droit social.* Paris, n. 2, p. 183, 1995.

WEISS, Manfred. Germany. In: BLANPAIN, Roger (Ed.). *Strikes and lock-outs in industrialized economies.* Deventer (The Netherlands): Kluwer and Law Taxation, 1994.

_____. *Labour law and industrial relations in Germany.* Deventer, Holanda: Kluwer Law and Taxation, 1995.

XAVIER, Bernardo da Gama Lobo. *Curso de direito do trabalho*. 2. ed. Lisboa: Verbo, 1999.

_____. *Direito da greve.* Lisboa: Verbo, 1984.

ZANGARI, Guido. "La disciplina del dirito di sciopero nei servizi pubblici essenziali in Italia". *Revista Jurídica do Trabalho.* Salvador, n. 3, p. 119-128, out./dez. 1988.

ZANGRANDO, Carlos Henrique da Silva. *A greve no direito brasileiro.* Rio de Janeiro: Forense, 1994.

ZANTUT, Jamil. "Greve em atividades essenciais: responsabilidade civil do sindicato". *LTr, Legislação do Trabalho.* São Paulo, Ano 57, p. 26-29, jan. 1993.

ZEGARRA GARNICA, Federico. "Libertad sindical, negociación colectiva y huelga". *Relaciones Industriales y Derecho Laboral.* Lima, n. 6, p. 157, 1991.

Produção Gráfica e Editoração Eletrônica: **RLUX**
Capa: **FABIO GIGLIO**
Impressão: **GEOGRÁFICA EDITORA**